静岡浅間神社の稚児舞と廿日会祭

駿府城下町の魂、ここにあり！

中村羊一郎 編著

静岡浅間神社の稚児舞と廿日会祭

駿府城下町の魂、　ここにあり！

静岡浅間神社大拝殿。左手前が稚児舞の舞台となる舞殿（ともに国指定重要文化財）

浅間神社の正面に富士山が見える

向かって左が浅間神社本殿、右が神部神社本殿（国指定重要文化財）

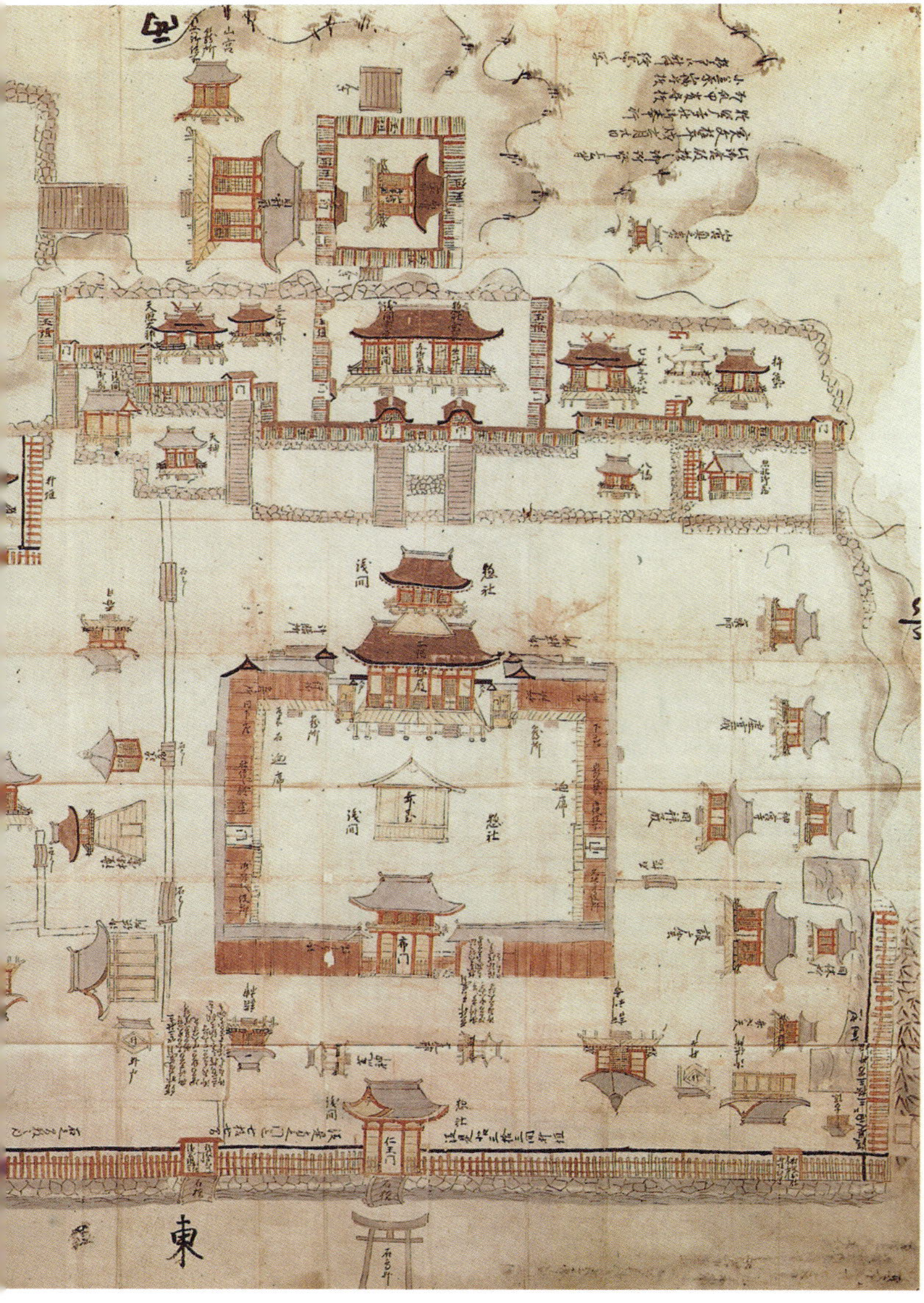

東
浅間
惣社
仁王門

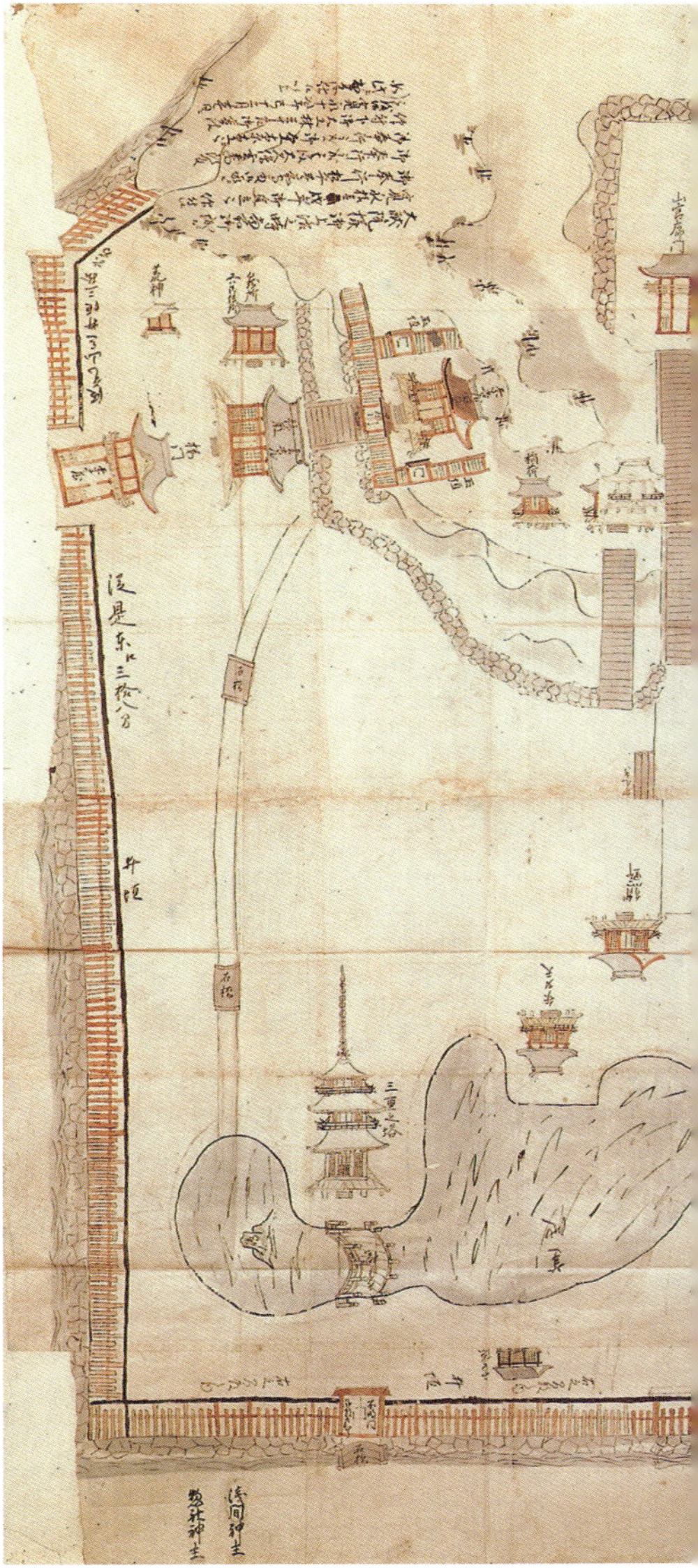

「寛文十年社中絵図」（国指定重要文化財附）静岡浅間神社蔵。
168.0×268.0cm
寛文10年（1670）6月に提出した絵図の写し。天正14年（1586）の絵図に描かれている建物等とほとんど変わっていない。ちなみに天正14年は徳川家康が居城を浜松から駿府に移した年である。それを基に3代将軍家光が修造を命じて完成したものが本図と思われる。鐘楼や三重塔は後に焼失し、再建されなかった

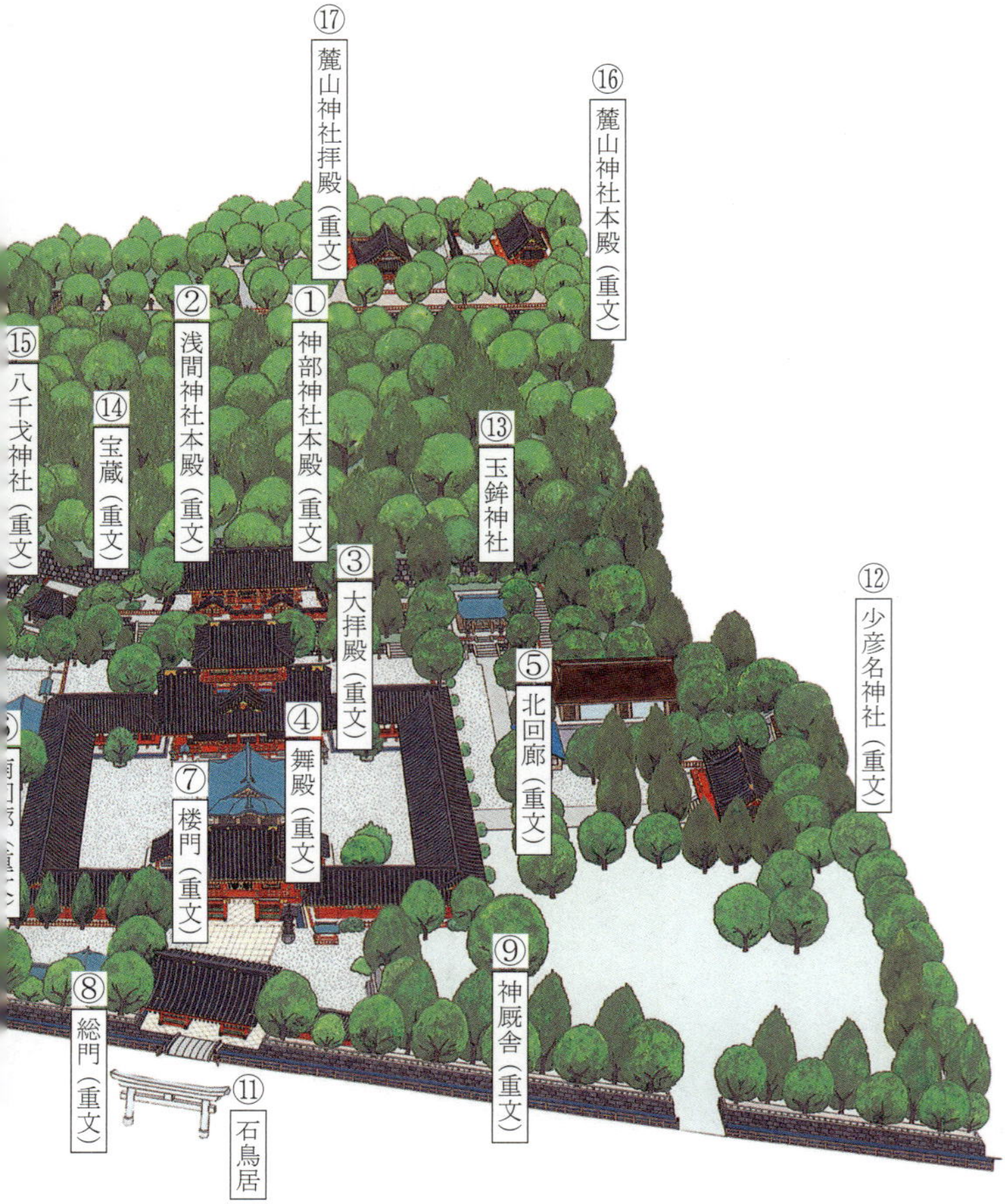

静岡浅間神社　現在の境内図（重文は重要文化財の略）

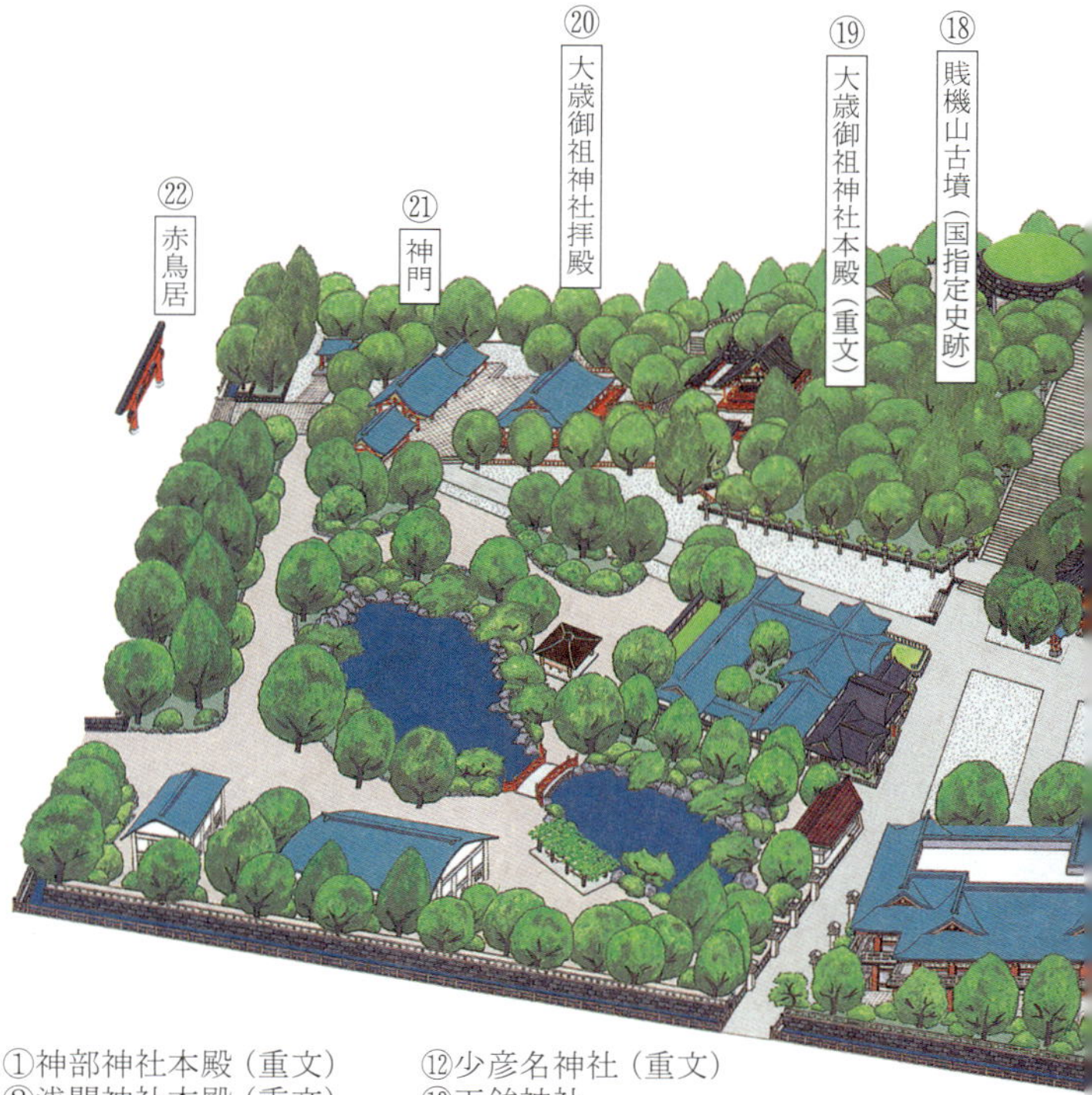

①神部神社本殿（重文）
②浅間神社本殿（重文）
③大拝殿（重文）
④舞殿（重文）
⑤北回廊（重文）
⑥南回廊（重文）
⑦楼門（重文）
⑧総門（重文）
⑨神厩舎（重文）
⑩御神水井戸
⑪石鳥居
⑫少彦名神社（重文）
⑬玉鉾神社
⑭宝蔵（重文）
⑮八千戈神社（重文）
⑯麓山神社本殿（重文）
⑰麓山神社拝殿（重文）
⑱賎機山古墳（国指定史跡）
⑲大歳御祖神社本殿（重文）
⑳大歳御祖神社拝殿
㉑神門
㉒赤鳥居

舞殿で舞う稚児と観客。稚児の親たちが大拝殿から見守っている

はじめに

静岡市民に「おせんげんさん」として親しまれている静岡浅間神社。年輩の方にとっては、四月のお祭りの、文字通り芋の子を洗うような雑踏とともに、蛇女とか牛女のおどろおどろしい看板を掲げた見世物小屋が思い浮かぶでしょう。一方で、近くの高校の運動部、中でも野球部の卒業生たちにとっては、黒を基調として美しく彩色された八千戈《やちほこ》神社脇の急な石段、いわゆる「百段」の上り下りに流した汗が、青春の思い出としてよみがえるに違いありません。

この浅間神社境内、壮麗な大拝殿前に設けられた舞殿では何百年も前から、日本の伝統芸能である舞楽が上演されてきました。演じるのは今の年齢でいえば小学生たちなので稚《ち》児舞《ごまい》といいます。古式に則った優雅な舞は、浅間神社にあつい信仰を寄せた今川氏歴代の保護を受け、徳川家康もこれを愛でて衣装を寄付したほどです。また、今川義元の絶頂期に京都から訪れていた公家の日記にも稚児舞を鑑賞したことが書かれています。

この稚児舞は、国の「記録作成等の措置を講ずべき無形の民俗文化財」に選択されました。簡単にいえば、国レベルで貴重な民俗文化財として評価されたということになります。この舞楽を中心とする行事は、古くは二月廿日に行われてきたので、廿日会祭《はつかえさい》と呼ばれていました。明治になって新暦が採用されると、本来の旧暦の日取りに相当するということで、四月五日に演じられることになりました。満開の桜の下での優雅な舞は、いったんは中断の危機に直面したこともありますが、多くの人の努力によって今日まで連綿として伝えられてきたのです。また、平成二十九年四月には、天皇陛下に御覧いただくという栄誉に輝きました。

廿日会祭には、もうひとつ、駿府城下町挙げての祭りという意味があります。その始まりは定かではありませんが、実は稚児舞と深い関係があり、江戸時代の中ごろには町の人々を熱狂させる、最も大きな祭りになっていました。このとき、飛び交った言葉が「お踟《ねり》はどこだ、安西五丁目」です。もともと稚児舞は駿府郊外の建穂寺《たきょうじ》の観音堂で、二月十八日の観音様の縁日に上演されてきた仏教行事であり、それがいつの頃からか、廿日に浅間神社でも演じられるようになったものです。四人の稚児たちは、浅間神社での上演のため地元建穂の人が担ぐ輿に乗り、安倍川を渡ってやって来ました。このお稚児さんを慰めるために、踟の一行が安倍川近くまで出掛けて、安西五丁目で休憩中のお稚児さんの前で、毎年工夫を凝らした出し物を披露したのです。遠くから流れてくるお囃子の音を聞いた駿府市民は、

「お踟は今どの辺にいるだか」

「ちょうど、お稚児さんを迎えたところだ、もうじき、おらんち方に来るだよ」
と言い合ったのが、この言葉の背景なのです。

駿府の町人たちにとっての廿日会祭とは、建穂寺からの稚児をお迎えし、その前で賑やかに踟ることだったのです。どうしたら、お稚児さんを楽しませるだけでなく、みんなをアッと言わせることができるか、それにはどんな出し物にするか、祭りが近づくと当番に当たった町内で相談を重ねました。駿府の城下町は、殿様の支配下にある一般の城下町と違い、町の中心にある駿府城は幕府から交代で派遣される城代が管理し、町政もまた交代制の駿府町奉行が担うという、独特な仕組みの下にありました。城代もお奉行様もどんどん代わっていきますから、城下町で暮らす人々は、長年の伝統に基づき自ら町を運営していかねばなりません。そこで各町から年行事という役を出し、合議制によって町政を行ってきたのです。全国の城下町にはいろいろな祭りが伝えられていますが、殿様の保護を受け、祭りの日だけは普段は入れない城内で殿様に披露できる、というようなことが励みになり、いっそう華やかになっていきました。でも駿府城下町にはこのような背景がありません。結論からいえば、お稚児さんは殿様の代わり、というよりも市民生活を安泰に保ってくれる神様の代わりなのです。だから、お稚児さんは神様が乗るのと同じように輿に乗ります。神輿《みこし》に乗って市内を巡行する神様も、あっぱれだと言ってくれる殿様もいないという、駿府城下町特有の政治と信仰の在り方の中で、いわば神様そのもの、あるいは神様の声を人々に伝える、とても神聖な存在として、稚児は信仰の対象になっていたと考えられます。言い替えれば、本来は浅間神社の神事として行われてきた稚児舞に、駿府城下町の人々の信仰と祭りの興奮を重ね合わせることで、新たな「廿日会祭」が出来上がったということになるのでしょう。

この本は、稚児舞とは何か、なぜ今に至るまで伝承されてきたのか、それを迎える駿府城下町の人々と稚児はどんな関係にあるのか、を主題としています。そして、もうひとつ、大きなテーマを設定しました。というのは、これまで駿府の歴史といえば大御所徳川家康公、そして明治の「けいきさん」(最後の将軍徳川慶喜に対する静岡市民の愛称)が取り上げられ、その間の二百数十年間は、何もなかったかのように語られてきました。いや、そんなことはない、廿日会祭と駿府町人の関わりを見るだけでも、駿府には豊かな文化があり、それを町人たちのパワーが支えてきたじゃないか。しかも、浅間神社の社殿建築のために蓄積されたさまざまな技術が、家具や漆器、雛具、そして静岡の代名詞にもなったホビーに至るまでの地場産業の基盤を作りました。

長年にわたって伝承されてきた稚児舞は全国レベルで高く評価され、国から記録保存の対象に選択されました。そこで静岡市教育委員会は『静岡浅間神社廿日会祭の稚児舞』という調査報告書を平成二十八年度に刊行し、その成果を報告する会を開きました。すると会場から、もっと詳しく知りたい、どうしたらその本を手に入れられるのか、という声がたくさん寄せられました。残念ながら、報告書は部数が限られており、個人に配布できる部数がありません。そこで稚児舞と駿府城下町についての調査の成果を、できるだけ多くの方々に読んでいただきたいと、調査に参加した執筆者有志が新たに書き下ろすことにしました。静岡市最大のイベントである四月初めの「静岡まつり」も、この廿日会祭が出発点になっていること、おせんげんさんと建穂寺とは、どんな関係にあったのか、そもそも廿日会祭とは何なのか、駿府踟の山車や木遣りはいつから始まったのか、そんな疑問にも答えていきたいと思います。なお明治の初めに廃寺となった建穂寺の歴史と文化財を守り、稚児舞を今日まで伝承されてきた建穂の方々の無私のご努力には頭が下がるばかりです。

稚児舞という伝統芸能を核に、駿府城下町の町人たちの底力がどのように発揮されたのか、現代の静岡の市民が、それをどのように継承し、さらには、この歴史文化をどのようにしたら地域活性化に役立てていくことができるだろうか。これは、間もなく建設が始まる静岡市の歴史文化施設（博物館）にとっても、欠くことのできない大切な視点であると思います。

この本の出版にあたり、多くの皆さまに多大なるご協力をいただきました。静岡市教育委員会、静岡浅間神社、富士山本宮浅間大社、静岡市観光交流文化局文化財課、久能山東照宮、森町教育委員会、瀧義弘さん、漆畑史郎さん、柳田芳宏さん、大木努さん、宇佐美洋二さん、廣幡行伸さん、渡邉和翔さん、佐藤隆司さん、栗山由佳子さん、洞口清さん、海津敏昭さん、多々良典秀さん、濱田訓子さん、建穂の皆さま、稚児舞出演者の皆さまに深く感謝いたします。また、本書執筆者以外に前述の調査報告書作成にご尽力くださった調査委員の方々、および調査にご協力くださった全ての皆さまに御礼申し上げます。

平成二十九年九月二十日

中村羊一郎

目次

第七章　廿日会祭復興と静岡まつり　269

コラム

第一章

静岡浅間神社の稚児舞

舞楽の意義

現在行われている浅間神社の稚児舞は、日本の伝統芸能である「舞楽」の演目の一部を少年が演じるものである。舞楽は古代において大陸から渡来したもので、朝廷の諸行事や大寺院の法会《ほうえ》などに際し、これも外来の楽曲である雅楽に合わせて舞われるものであった。古くは東大寺大仏の開眼会《かいげんえ》に際して唐古楽、高麗楽などが演じられている。舞楽は世襲の楽家によって伝承されてきた。

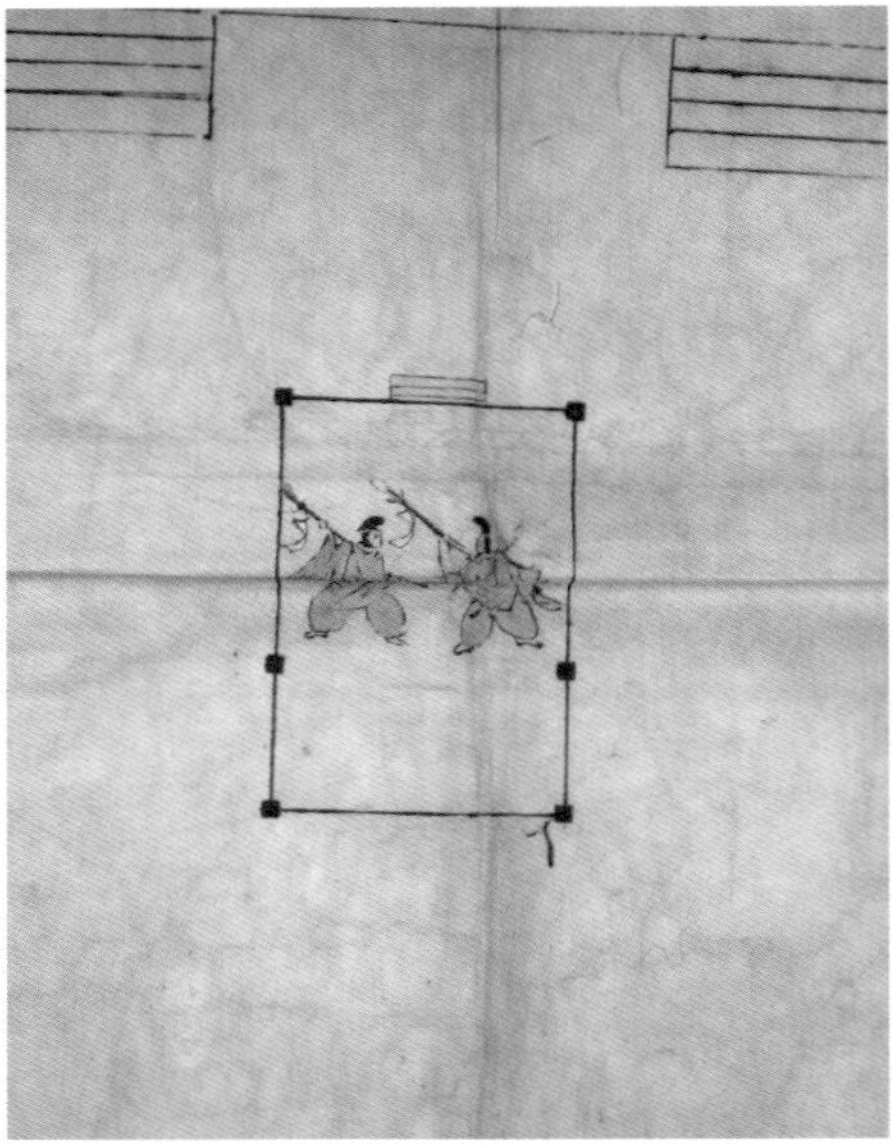

天下泰平を祈る振鉾は浅間神社の三月会でも舞殿で演じられたが演者は稚児ではない（静岡浅間神社蔵「三月会図」より）

朝廷や南都の大寺院で行われてきた舞楽以外に、大阪の四天王寺、名古屋の熱田神宮、広島県の厳島神社などのほか、全国各地に古くからある寺院にも舞楽が伝承されている。

また、児童が演じる稚児舞楽という名称で知られるものも少なくない。例えば富山県の温泉で有名な宇奈月の法福寺では、四月十八日の観音様の縁日に、矛の舞、太平楽、万歳楽などの「稚児舞」が伝承されており、同県射水郡下村（現射水市）の加茂神社でも「稚児舞」と称して、鉾の舞、小納曽利などが演じられていた。またさまざまな芸能に共通する一種の流行として新たに受け入れたり、地方の実情に合わせて改変が重ねられることで、民間でも演じられるようになっていった。

静岡浅間神社の舞楽がいつから始められたのかは分からないが、現行の五演目の中でも鉾を持って天下泰平を祈願する「振鉾《えんぶ》」は、稚児舞楽そのものが廃絶の危機に瀕したときでも、たとえ形だけでも、という熱意のもとに演じ続けられている。浅間神社が駿河国全体を護る惣社であり、国の平安を祈る重要な責務を負っていたから、その本来の役割を全うする象徴的な行事として、舞楽が継承されてきたのであった。静岡県内では、森町の小國神社（遠江国一宮）、天宮神社の舞楽との共通点が見られる。

地域独自の展開

このように、舞楽そのものは、きわめて国家的な芸能であり、本来は一般庶民が関わるようなものではなかった。それが現在のように全国各地の寺社で演じられているのは、おそらくは国（この場合は駿河国とか伊豆国という場合の国）の力が衰えて、公的行事として舞楽を維持できなくなったことから、それを伝えてきた寺社や朝廷あるいは幕府に代わって力を付けた地方の領主たちの保護の下に、地域の平安を祈るために保護されてきたと考えられる。浅間神社の場合も、芸能を伝えた建穂寺や久能寺は戦国大名の保護を受けてきたし、後には徳川氏の保護を受けている。そこで、問題になるのが、舞楽の舞手である。

長きにわたり静岡浅間神社の稚児舞を伝承してきた建穂寺の場合は、おそらく早い時期から大人ではなく稚児がその役を担うようになったのであろう。芸能において児童が重要な役を担うことは珍しくない。むしろ、神様は純真無垢な少年の身体を借りて降臨し、神意を伝えると考えられた。ごく身近な例をいえば、十五夜のお供え物は、子どもたちが自由に盗んで良いとされた。そこには、お月様に代わって子どもたちが供物を受け取ってくれる、という意識が見られる。稚児舞楽を舞う少年は、神とみなされたのである。

実は浅間神社で行われる年間七十五度ともいわれる大小の祭りの中で、神輿が境内の外に出ることはないということに注目したい。神輿とは普段は本殿におられる神様が、例えば神社の始まったとされる場所とか、特別にゆかりのある場所にお出掛けになるための乗り物である。その行き先をお旅所という。その途中で神様は氏子たちを祝福し、災いを払いながら町の中を巡行する。人々はそれに感謝し、熱狂してお迎えする。ところが、静岡浅間神社では、昇祭《のぼりさい》・降祭《くだりさい》がそれに該当はするものの、市中を巡行することがない。つまり、駿府全体の守護神である浅間神社のご神体は、神輿に乗られて市民に接するという機会がないのである。

それに代わるのが、現在でいうところの古式稚児行列である。稚児は、輿に乗ったまま駿府町人たちの芸能を見守り、神社に納まって舞楽を演じる。「お稚児さん」と親しみを込めて呼ばれる少年たちは、まさに神輿に乗られた神そのものであった。稚児がいなければ駿府町人にとっての神様もいないし、当然ながら祭りの熱狂もないことになる。こう考えれば、廿日会祭が稚児舞楽と駿府町人の祭りと一体のものであったということがよく分かるのである。駿府町人を巻き込んだ廿日会祭については、この後で詳しく見ていくことにしよう。

稚児舞は、旧暦二月二十日に上演されてきた。廿日会《はつかえ》という表現が仏教行事であることを示すように、本来は建穂寺が主体となって行ってきたものだが、建穂寺が廃寺となってからは、地元である建穂の人々が中心になって維持してきた。現在は、旧暦二月二十日に近い四月五日に行われる。たいていの民間行事が土曜日や日曜日に変更されている今では、子どもたちの練習と上演日がちょうど春休みに重なっているとはいえ、稚児舞を決められた日をたがえず行っているのは一つの見識といえる。

さて、現在の稚児舞の演目は、一、振鉾《えんぶ》　二、納曽利《なそり》　三、安摩《あま》（二の舞）　四、還城楽《げんじょうらく》　五、太平楽《たいへいらく》という五段で構成されているが、中世にはこのほかに、万歳楽、延喜楽、陵王なども含めて十段あった。まずは現行の演目の内容を簡単に紹介し、次いで代表的なシーンを鑑賞していただくことにしよう。なお、全体の伴奏として使用する楽器は、楽太鼓、鞨鼓《かっこ》、笙《しょう》、篳篥《ひちりき》、龍笛《りゅうてき》である（年により人数は異なる）。

〈振鉾《えんぶ》〉　二人の稚児が登場する二人舞で、まず舞殿の上手、東西の隅に各一人控えている白丁・烏帽子姿の鉾《ほこ》持ちの少年から鉾を受け取り、天と地を突く所作などをして悪霊を鎮め舞殿を清めるための舞である。

〈納曽利《なそり》〉　一人の稚児が銀笏《しゃく》を持ち、楽太鼓《がくだいこ》と鞨鼓《かっこ》の奏でる「ドンコン、ドココン」というゆったりとした拍子に合わせて舞う重厚な舞である。

〈安摩《あま》〉　安摩の舞ともいう。木笏を持って舞う二人の稚児の中に、途中から通称ズジャンコ舞と呼ばれる「二の舞」が加わる。咲面《えみめん》を着けた翁《おきな》（じいさん）と、舌を出した腫面《はれめん》を着けた嫗《おうな》（ばあさん）とが乱入し、後続のばあさんがよろけながらじいさんの真似をして稚児の周りを何度も回り、笑いを誘う。この所作が「二の舞を踏む」の語源ともなった。

また、昔は稚児が笑うと、その向いている方角が不作になると言い伝えられてきたため、稚児たちは笑いをこらえたものだという。この舞楽の中でズジャンコ舞だけ大人が演じており、建穂地区の四家が世襲制で伝えていたが、後継者が少なくなった現在はこだわっていない。

〈還城楽《げんじょうらく》〉稚児一人がトグロを巻いた蛇と金笏を持って舞う。これはもともとこれが伝えられた西域の人々が蛇を好んで食べたという設定で、蛇を見つけた稚児が恐る恐る捕まえた後、喜んで持ち帰るという物語が展開されている。

〈太平楽《たいへいらく》〉二人の稚児が鉾や太刀で再び舞殿を祓う舞である。鉾持ちの少年から鉾を受け取り、二人が南北に向き合ってから鉾を床に置く。次に脇に差した太刀を抜いて左右に体を大きく揺らしながら舞い、太刀を鞘に収め、続いて鉾を取り上げて舞い、最後は鉾持ちに鉾を渡して退く。

振《えん》鉾《ぶ》

鉾持ちの少年。終始向かい合い舞殿の入口に座る

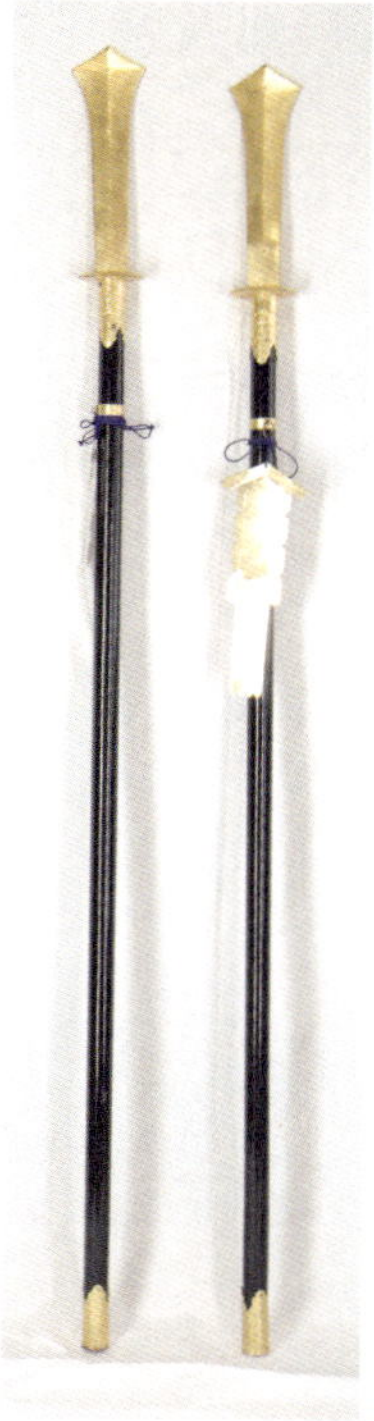

振鉾・太平楽で用いる鉾

振鉾は長い鉾で
天地四方を祓い
清める舞

天を突く所作

地を突く所作

納曽利《なそり》

納曽利は一人舞で面は着けない。本来は「陵王」と番舞となる

納曽利の裲襠

着装は袖と袴の裾を絞る

右手で金笏を持ち勇壮に舞う

安摩《あま》・二の舞

安摩は二人が対面して左右逆の所作を行う

安摩の後半から二の舞となる。黒い面を着けたズジャンコが稚児の周りを左回りに回る

二の舞で登場するズジャンコ。翁と嫗が滑稽なしぐさを展開する

ズジャンコの採物「ほこ」

ズジャンコの面。腫面（左）と咲面（右）

還城楽《げんじょうらく》

蛇を左手、銀笏を右手に持つ

巫女に傘を差しかけられ大拝殿から雨の日の入場

蛇を見つけ、左右に横飛びをして喜びを表す

頭部は木製、尾は銅板製

蛇（麻の芯に8色の紐を巻いたもの）

太平楽
たいへいらく

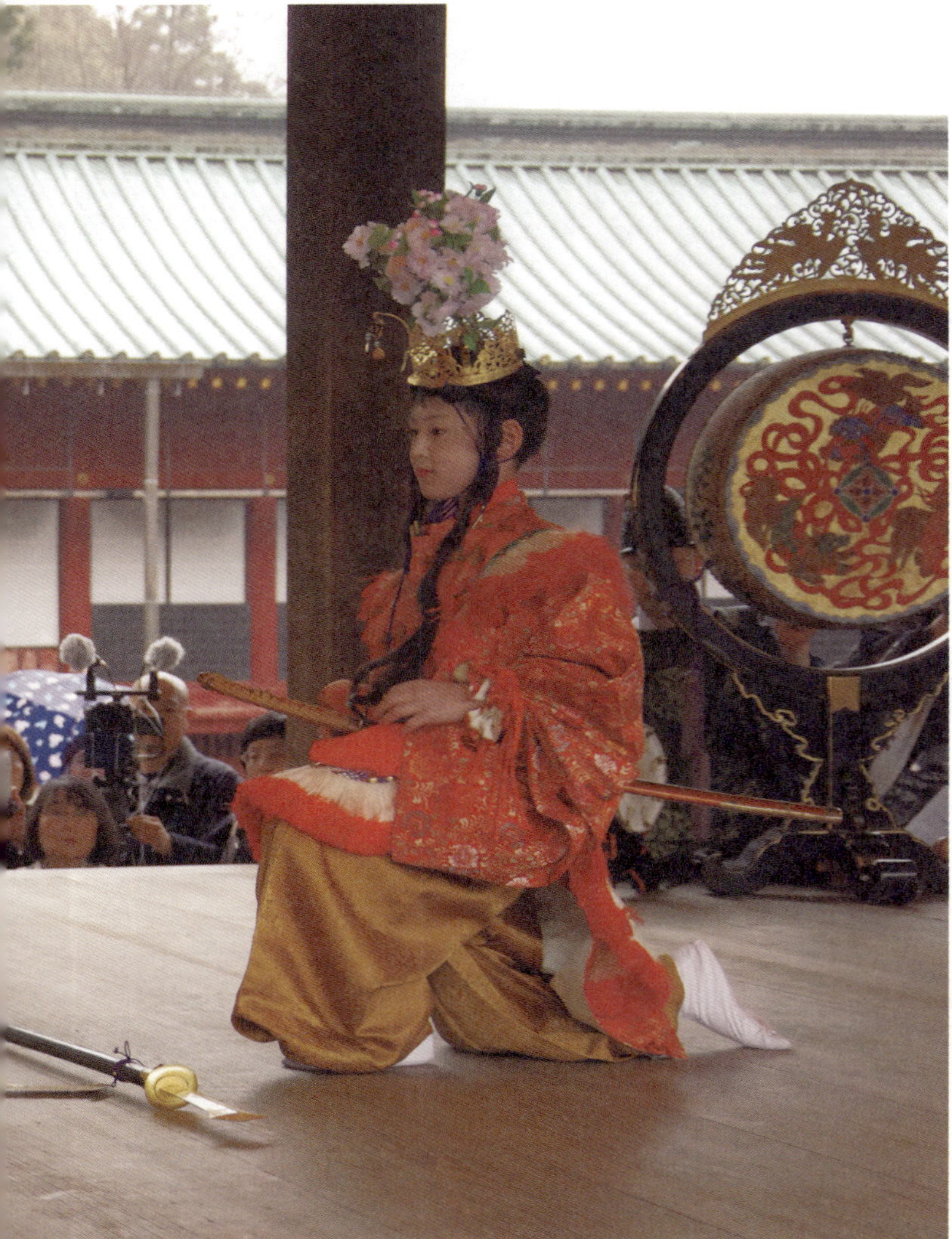

太刀を腰に差し、対面して立ち上がる

鉾を持ち祓う

太刀を抜いて舞う

宮司と稚児舞演者
と奉奏者・父母
(平成27年)

父母の見守る中、
大拝殿から登場

稚児の用いる太刀。かつては徳川三代将軍御寄進の太刀が二腰あった

楽人

打楽器は神職が、管楽器は浅間雅楽会の人々が務める

右から龍笛・ひちりき・
笙という楽器編成と配置

コラム　その1

稚児舞はなぜ二十日に浅間さんで

　現在は四月五日に行われている稚児舞は、旧暦の時代には二月廿日に行われた「廿日会」と呼ばれる行事の中心です。「会」は「え」と読み、仏教の用語で、お祭りのことを指します。例えば、涅槃会《ねはんえ》といえば、お釈迦様が入滅《にゅうめつ》（亡くなること）した二月十五日に、皆でお釈迦様のことを追慕する日、いわば偲ぶ会ということになりますし、盂蘭盆会《うらぼんえ》というのは、民間行事となったお盆の本来の言い方です。では、廿日会とは、そもそも何なのか、なぜ、二十日なのでしょうか。

　稚児舞は浅間神社のお彼岸の行事として行われたのだという説があります。旧暦の二月二十日は、現在の暦ではちょうど三月二十日前後のお彼岸に当たるからです。旧暦は新暦と、ほぼ一カ月のズレがありますから、なるほどという感じがします。しかし、太陽暦を用いる現代では、彼岸の中日となる春分・秋分の日はほぼ固定されますが、旧暦では、一年の日数は月が十二回満ち欠けするのに要する日数としているので、地球が太陽の周りを一周する日数三六五日に比べて何日か少なくなってしまいます。そこで数年に一度、閏月《うるうづき》を設けて一年を十三カ月として調整しました。つまり、旧暦の上では、お彼岸の日取りはけっこう流動的なのです。ですから、廿日会は彼岸に当たる二十日に行うから廿日会だという解釈は成り立ちにくいでしょう。

　むしろ、二十日という日取りそのものに意味があると考えなければなりません。文献の上で廿日会が最初に確認できるのは、今川義元の全盛期、弘治二年（一五五六）から翌年にかけて駿府に滞在した京都の公家、山科言継《やましなときつぐ》の日記です。

　弘治三年（一五五七）二月十八日に、建穂寺本堂で舞楽を見た。翌二十日は浅間神社の廿日会だが、雨のため日延べになり、二十一日も天気が定まらないので延期され、二十二日に行われた。桟敷から見たが、稚児舞が三番と二の舞があった。

　ちなみに、この年の二月二十日はグレゴリオ暦

（太陽暦）では一五五七年三月二十日となり、たまたま彼岸に当たっていますが、前年の二月二十日は四月十日ですから、彼岸とはかけ離れています。

ここで忘れてならないのは、稚児舞は本来は建穂寺の行事として、観音様の縁日である十八日に行われ、その日取りは不変だということです。そこで、これを浅間神社の神前でも舞うことになった時、そのための諸準備や稚児の少年たちの休養のために、十九日を休みとし、二十日の朝に建穂を出発、余裕をもって浅間神社に行ったので、二十日になったと考えるのが合理的な解釈ではないでしょうか。ところが、新たな疑問が生まれます。では、いつ、誰が、そのようにさせたのかです。徳川家康が稚児舞を愛し、浅間神社で舞わせたのが始まりという伝承もありますが、先に見たように、すでに義元の時代には浅間神社で行われています。稚児舞は、演目にもあるように国の安全と豊作を祈るのが目的ですから、今川氏の駿河支配が始まるよりも前から駿河国全体の幸せを祈って浅間神社でも舞われていた可能性が高いと思われます。

（中村）

稽古の師範と並んで

稚児舞の楽器・装束・採物

ここでは廿日会祭の稚児舞を構成する楽器と小道具、すなわち、かぶりもの・装束・面・採物《とりもの》などを紹介する。過去に稚児舞が宮内庁の指導（中央の影響）を受けて整備されたとしても、これらの衣装や楽器、道具類を見れば、それぞれに由緒があり、特徴を有するものであることが分かる。

①楽器

〈雅楽の中の舞楽の様式〉　雅楽は演奏のみの管弦と、舞を伴う舞楽とに分かれる。稚児舞はもちろん舞楽であるが、その舞楽にも左方と右方の様式があり、左方は中国系の唐楽《とうがく》、右方は朝鮮半島系の高麗楽《こまがく》を伴奏することが特徴である。静岡浅間神社で舞われる稚児舞の楽器編成を見ると、打楽器として楽太鼓《がくだいこ》（釣太鼓とも）・鞨鼓《かっこ》・鉦鼓《しょうこ》（釣鉦鼓とも）、管楽器として笙《しょう》・篳篥《ひちりき》・龍笛《りゅうてき》の六種で編成され、全演目が左方（唐楽）の楽器編成で演奏されている（高麗楽の場合は、打楽器が三ノ鼓《さんのこ》・楽太鼓・鉦鼓、管楽器に篳篥・高麗笛《こまぶえ》で構成される）（四十六、四十七頁）。

〈打楽器〉　宮内庁式部職楽部との演奏形態の相違を見ると、楽器そのものは宮内庁で使用されているものと形式の大きな相違はないが、演奏の仕方に特徴がある。宮内庁のそれは通常一人が一種の楽器を演奏するが、ここでは楽太鼓と羯鼓の二台を師範（神職）が演奏することである。舞殿では右側に羯鼓、正面に楽太鼓を配置し、片方ずつそれぞれの楽器の桴《ばち》を用いる。

〈管楽器〉　笙と篳篥は雅楽らしさを醸し出す音色の楽器である。笙は和音（合竹《あいたけ》）を奏でる楽器であるだけでなく、楽曲のすべり出しを先導する重要な役を持つ。構造は吹き口のある頭《かしら》の上に十七本の穴を抜き竹管を円筒形に差し立てたものであるが、十七管のうち十五管の先に銅《さはり》という合金製のハーモニカのような簧《した》が付く。演奏するときは、頭を両手で包むようにしながら竹管の下方にある複数の指孔をふさいで響鳴させる。軽く吹いても吸っても同じ音が出る繊細さを持つ。笙は調律の点からも吹いた息の結露を防ぐ点からも常に温めておく必要があるので、脇に火鉢を用意している。

篳篥は、上がやや開いた竹筒に指孔（表七孔・裏二孔）を空けた縦笛で、蘆舌《ろぜつ》というリードを差して演奏する。長さ約十八センチメートルという両手に納まるほどに小ぶりな楽器であるが非常に鮮烈な音が出る。蘆舌は葦《あし》の茎の一方を平たく潰す加工をして作られる。神職の話では、この蘆舌は昔から大阪の淀川産の葦が最も良い音が出るとされるが、

笙

鉦鼓

楽太鼓

篳篥

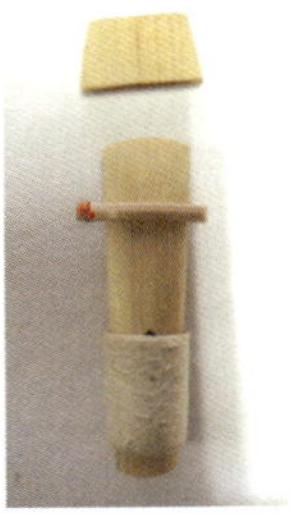

篳篥の蘆舌

鞨鼓

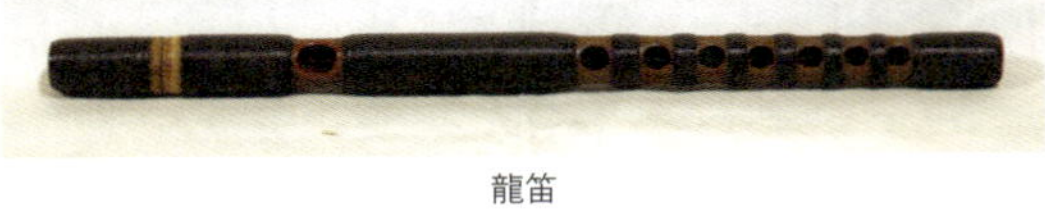

龍笛

鏡に書かれた「水月」の文字

頭部分の蒔絵

竹管に「寛文五年」の銘

楽太鼓と鞨鼓の演奏

笙の奏法

環境の変化によりなかなか産出が難しくなっているそうである。本体の概観は細い桜樹皮を交差させて筒を締めて割れを防ぐとともに装飾性を持たせてもいる。そして、篳篥が主旋律を奏でるのに対し、龍笛は篳篥の旋律に絡むようにして旋律を分担する指孔七穴の横笛である。指孔の間には細く切った樺《かば》（桜樹皮）を巻き、内側に漆を施している。

〈笙「水月」〉 静岡浅間神社所蔵の笙に「水月」という銘を持つ逸品がある。吹き口のほぼ反対側に当たる「几《ぼう》」と名の付く竹管に陰刻文字「寛文五乙巳（一六六五年）季秋 篠田作之」が刻まれており、江戸時代前期に作られたことが明らかである。さらに、煤竹《すすだけ》を使った飴色の竹管は、長さも節の位置も左右対称の高さで加工されており、厳選された素材の美しさがある。十七本の竹管の表面には緻密な縦筋の線彫が施されている。吹き口の付く頭はサクラかケヤキ製の挽物に黒漆塗・金蒔絵を施したもので、その上面に張られている鏡には金泥で「水月」と描かれている（四十七頁）。この鏡に開けられている竹管を差す穴の間隔を見れば、技術的に木製ではないことが分かる。通常は水牛の角などで製作されるというが、精緻な技術に驚かされる。この楽器は現在も神職によって演奏される。

②装束

〈襲装束《かさねしょうぞく》〉　五段の演目のうち、「振鉾」や「安摩」で着用している衣は襲装束といい、幾重にも衣を重ねる中国唐風の華麗な装束である。平安時代に武官の束帯から唐装束の影響を受けて成立したとされる。

　浅間神社の「振鉾」の装束は、緋《ひ》の襦袢、次に葵紋付きの白地の下襲《したがさね》、半被《はんぴ》という着丈の短い袖なし、そして上衣に袍《ほう》という狩衣《かりぎぬ》風の褐色の衣を着用する。この袍には前垂・後垂という前掛けのような共布を前後にまとう。仕上げに

襲装束

金帯・銀帯で腰を締め右袖を抜いた「片肩抜き」にする。下衣には袴（指貫《さしぬき》あるいは赤大口《あかのおおくち》）の裾を絞ってはく。

さらに「安摩」では、「振鉾」の装束から袍を脱ぎ、半被を上衣にしたかたちで舞う。

〈裲襠《りょうとう》装束〉稚児舞の中では、納曽利と還城楽、太平楽が裲襠を着用する。裲襠とは貫頭衣のように一枚の細長い布の中央に頭を通す穴が開く装束のことで、周りにケズリテ（毛縁《けべり》とも）という絹糸製の房（精錬前の絹糸に段染めを施したもの）をめぐらした上衣である。一説には武人の鎧が原型だとされる。

裲襠装束

右方・左方の様式に伴い、右方である納曽利は青・緑系、左方である還城楽と太平楽は、赤系が用いられている（ただし、唐楽曲である還城楽は左右どちらにも編入されることがあるが、この演目だけはどちらにおいても赤系の装束となる）。

着用の仕方は、袖を絞った袍の上に裲襠をかぶり金帯・銀帯で腰を締める（還城楽では銅板製の当帯で締める）。また下衣は、袴の裾を絞ってはく。本来、太平楽は鎧や兜に身を固め、武具を採物とする勇壮な武人の舞であるが、ここでは鉾と太刀の採物にその名残をとどめている。

〈徳川幕府拝領の「緋色の打掛と襲」〉　稚児行列で着用する緋色の打掛（裾にふき〈綿〉入りの鮮やかな着物）は、舞楽の装束とは異なり和装らしい正装である。前身頃と背中に緑色の葵紋を染め抜いた布が金糸でかがり縫いされ、緋色地との補色対比が鮮やかである。これは昭和五十九年に新調したもので、古い装束は存在しないが、過去の衣裳を踏襲してきたものであることは容易に想像できる。一方、残存する古装束では振鉾・安摩の舞で使用する白地の襲にも薄黄緑色で葵の五つ紋が刺繍されており、これらと共布の袴を包む「たとう紙」には墨書「廿日会祭舞楽　按摩用　襲弐着　袴弐着　拝領品」と記されている。稚児舞が江戸時代に圧倒的な幕府の庇護を受けて続けられてきたことを示す装束といえる。

〈かつての演目と装束〉　明治二十七年（一八九四）に稚児舞が本格的な復興を遂げた当初、

振鉾と安摩で着用する下龍

絹糸刺繍の葵紋

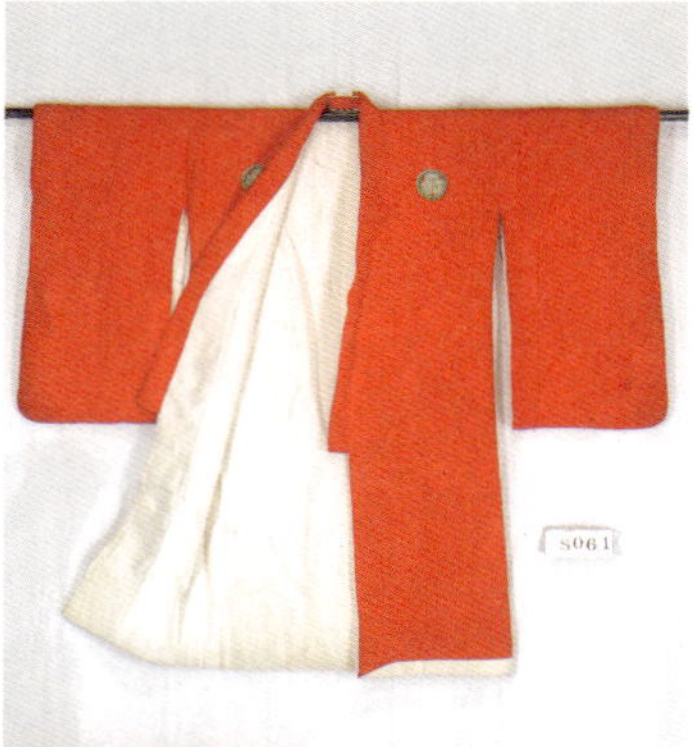

参詣と行列に着用する打掛

切伏せの葵紋

萬歳楽の後垂（後居）

萬歳楽に着用されたとされる袍

萬歳楽の前垂（前居）

紺地の絽に刺繍された家紋

現在ある五段の演目以外に萬歳楽《まんざいらく》と延喜楽《えんきらく》という演目が舞われていた。宮内庁式部職楽部によれば、延喜楽は萬歳楽の答舞《とうぶ》（先に演じる左舞の対となる右舞）として、祝いの場で舞われることが多い演目という。廿日会祭の稚児舞では、この二段のみが明治三十二年（一八九九）以後行われなくなった。これは前年の明治三十一年に師匠建穂俊雄氏の逝去で何らかの改変があったことが想像される。古装束の中には「萬歳楽用」と、たとう紙に記された鮮やかな浅黄袍・前垂・後垂が二領ずつ残されている。また、明治時代から大正時代にかけての古写真の中で三名の稚児が共通して着用している「菊花模様」の袍と袴も現物が残存する。

〈二の舞の装束は抜け感が肝〉　唯一大人の舞手が登場する「二の舞」は、安摩の舞の答舞として演目の後半に登場する。ほかの稚児舞から見ると異質な演目である。建穂の四家（洞口家、加藤家、太田家、佐藤家〈後に中澤家〉）が世襲制で務めてきた役である。二の舞の装束は白い襦袢の上に袍を重ね、その上に半被を着用する。頭には面を着けて頭巾をかぶる。翁の衿の錦《にしき》は緑色の金襴、嫗のそれは黒地の金襴と決まっているだけでなく、装束は着くずし方に独特の工夫が盛り込まれている。例えば、頭巾や帯の紐を必ず縦結びにしたり、袖の裾から手を出さない工夫で「抜けた年寄り」らしさを演出する。その自由な動きや所作を見ていると舞楽というよりは神楽に近いものが感じられる。

戦前まで着用された菊花模様の袍

菊花模様の袍を着た稚児（明治時代）

萬歳楽用の浅黄袍を着る（昭和12～15年頃）

菊花模様の袴

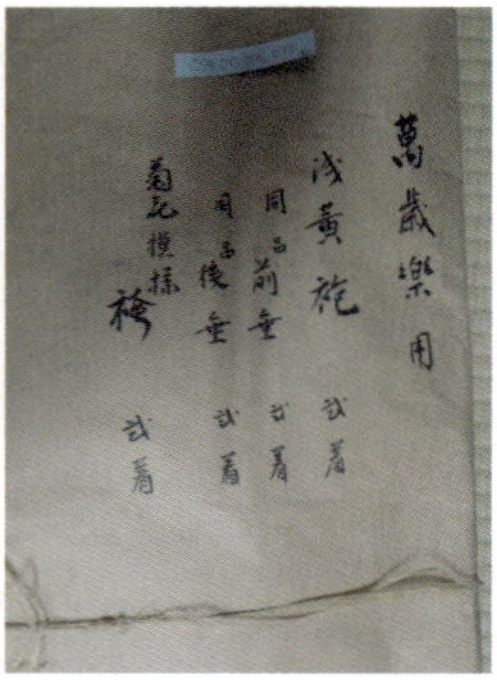

古装束のたとう紙に「萬歳楽」と「菊花模様」の文字が

③面と採物

〈二の舞の面は江戸期のものか〉「二の舞」で登場する翁《おきな》（じいさん）と嫗《おうな》（ばあさん）役を「ズジャンコ」という。一説には舞人が登場するときに、鉦鼓と太鼓などの合図がズジャンと鳴らされるので、いつの時代からか親しみを込めてそう呼ばれるようになったという。

五段の演目の中で面を着ける役はこの舞のみで、しかも大人が演じる役である。歯を見せて笑っているように見える翁面は咲面《えみめん》、舌を出し顔全体が腫れた嫗面は腫面《はれめん》という。この一対の面は桐の一木造りで、表面は黒に近い深緑色、裏は黒色の漆塗が厚く施されている。舞楽や神楽面などの多くは、顔に直接密着する裏面は塗装をしないことが多く、その木肌には製作年代や作者などの銘が記されることが多いが、ここまで厚く塗られていると、そういった文字情報の有無も不明で、時代を特定するのは難しい。だが、神社にはこの面以外には残されていない。

ズジャンコ面がいつごろのものなのか。その手掛かりの一つとして、『明治廿七年二月浅間祭復興日誌』に面が修繕された記録が登場する。大政奉還（明治維新）以来、一部の演目を奉納するのみで細々と続けられてきた稚児舞を復活させるに当たって、資金を工面して大々的に整備し直した記録である。

その際に楽器の修繕や新調する装束とともに面を塗り替えたことが記されている。その後の記憶として、戦後に二十五歳でズジャンコ役を引き継ぎ、七十五歳まで約五十年間務めた建穂の洞口清氏（大正十四年生まれ）によれば、昭和十九年（一九四四）から戦況が厳しくなり一時中断していた二の舞を再開したのが昭和二十五年のことで、その後一度だけ静岡市内の漆職人の元に面を塗り直しに出したことがあるそうである。

もうひとつ、映像から実証する方法として、次頁で古写真との比較をしてみる。まず右側は明治三十六年（一九〇三）に撮影された稚児とズジャンコ（咲面）が回廊に並んで撮影された写真の一部、中央は大正三年（一九一四）に二人のズジャンコ（咲面・腫面）を前にして大拝殿前の階段に稚児と並んだものの一部、そして左の現在のものを比較してみると、顔の造作の特徴から見て、いずれもほぼ同一の面ではないかと思わせる。前述の記録と画像を通して総合的に捉えると、ズジャンコ面は明治期以前のもので、塗り直しをして受け継がれてきたものであろう。

ズジャンコの舞には翁と媼の採物としてホコと呼ぶ丸笏が用いられる。造りは角材を太鼓の桴《ばち》のように丸く立体的に加工し、漆を施したものであるが、これも深緑色の漆を厚く施してあり、面の塗り直しと同時に塗り直されたものである。ズジャンコを演じる時には、

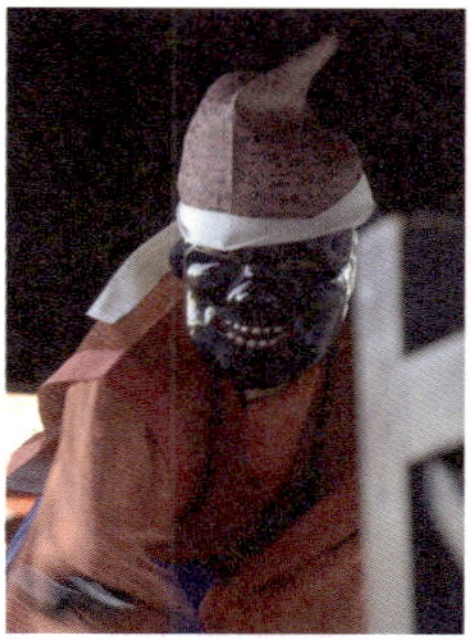
平成26年

海津敏昭氏所蔵

静岡浅間神社所蔵

ズジャンコ咲面

平成26年

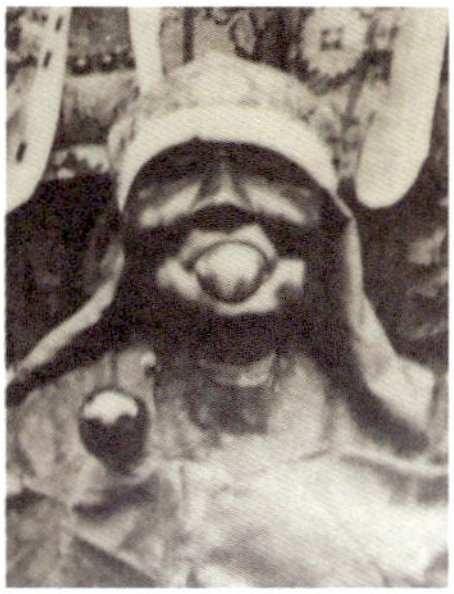
海津敏昭氏所蔵

静岡浅間神社所蔵

ズジャンコ腫面

上段・下段とも右が明治時代、中央が大正３年、左が現代のズジャンコ面

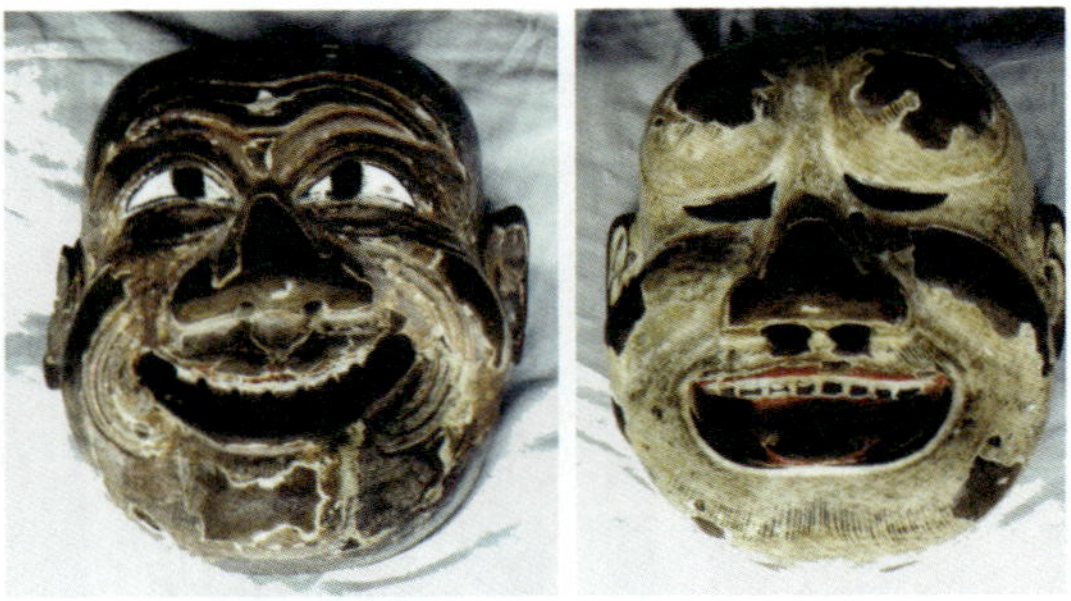

森町天宮神社の二の舞面

舞殿を左回りに回るが、ホコを内側に（稚児に）向けてはいけないとされ、滑稽なしぐさで演じる中にも伝承されてきた決まり事がある。

ところで、静岡県内では周智郡森町の小國神社・天宮神社に十二段舞楽の奉奏があり、小國神社では四月十八日に近い日曜日、天宮神社では四月第一日曜日に演じられる（昭和五十七年に国指定重要無形民俗文化財に指定）。

その中の演目に「二の舞」があり、浅間神社と同じく、咲面と腫面が残るが、いずれも長年の使用で表面の漆が剥離し、役どころから見るとかえって年寄りらしい味わいが出ているようにも見える。また、翁の採物は竪杵のような形の桴（小國神社では「きね」といい、天宮神社では「にぎり」という）、媼は「へら」という定番の笏を持って舞う。なお、現在小國神社で奉奏される二の舞は、平成になって新調した面を使用しており、ここで取り上げた面は以前使用されていたものである。

（外立ますみ）

第二章

廿日会祭のいま

舞手はどうして決められるのか

第一章で色鮮やかに紹介された稚児舞は、現在、どのようなスケジュールで上演されているのか、ここ数年にわたって稚児の選定から練習、上演に至るまでを実際に観察させていただいた様子をまとめてみよう。

稚児舞の現在の舞手は、小学生男子四名である。静岡浅間神社の氏子・崇敬者の新三年生から新六年生までの学年から選ばれる。人選は浅間神社の担当神職の役目だが、稚児舞発祥の地とされる建穂《たきょう》集落の世話人には必ず相談することになっている。できれば建穂あるいはその周辺から稚児を出してもらいたいのだが、残念ながら、ここ数年は建穂内には適任者が見つからず、浅間神社周辺地域の子どもに依頼することが多い。選ばれた子どもは四月五日の当日までの約十日間、すなわち春休みの大半は、午後の二時間を稽古に費やす。遊びたい盛りに「最初は嫌だった」と言う子もいるが、同年代の仲間とすぐに打ち解け、毎日一緒に稽古をするうちに、それが楽しみになり、次第に一生懸命に覚えるようになる。中には稽古に早く行きたくて、開始時間よりもかなり早く到着する子どももいる。

稚児は限られた稽古期間で舞を覚えなくてはならない。稚児の家庭では、稽古に真剣に取り組むよう子どもたちを励ます。また当日、浅間神社に向かう古式稚児行列では、保護者も正装して稚児の輿《こし》について歩くし、費用面でも初穂料のほか自分たちの衣装代やアルバム代等を負担するため、保護者の廿日会祭への理解・協力が不可欠である。親子や兄弟で奉仕する熱心な家もあるが、希望はしても奉仕できない家もあり、かつては選ばれた子どもが稚児舞に向けて髪を伸ばすことを誇りに感じたともいう。性別や年齢も限定されているため、「親子三代は続かない」とも言った。昭和四十五年から三年間稚児舞に奉仕した森本貴裕さん（昭和三十五年生まれ）も、父親やその兄弟六人がほとんど稚児を経験しているが、自身の子は娘だったので、二代で途切れてしまったという。

三月上旬になると、静岡浅間神社の担当神職が稚児宅と建穂世話人宅へ挨拶に赴き、廿日会祭への奉仕を正式に依頼し、当日までのスケジュールなどを説明する。この時、神職から稚児に「今年は〇〇と〇〇をお願いします」と、どの演目を担当するかが伝えられる。稚児舞の五演目のうち、納曽利《なそり》・還城楽《げんじょうらく》は一人舞、振鉾《えんぶ》・安摩《あま》・太平楽《たいへいらく》は二人舞なので、四人の稚児が二演目ずつ舞う。稚児に選ばれた子どもは六年生になるまでの数年間、続けて稚児舞に奉仕し、演目を交替しながら三、四年かけて全てを舞うのが理想とされている。初めて奉仕する子どもは二人舞を担当することが多く、二年目には二演目のうち一方は前年と同じであることが多い。基本的には神職が担当演目を割り振るが、中には自ら「昨年失敗したから同じ演目に再挑戦したい」と申し出る子どももいた。平成二十六〜二十八年

【表1】稚児の担当演目（平成26〜28年）（敬称略、カッコは学年）

氏名	平成26年	平成27年	平成28年
鈴木夢叶	（小6）納曽利・太平楽		
野櫻結聖　※兄	（小6）安摩・太平楽		
内野瑞基	（小6）振鉾・安摩		
岡部　遼	（小4）振鉾・安摩	（小5）振鉾・還城楽	（小6）納曽利・太平楽
桜井康喜		（小5）安摩・太平楽	（小6）振鉾・安摩
野櫻湧互　※弟		（小4）納曽利・太平楽	（小5）安摩・太平楽
渡邉和翔		（小4）振鉾・安摩	（小5）振鉾・還城楽

の出演者とそれぞれの担当演目は表のとおりである。

稽古が始まる

稚児の活動は春分の日（もしくはその前後の日）に行われる奉告祭からスタートする。建穂世話人と稚児およびその保護者は、奉告祭に臨む。午後二時に集合して大拝殿で奉告祭が行われ、①修祓、②斎主祝詞奏上、③速神楽、④鈴祓、⑤玉串拝礼の順で進められる。稚児は両親と共に玉串拝礼を行い、最後に建穂世話人が拝礼して、十五分ほどで奉告祭は終了する。引き続いて、宮司から稚児一人一人に任命書が手渡され、最後にお神酒とお供物をいただく。

奉告祭が終了すると、浅間神社会館に場所を移し、稚児舞の説明会が行われる。この場では、宮司と建穂世話人の挨拶の後、担当の神職が紹介され、稚児

宮司（代理）から稚児へ任命書が授与される

たちも一人ずつ自己紹介をする。学校名・学年・氏名に加えて、「今年は初めての一人舞なので頑張りたい」などと抱負も述べる。さらに、担当神職が稽古の日程と注意事項を説明し、誰がどの演目を舞うかを確認した後、当日の集合解散時刻など細かいスケジュールが伝えられ、説明会は二十分ほどで終了した。

　奉告祭の翌日あるいは翌々日の午後二時から、さっそく北回廊（大拝殿北側）で稚児舞の稽古が始まる。初日にはまず、二礼二拍手一礼の作法について、手の形やお辞儀の回数などが指導される。稽古の前後には、必ず神部《かんべ》神社・浅間《あさま》神社本殿に向かってその作法で拝礼を行うのである。

　拝礼の後は、いよいよ舞い方の稽古とな

る。前年度から引き続いて奉仕する子どももいるが、一年経つと忘れている部分もあり、また、各人が昨年とは異なる演目を舞うので、稽古は改めて基本動作から行う。稚児舞はいくつかの基本動作の組み合わせで成り立っており、まず足の動き、次に手の動きを覚えるという順で稽古を進める。三日ほど基本動作を習ったら、次に舞全体の流れや舞殿での位置取りなどを覚えていく。稽古は毎回、ほぼ演目順に行われる。

師範を務める神職は、腕の角度や指先・足先の向きなど、動作の細部にまで目を配って注意を促す。例えば、振鉾《えんぶ》では肘を張って足を揃えること、安摩《あま》では杓の持ち方や、手先を揃えて腰骨に置き、手首は体につけないこと等、美しく舞うための要点も指導する。また、稽古が進んで稚児たちも基本動作を覚え、より熱心になってくると、「どのように舞うと格好よく見えるのか」と、稚児自身が考えるようになってくる。神職も、極端に動きが変わらない限り、そのような稚児の工夫を認めているという。稚児が主体的に稽古に取り組むことで、同じ舞でも舞手によって少しずつ雰囲気が異なったり、子どもたちの稚児舞への愛着も深まったりしているのだろう。

ところで、子どもたちにとって担当演目以外の稽古時間は自由時間となる。ただし静かにしていなければならないので、持ってきたゲーム機で遊んでいる子が多い。また、約二時間の稽古の中ごろには休憩時間もあり、菓子が配られるので、それも子どもたちの楽し

師範に動きを習う稚児

みになっている。舞の稽古だけでなく、お互いのゲームを覗いたり、一緒におやつを食べたりする中で、四人は「仲間」になっていくようだ。稚児経験者の中にも、「稽古の後で出してもらった食事がおいしかった」と語ってくださった方がいた。

なお、建穂寺が廃寺となった明治期以降の稚児舞の師範は、建穂俊雄氏（建穂寺最後の住職）から野崎鐐一氏（稚児経験者）に引き継がれた。昭和三十年から二年間稚児舞に奉仕した渡邉朗さん（昭和十九年生まれ）も野崎氏に教わった。真面目な先生で、「ヒーヒーヒャー、オヒャヒャー」と太平楽を口で奏しながら教えてくれたという。渡邉さんは六歳上の姉が一緒に稽古に行って覚え、家でも特訓をした。野崎氏引退後の昭和四十六年からは浅間神社職員が師範を引き継ぎ、山口泰昌さん・本名孝至さん・森明彦さん・松本浩典さん・宇佐美洋二さんらがかつて指導に当たった。現在の師範は廣幡行伸さんと福島麗司さんである。

建穂世話人の活躍

稚児舞に深く関わる建穂の人々は、安摩に引き続いて舞われる二の舞にズジャンコとして出演する。ズジャンコは老夫婦の面を着けて滑稽に舞う役で、四名の建穂世話人が途中で交代しながら二名ずつ爺と婆に扮する。配役は、背の高い人が爺を担当している。着付けも自分たちで行い、帯をわざと縦結びにするなど、年老いた雰囲気を出す工夫をしているという。またズジャンコ面は目の穴が非常に小さくて見づらく、舞殿への入退場の階段では、神社の巫女に手を引いてもらう。さらに、二の舞では稚児の周りを舞うため、ズジャンコが舞殿から落ちてしまわないよう、稚児は舞う位置を「後ろ（舞台の端）に下がらないように」と指導されている。

ズジャンコを担う四名の建穂世話人は、かつて世襲制だった。早くに亡くなった父親に代わり二十五歳で世話人を引き継ぎ、七十五歳まで務めた洞口《ほらぐち》清さん（大正十四年生まれ）によれば、昭和五十年ころまでは洞口家・加藤家・太田家・鈴木家（後に佐藤家・中澤家）が世話人をしていたが、次第に継承できない家が出てきて、現在は任期三年の当番制となっているという。しかし、洞口家の場合には長男の清則さんが現在も世話人の中心的役割を果たして、実質的には世襲が継続されている。この四軒がなぜ世襲で世話人を担うようになったのかは、現在のところ不明である。

建穂世話人は、稚児の人選に始まり、奉告祭・説明会への出席、廿日会祭当日の神社参拝や古式稚児行列への参加、二の舞のズジャンコ、というように、非常に重要な役割を担う。また、行列の花持ちや稚児舞の鉾持ちを担う小学校高学年の男子四名も

二の舞の一場面。ズジャンコが手を引いてもらって登場する

建穂付近から探さねばならない。清さんによれば、以前の花持ちは紋付羽織袴で行列に参加していたため、九つの祝いで着物を新調するような家を中心に探したが、なかなか見つからずに大変だった。現在は衣装を貸し出しているが、建穂は急激に新しい家が増えた一方で子ども会が解散し、廿日会祭に参加できる子どもを探すのが一層難しくなっているという。

そのほか、古式稚児行列で使う道具や衣装の調整、舞殿の飾り付け、「廿日会祭」の提灯の設置なども世話人が行い、その準備と片付けのために三月三十一日から四月六日まではほぼ毎日浅間神社に通う。以前には、奉納される醤油や味噌などの一斗樽を積む台も世話人が作り、それら奉納品の盗難を防ぐための夜警や境内の清掃、賽銭の回収や幕引き等も担当した。現在は神職

建穂世話人と花持ち

や警備会社に引き継がれた仕事もあるが、清さんは廿日会祭のために「十日ばかり通った」と言う。

実は建穂世話人は、廿日会祭だけでなく、静岡浅間神社のほかの年中行事にも関わっている。例えば、節分祭では鬼祓いのための「おにやらぼう」の材料（梅と柳）を提供したり、祭事当日も景品交換などを手伝ったりしている。かつては大祓の茅の輪や大歳《おおとし》御祖《みおや》神社日待の準備、正月の注連縄作りなどの作業も手伝っていた。清さんによれば以前は神職が現在よりも少なかったというので、稚児舞をきっかけに廿日会祭の運営に携わるようになった建穂の人々が、次第に他の行事も手伝うようになったのかもしれない。

六日間の廿日会祭

現在、静岡浅間神社では、四月一日から六日までの祭事全体を「廿日会祭」と呼んでおり、稚児舞が奉納される五日を中心として、さまざまな神事が行われている。初日祭はその大祭の始まりを告げるもので、同時に静岡浅間神社で毎月一日に行われる月次祭《つきなみさい》の一環でもある。

四月一日午前九時、参拝者（平成二十八年は約九十名）が大拝殿で受付を済ませると、宮司以下神職が参進し、太鼓を合図に初日祭が始まる。式次第は次のとおりである。①修祓、②宮司一拝、③献饌、④大祓詞《おおはらえのことば》奏上、⑤宮司祝詞奏上、⑥速神楽《はやかぐら》、⑦鈴祓、⑧玉串拝礼、⑨撤饌、⑩宮司一拝。

初日祭が無事終わると、宮司の挨拶があり、参拝者はお神酒と桃色の御幣をいただく。その後、本来は大歳御祖神社前に移動するのだが、平成二十七・二十八年は大歳御祖神社修築中により御祭神が八千矛《やちほこ》神社に祭られていたため、八千矛神社前に移動し、こちらでも宮司・神職と参拝者代表五名ほどの玉串拝礼が行われた。

山車曳行と神衣祭

浅間神社界隈の人々にとって「廿日会祭」といえば、「稚児舞」と「お踟」である。お踟は元来、建穂から迎え入れる稚児を迎え慰めるものと伝わっているが、いかにも廿日会祭を喜び祝い、祭りの雰囲気を盛り上げるものとなっていて、さまざまな趣向が凝らされてきた歴史がある。現在のお踟では華やかな山車が曳き回され、木遣りや地踊り、お囃子等が披露されており、例大祭（四月五日）の数日前から氏子地域を中心に行われる。そして、稚児の出発場所である別雷《わけいかづち》神社あるいは小梳《おぐし》神社から浅間神社までの古式稚児行列と、

稚児の輿の前で供覧（安西踟のロックソーラン）

輿に乗った稚児の前での供覧がフィナーレとなる。

なお現在、稚児舞が奉納される例大祭は毎年四月五日と固定されているが、曜日や静岡まつりの日程によってはお踟への参加者が減ってしまうため、五日以外のお踟の日程は流動的に決められている。平成二十七年のお踟は四月三日（金）～五日（日）に行われる予定だったが、五日は悪天候だったために古式稚児行列が中止され、お踟も行われなかった。二十八年のお踟は四月二日（土）・三日（日）・五日（火）に実施された。以下は二十八年の様子である。

二日午前七時半、浅間神社駐車場で山車の飾り付けが始まった。北側から咲耶車・稲荷車（以上は当番踟である安西踟が担当）、神武車・木花車（以上は本部踟が担当）と並び、提灯の取り付けや人形の調整などの準備をする。少し遅れて、それら四台の山車の西側で暫車（伝馬踟が担当）の飾り付けも始まった。山車は以前は各町内で保管されていたというが、戦後焼け出された山車を神社で預かってから神社敷地内の保管庫に置かれるようになり、準備も神社で行うようになった。

午前八時二十三分から暫車以外の四台の山車の清祓式《きよめはらい》が行われた。四台の山車に向かって中央に祭壇が設けられて協賛会や祭典委員長ら役員が整列し、その周りで参加者が式を見守った。修祓・斎主一拝・献饌・祝詞奏上の後、斎主が山車に前後から切麻《きりぬさ》（半紙と麻を切ったもの）を撒いて一台ずつお祓いをする。そして、斎主、協賛会、安西踟、祭典委員長、実行委員長、お囃子・木遣り等の役員が玉串拝礼をし、最後に撤饌・斎主一拝が行われて、午前八時四十五分に清祓式は終了した。その後、駐車場の各所で本部踟・安西踟・木遣りなどの各グループごとにお神酒をいただく。すっかり準備の整った山車を囲む参加者たちの笑顔は、「いよいよ祭りが始まる」という高揚感に満ち、午前九時に神社を出発した。

伝馬踟の暫車の清祓式は午前九時半から行われた。式次第は他の四台と同様で、山車と音響機材などを積んだトラックの前三方向から切麻でお祓いをした。斎主・神職、協賛会、

お跡出発前の山車の清祓式

伝馬町学区自治会連合会会長、伝馬跡振興会正副会長・顧問が玉串拝礼をした後、午前九時五十三分に斎主が一拝して式は終了し、暫車は午前十時半に氏子地域での曳き回しに出発した。

同日午後二時からは、大拝殿で神衣祭《かんみそさい》が行われた。神衣祭は神様の衣替えともいえる神事で、年二回、四月二日と九月二十五日に実施される。神部神社・浅間神社に神衣（春季には夏用の白衣）を捧げ、その後、境内各社へもそれを奉献する。神事の次第は次のとおりである。①修祓、②宮司一拝、③献饌、④祝詞奏上、⑤春季神衣奉献、⑥速神楽、⑦神楽「豊栄《とよさか》の舞」、⑧玉串拝礼、⑨撤饌、⑩宮司一拝。

神輿ではなく鉾が巡行

浅間神社の祭神である木之花咲耶姫命《このはなさくやひめのみこと》が山宮（麓山《はやま》神社）へ神幸し、翌日浅間神社へ還幸する神事とされるのが昇祭《のぼりさい》・降祭《くだりさい》である。山宮に祭られる大山祇《おおやまつみ》命は咲耶姫の父神とされており、浅間神社では、この行事を咲耶姫が「お父さんに会いに行くお祭り」と紹介している。現在は四月三日・四日と十一月三日・四日に行われ、表にも見えるように、明治期以前の山宮祭（未《ひつじ》日に実施）と初申祭（申日に実施）に由来する。かつての山宮祭・初申祭の様子は浅間神社に伝わる「四月霜月未ノ日神事図」と「四月霜月初申祭礼図」に見ることができるが、その中に大きな鉾を担いだ人間を白い紙垂のような物で覆った様子が

現在(新暦)	
1日	月次祭
29日	玉鉾神社月次祭
1日	歳旦祭
3日	元始祭
3日	節分祭
11日	紀元祭
17日	祈年祭
3日	桃華祭
春分の日	古墳霊祭ほか
1日	廿日会祭初日祭
2日	神衣祭
3日	昇祭
4日	降祭
5日	廿日会祭例祭
6日	廿日会祭後日祭
22日	麗山神社例祭
1日	御薗茶摘式
5日	流鏑馬祭
中旬	神饌田御田植祭
3日	明治祭・昇祭
4日	降祭
15日	七五三祝祭
23日	新嘗祭
23日	天長祭
28日	煤払祭
31日	年越大祓式・除夜祭

【表2】静岡浅間神社・富士山本宮浅間大社のおもな年中行事

富士山本宮浅間大社			静岡浅間神社			
現在(新暦)			明治以前(旧暦)			
毎月	1日	朝詣で・月次祭	毎月	1日	五節句祭・大般若会	毎月
	15日	朝詣で・月例祭				
正月	1日	歳旦祭ほか	正月	1日	修正会(〜7日)	正月
	3日	元始祭		3日	山宮祭	
(中略)			(中略)			(中略)
2月	3日	節分祭・豆撒き式	2月	8日	疫神祭	2月
	初午日	末社稲荷神社初午祭		20日	廿日会	
	11日	紀元祭		同	彼岸中祭(舞楽の後)	
3月	17日	祈年祭	3月	3日	三月会	3月
	春分の日	春季皇霊祭遙拝式				
			4月	午日	若御前祭	
4月	1日	朝詣事初式・桜花祭		末日	山宮祭	4月
	3日	神武天皇祭遙拝式		申日	初申祭	
	4日	末社天神神社例祭		酉日	酉日祭	
	初申日	本宮初申祭・山宮初申祭				
(中略)						
5月	4日	川原祓	5月			5月
	5日	流鏑馬祭・流鏑馬式		5日	流鏑馬	
	6日	流鏑馬後日祭				
(中略)			(中略)			(中略)
11月	3日	例祭前日祭・宮参り	11月	午日	若御前祭	11月
	4日	例祭・本宮(ほんみや)		末日	山宮祭	
	5日	例祭後日祭		申日	初申祭	
	15日	七五三祝祭		酉日	酉日祭	
	23日	新嘗祭		15日	八講会	
12月	上中旬	煤払式	12月	13日	大般若経転読	12月
	23日	天長祭				
	31日	師走大祓式・除夜祭		30日	大祓恒例・竈祭	

※「国幣小社神部浅間大歳御祖神社誌」および静岡浅間神社 HP・富士山本宮浅間大社 HP より作成

「四月霜月未ノ日神事図」（静岡浅間神社蔵）に描かれた鉾

描かれている。後述する元禄十五年（一七〇二）の文書にある鉾であろうか。現在の昇祭・降祭には鉾は登場しないが、古絵図にある鉾は、かつては御霊が宿る神聖なものであったと考えられる。鉾がご神体とされてきたことは、本宮である富士山本宮浅間大社の神事にも明確に表れている。これは次の章で紹介しよう。

なお稚児舞においても、明治期に稚児舞が中断の危機に瀕した際に「振鉾《えんぶ》」だけは奉納されたことや、鉾を使用する舞の時だけは稚児が「鉾持ち」役の少年から鉾を受け取ること等、鉾が特別な存在であることが随所で感じられる。

コラム　その2

木之花咲耶姫と一夜酒《ひとよざけ》

四月四日の夕方行われる降祭では、浅間神社の御祭神である木之花咲耶姫命に、特殊神饌として「一夜酒」と呼ばれる甘酒が捧げられます。平成二十八年十一月四日の降祭では、神事終了後に神前から下げた一夜酒が、参拝者に分けられました。またこの神事以外の時にも、木之花咲耶姫ゆかりの飲み物として、境内の茶屋で甘酒が売られています。

甘酒は富士信仰と縁が深く、富士山頂でも金明水（富士山頂に湧く霊水）を用いて造ったとされる甘酒が名物となっています（『絵葉書に見る富士登山』）。また三重県亀山市には、市内数ヶ所に「富士山」や「冨士大権現」、「冨士権現」と刻まれた石塔が残っていたり、フジサンと呼ばれる場所があったりと、富士山信仰の名残が見られます。その中で唯一現在でもお祭りを行っている田茂町では、三月にフジヤマサン（の小山）に登ってお神酒と甘酒を供えた後、皆で甘酒をいただきます。「お下がりの甘酒を飲むと子宝に恵まれる」とか、ご神木の桜の木の「幹をなでてから妊婦のお腹をさすると安産になる」と言われたり、このお祭りとは別に安産祈願としてフジヤマサンに甘酒を供えたりすることもありました（『亀山市史』・『食の民俗事典』）。

木之花咲耶姫は火中で三つ子の皇子を産んだとされ、安産・子育ての神様ともいわれています。木花咲耶姫を祀る宮崎県西都市の都萬《つま》神社では、三人の皇子を育てる時に不足した母乳を甘酒で補ったという説話から、十一月の例大祭には甘酒が供えられています（西都市観光協会ホームページより）。

近年、「飲む点滴」などと言われて甘酒が注目されていますが、白濁した甘く栄養豊富な飲み物は、確かに母乳を連想させます。アルコールを含まず、「一夜酒」の名のとおり短時間で出来上がることも、「母乳代わり」としては大切な要素といえるでしょう。一夜酒は、母親としての木之花咲耶姫命にちなむ飲み物と考えられます。

（川口）

昇祭

昇祭・降祭は、本宮である富士山本宮浅間大社の本質に連なる最も重要な神事であり、もちろん静岡浅間神社でもしっかり踏襲している。平成二十八年の昇祭・降祭の様子を紹介しよう。

四月三日午後四時、宮司はじめ神職が社務所から大拝殿を経由して浅間神社本殿へ進み、次のとおり神事を行う。①修祓、②宮司一拝、③開扉、④献饌、⑤遷霊、⑥撤饌。四時二十三分、神事が終わると本殿から箱に納めた御霊（正式には「御《ぎょ》」という）が運び出され、大拝殿へ下る。行列は御霊の前に三名、そして二名が御霊を担ぎ、その後ろに宮司、さらに一名が続き、計七名の神職が御霊を守る。拝殿内を通過した後は舞殿の脇を過ぎて楼門および総門をくぐり、いったん麻機街道に出る。長谷通りには入らず石鳥居手前で右折し、境内の脇を流れる川に沿った麻機街道を八十メートルほど南進して再び右折し、神社境内に入る。境内の外に出て、わずかな距離とはいえ一般道を歩いて再び境内に入ることには深い意味があると思われるので、第三章で改めて触れる。

境内では協賛会や参詣者が、入ってきた行列を低頭して迎え、山宮への道を空けている。社務所前では廿日会祭の期間中、仮設ステージでさまざまな余興が行われるが、この時ばかりは一時休憩となり、境内は静まっている。行列はその厳かな雰囲気の中を山宮へと進み、百段の階段を登っていくのである。四時四十分頃、行列は山宮本殿へ到着し、次のとおり御霊を奉安するための神事が行われる。①献饌、②祝詞奏上、③神楽「豊栄の舞」、④玉串拝礼、⑤撤饌、⑥閉扉、⑦宮司一拝、⑧退下。昇祭の神事は午後五時頃に終了し、御扉が閉められ、神職らが山宮から一列に下っていく。

降祭

翌四日は午後四時から降祭が行われる。まず、宮司ほか神職が山宮に登り、四時十分から次のとおり神事を開始する。①修祓、②宮司一拝、③開扉、④献饌、⑤宮司拝礼、⑥撤饌。四時二十三分に撤饌を行った後、四時二十七分に御霊を運び出し、還幸となる。山宮から石段を下って昇祭と同じ順路を逆に辿り、浅間神社本殿前に戻る。そして、本殿に御霊を奉安するための神事が行われて一連の神事を終える。①遷霊、②献饌、③祝詞奏上、④玉串拝礼、⑤撤饌、⑥閉扉、⑦宮司一拝、⑧退下。

降祭では特殊神饌として白蒸《しらむし》と一夜酒《ひとよざけ》（＝甘酒）が供えられる。一夜酒を入れる賤機焼きの壺には、側面に「奉納　昭和戊辰（三年）四月吉日　青島秀山」と記されている。神

昇祭・降祭の流れ

① 浅間神社本殿から御霊を運び出す

② 楼門を出る行列

③ 麻機街道を南進する

④ 山宮への石段を登る

⑤ 翌日、御霊を山宮から運び出す

⑥ 御霊を守りながら石段を下る

⑦ 山宮から戻った御霊を奉安するため浅間神社本殿へ登る行列

饌担当の神職が、一夜酒を調製・奉納する川村こうじ屋へ事前にこの壺を手渡し、四日当日に受け取りに行く。白蒸は皿に入れて光太郎和菓子処から四日当日に届けられる。これら特殊神饌は撤饌後、参籠食として神職がいただくが、平成二十八年十一月の降祭では参拝者に一夜酒が頒たれた。直会は行われない。

なお、現在は神職七名に守られて御神幸が行われるが、平成二十四年（二〇一二）までは百名近い行列が組まれて盛大に行われていた。

稚児舞は建穂神社への参拝から始まる

いよいよ四月五日、稚児舞奉仕の朝である。稚児は午前七時半に浅間神社会館に集合し、着付けと化粧をする。そして午前八時半に同所を出発して建穂神社に向かい、午前九時から同社拝殿にて奉告参拝を行う。修祓・斎主（建穂神社宮司）一拝・献饌・祝詞奏上の後、斎主、稚児舞奉仕者、廿日会祭協賛会、建穂世話人、建穂町内会、建穂神社総代の順に玉串拝礼を行う。撤饌・斎主一拝をもって二十分ほどで神事は終了し、参拝者全員で記念撮影をする。

建穂神社への参拝を終えた稚児は、古式稚児行列の出発点となる別雷《わけいかづち》神社または小梳《おぐし》神

建穂神社へ参詣（平成22年）。稚児、世話人、氏子

社に向かう。現在は一年おきにこの二社に参ることとなっており、平成二十七年は午前十時に小梳神社へ、平成二十八年は午前十時半に別雷神社へ参拝した。大正期にはすでにこの両社のうちのどちらかから行列が出発しているが、必ずしも一年おきではなかった。また、昭和四十四年（一九六九）には駒形神社が出発地となっている。洞口清さんによれば、「当番町だからやらせてほしい」と、一度だけ駒形神社から行列が出たことがあったという。

奉告参拝は神社拝殿で太鼓を合図に始まり、修祓・斎主（小梳神社または別雷神社の宮司）一拝・献饌・祝詞奏上の後、斎主・稚児・協賛会・踟実行委員長・建穂世話人・小梳または別雷神社の神社総代らが玉串拝礼を行う。そして撤饌・斎主一拝を行い、終了の太鼓が鳴る。小梳または別雷神社の宮司からの挨拶の後、拝殿前に出て記念撮影をする。

古式稚児行列と供覧

奉告参拝が行われている間に、神社周辺には古式稚児行列に参加する人々が集合して、出発の準備を進める。平成二十八年は天気にも恵まれ、大勢の参加者が集合した。稚児が乗る台車付きの輿が並べられ、そのほかの役を担う人たちも表のように並ぶ。花持ちの子どもは、先述のとおり、建穂が属する羽鳥学区から建穂世話人が選出しており、平成二十八年は新六年生三名と新中学一年生一名で、そのうち二名は稚児舞の時に稚児に鉾を手渡す「鉾持ち」も兼務した。

洞口清さんは、小学校三年生の時に初めて稚児行列に参加し、花持ちを担当した。九つのお祝いで作った紋付羽織袴を着たが、建穂世話人であったマゴジイサン（祖父の滝造）に手を引かれ、下駄履きで浅間神社まで往復するのは大変だったという。清さんは成長につれて、槍持ちや輿担ぎとして行列に参加した経験もある。行列に参加すると神社から日

【表3】廿日会祭古式稚児行列所役表（平成28年）

<table>
<tr><th colspan="2">所役名</th><th>装束</th><th>威儀物</th><th colspan="2">備考</th></tr>
<tr><td colspan="2">錦旗</td><td>白丁</td><td>錦旗</td><td colspan="2"></td></tr>
<tr><td colspan="2">宰領</td><td>陣羽織</td><td>白鞭</td><td colspan="2">協賛会会長（代）</td></tr>
<tr><td colspan="2">副宰領</td><td>陣羽織</td><td>白鞭</td><td colspan="2">協賛会副会長（代）</td></tr>
<tr><td colspan="2">年行事</td><td>法被</td><td>赤鞭</td><td colspan="2">年行事委員長</td></tr>
<tr><td colspan="2"></td><td>法被</td><td>赤鞭</td><td colspan="2">年行事当番学区委員長</td></tr>
<tr><td colspan="2">踟振興会</td><td>法被</td><td>白鞭</td><td colspan="2">駿府踟振興会委員長</td></tr>
<tr><td colspan="2">総代</td><td>裃</td><td>赤鞭</td><td colspan="2">協賛会役員3名</td></tr>
<tr><td colspan="2">大太鼓</td><td>白丁</td><td>大太鼓</td><td colspan="2">2名</td></tr>
<tr><td colspan="2"></td><td>直垂</td><td>撥</td><td colspan="2"></td></tr>
<tr><td colspan="2">高張</td><td>白丁</td><td>提灯</td><td colspan="2">2名</td></tr>
<tr><td colspan="2">先導</td><td>陣羽織</td><td>白鞭</td><td colspan="2">協賛会役員2名</td></tr>
<tr><td colspan="2">御幣</td><td>布衣</td><td>金幣</td><td colspan="2"></td></tr>
<tr><td colspan="2">古式稚児旗</td><td>白丁</td><td>稚児旗</td><td colspan="2"></td></tr>
<tr><td colspan="2">稚児師範</td><td>道服</td><td>扇子</td><td colspan="2"></td></tr>
<tr><td colspan="2">賛者</td><td>狩頃</td><td>笏</td><td colspan="2">神職</td></tr>
<tr><td colspan="2">長持</td><td>白丁</td><td>長持</td><td colspan="2">2名</td></tr>
<tr><td colspan="2">袖搦</td><td>白丁</td><td>袖搦</td><td colspan="2"></td></tr>
<tr><td colspan="2">抜身槍</td><td>白丁</td><td>抜身槍</td><td colspan="2"></td></tr>
<tr><td colspan="2">袖搦</td><td>白丁</td><td>袖搦</td><td colspan="2"></td></tr>
<tr><td colspan="2">刺又</td><td>白丁</td><td>刺又</td><td colspan="2"></td></tr>
<tr><td colspan="2">建穂旗</td><td>略礼服</td><td>建穂旗</td><td colspan="2">建穂町内会長</td></tr>
<tr><td colspan="2">建穂世話人</td><td>略礼服</td><td>鞭</td><td colspan="2"></td></tr>
<tr><td colspan="2">年行事</td><td>裃</td><td>赤鞭</td><td></td><td rowspan="7">×4</td></tr>
<tr><td rowspan="2">輿</td><td>古式稚児</td><td>舞楽衣装</td><td></td><td></td></tr>
<tr><td>輿丁</td><td>黄衣</td><td>輿</td><td></td></tr>
<tr><td colspan="2">建穂世話人</td><td>略礼服</td><td>鞭</td><td></td></tr>
<tr><td colspan="2">稚児付添</td><td>紋服</td><td></td><td></td></tr>
<tr><td colspan="2">花持ち</td><td>白丁</td><td>花飾</td><td>建穂</td></tr>
<tr><td colspan="2">福宰領</td><td>陣羽織</td><td>白鞭</td><td colspan="2">協賛会役員2名</td></tr>
<tr><td colspan="2">年行事</td><td>裃</td><td>赤鞭</td><td colspan="2">踟</td></tr>
<tr><td colspan="2">おねり</td><td></td><td></td><td colspan="2"></td></tr>
</table>

※静岡浅間神社祭礼資料より作成

古式稚児行列出発前の記念撮影（平成28年、別雷神社前）

当がもらえるので、また来年も出たいと思った。昭和の初め頃、それを羨んだ麻機や美和の人々が神社に奉仕を願い出たことがあったが、「建穂に限る」と断られたと聞いている。

さて、記念撮影を終えた稚児が輿に乗り込み、建穂世話人や協賛会会員らも配置に着くと、午前十一時、いよいよ古式稚児行列が出発し、街中を縫うように進みながら、浅間神社を目指す。それぞれに巡行していた山車も集まってきて、行列後方に咲耶車、稲荷車（以上二台は当番町の安西踟）、神武車、木花車（以上二台は本部踟）、暫車（伝馬踟）の順に続く。稚児は四人それぞれの氏名が書かれた小さな輿に乗って正座し、御簾の下から沿道の様子をうかがえるのだが、「稚児は笑ってはいけない。もし笑うと、その方角が不作になる」といわれており、親族や友人を見つけても表情を変えないように気を付ける。

正午過ぎ、行列は静岡浅間神社に到着し、山車が神社東側の麻機街道に整列する。十二時十五分から、お踟を稚児に披露する「供覧」が始まるのである。神社側の沿道には稚児の輿を置くための台が設えてあり、稚児はその台の上で輿に乗った状態でお踟を見ることができる。神社の桜が輿の背後を彩り、五台並んだ山車の前で地踊りや木遣りなどが順々に演じられる様は、非常に華やかだ。平成二十八年は、まず当番町の安西踟が北辰会・勇会による木遣り、約

別雷神社から浅間神社までの道筋（平成28年）※国土地理院電子地形図25000より作成

七十名による地踊り「木遣りくずし」、安西小学校生徒八十名による「ロックソーラン」を行い、次に本部踟の地踊り「元禄花見踊り」「末っ子よされ」などの演目が行われた。「末っ子よされ」など一部の演目では、伝馬踟も一緒に行い、全体で約三十分の演技を終えた。

例大祭と稚児舞

午後二時からは大拝殿で例大祭が行われ、稚児も参列する。まず、修祓・宮司一拝の後、浅間神社・神部神社の御扉を開き、両社に神饌を献じて、宮司が祝詞を奏上する。次に本庁幣（神社本庁から奉じられる）を献じ、献幣使（平成二十七・二十八年は秋

例大祭の様子

葉神社宮司）が祝詞を奏上する。玉串拝礼は宮司および神職、献幣使、責任役員（四名）、神社総代代表、古式稚児舞楽奉仕者の順に行われ、午後二時四十五分、稚児は玉串拝礼を終えるとすぐに退席して稚児舞の準備に入る。その後の玉串拝礼は、協賛会、踟関係者、建穂世話人、富士山本宮浅間大社や久能山東照宮などの宮司、議員（国会・県議会・市議会）、商工会議所、市役所関係、文化財資料館、臨済寺住職、地元町内会長、婦人会、せんげん塾、企業関係者などが行う。そして、本庁幣・氏子幣・神饌を撤し、その間に祝電を読み上げ、御扉を閉じる。最後に宮司が一拝して、例大祭は終了となる。

例大祭の後は、いよいよ午後三時半から約一時間、大拝殿の東側にある舞殿で稚児舞が奉納される。舞殿の北側と南側には観客のための椅子が並べられ、宮司や稚児の保護者らは大拝殿から観覧する。稚児は大拝殿から仮設の渡り廊下を通って舞殿への入退場を行う。森本貴裕さんや洞口清さんによれば、以前は廿日会祭の期間中、舞殿北側に仮設の小屋が設けられ、稚児・建穂世話人・楽人の控え室として使われた。稚児はそこから舞殿へ出入りしたといい、舞殿と拝殿は現在のようにつながってはいなかったという。明治二十七年（一八九四）二月『浅間祭復興日誌』には舞殿の東側に楽屋が描かれ、大拝殿側（西側）から稚児舞を撮影した徳川慶喜公の写真（明治二十九年）にも東側に楽屋らしき建物が見える（二五八頁参照）。

⛩ コラム　その3

稚児舞天覧

平成二十九年四月七日、天皇皇后両陛下がスペイン国王ご夫妻と共に静岡浅間神社の稚児舞をご覧になりました。静岡への行幸は前年四月に予定されて準備が進められていたのですが、熊本の震災が起きて急きょ取りやめになったという経緯もあり、静岡県民はこの日を待ち焦がれていました。

稚児舞に奉仕したのは、野櫻湧互君（小六）、渡邉和翔君（小六）、安池法隆君（小五）、橋本伊央利君（小五）です。廿日会祭の稚児舞は五演目を約一時間かけて舞いますが、当日は限られた時間の中で、「安摩・二の舞」と「太平楽」の二演目を短縮版（各三分半）で舞いました。舞殿の北側に仮設の楽屋が設けられ、稚児やズジャンコもその上で陛下をお迎えした後、すぐに舞殿へ進んで舞ったそうです。楽人もその楽屋で演奏しました。

また、陛下にご覧いただくため、舞う方角も神前方向ではなく、陛下のいらっしゃる南側を向いて舞いました。前々日の廿日会祭まで神前を向いて舞っていた稚児たちは、自分の位置取りの目安としていた柱などの目標物が使えなくなり、前日の練習で「立ち位置からの景色を覚えておくように」と指導されたそうです。

厳戒態勢で迎えた当日の朝は、大雨でした。稚児たちは午前中に一度リハーサルをした後、着付けをして、陛下がお見えになる直前に宮内庁の方たちの前で再度リハーサルをしました。その頃になると雨が急に弱まり、稚児舞本番の途中には止んでしまいました。

太平楽を舞った渡邉和翔君は、特別な緊張感の中で、「失敗しないように」、そして持っている重たい太刀が「下がらないように腕に力を入れて」と気を付けて舞いました。終わった時には、「間違えずにできてホッとした」そうです。

終了後、稚児たちは両陛下からお言葉をいただきました。和翔君は、天皇陛下が何度も「ありがとうございました」とおっしゃってくださったのが印象に残りました。また、皇后陛下からは「たくさん練習なされたんでしょうね」「刀を抜く舞は怖いイメージがあったけれど、皆さんの舞を見てイメージが変わり、美しくきれいな舞だと思いました」とお声を掛けていただきました。

この稚児舞天覧は新聞にも大きく掲載されました。それまで静岡浅間神社の稚児舞の存在を知らなかった人々の注目も集めたのです。（川口）

「稚児舞楽」を舞う児童＝静岡市葵区の静岡浅間神社

「稚児舞楽」堂々奉納

静岡浅間神社 あすは両陛下前で

静岡市葵区の静岡浅間神社の廿日会祭（はつかえさい）は5日、最終日を迎え、市内の児童4人が国記録選択無形民俗文化財「稚児舞楽」を奉納した。7日には、天皇、皇后両陛下とスペイン国王、王妃の前でも披露する。

舞を奉納したのは、渡辺和翔君（葵小6年）、安池法隆君（同5年）、野桜湧互君（静大付属小6年）、橋本伊央利君（中田小5年）の4人。山車や屋台を従えて同区の小梳神社から市街地を練り歩き、静岡浅間神社に到着。優美な衣装をまとい、「納曽利」や「安摩・二の舞」など、3月下旬から練習を重ねた5演目を堂々と披露した。

稚児舞楽は450年以上の歴史を持つ伝統行事で、戦国時代に一時衰退後、徳川家康が復興したとされる。

同神社は今年、観覧者限定のお守り「平穏守」を初めて用意した。舞の奉納後、約100人の観覧者に稚児が手渡した。

平成29年（2017年）4月6日（木）静岡新聞朝刊より

華やかな稚児舞の様子は前章で詳しく紹介したので、ここでは演目順と時間のみを記す。時間は平成二十七年のものだが、二十八年度に関しても差異は全体で五分以内で、ほぼ同じテンポと間合いで進んだ。

①振鉾　午後三時三十分開始。二人の稚児が舞台入口で鉾持ちから鉾を受け取り、舞台中央に進み、向かい合って太鼓の音に合わせて舞い始める。ほぼ二人が向かい合う形で舞い進めるが、最後は二人並んで神前を向いて舞い、退出時には再び鉾を鉾持ちに返して戻る。三時四十六分終了。

②納曽利　午後三時四十七分開始。右手に桴《ばち》を持った稚児が一人で舞う。三時五十五分終了。

③安摩　午後三時五十六分開始。稚児二人が右手に笏を持って登場し、太鼓と羯鼓《かっこ》のリズムに合わせて舞うが、二の舞になると音楽が変わり、老夫婦（ズジャンコ）が出てくる（四時八分）。四時十三分にズジャンコが一旦退場し、演者が入れ替わって再びズジャンコが入場する（四時十五分）。次第にテンポが速くなって四時十九分にズジャンコが退場し、その後テンポが落ち着いてから稚児が一回舞って退場する。四時二十分終了。

④還城楽　午後四時二十二分開始。舞台中央に蛇の作り物を置き、右手に桴を持った稚児一人が舞う。四時二十八分終了。

天冠の桜

天冠の山吹

⑤太平楽　午後四時二十九分開始。太刀を差した稚児二人が舞台入口で鉾持ちから鉾を受け取って入場。鉾を置いて舞った後、太刀を抜いて舞い、鞘に収め、最後に鉾を持って舞う。四時三十七分終了。昭和五十五年以前には太平楽終了後、稚児の一人が舞台に残り、太刀と鉾で八方向を切る、「八方払」（または「八方切」）と呼ばれる所作を行っていたが、現在は行われていない。また、昭和三十年・三十一年に安摩と太平楽に奉仕した渡邉朗さんの記憶では、太平楽では刀を使わなかったといい、鉾も鉾持ちから受け取るのではなく、最初から持っていたという。

なお、かつて稚児舞を指導した野崎鐐一の記録によれば、明治維新前には「花納めの儀」として、舞楽が終わると稚児の天冠に挿した桜と

舞楽終了後に平穏守を渡す稚児

山吹一本ずつを早飛脚で江戸表へ納め、稚児舞が奉納されたことを報告したと伝えられている。巴川にかかる稚児橋（静岡市清水区江尻町）で、次の早飛脚がこの花を受け取ったとの説があるという。明治二十七年以降は行われていない。

平成二十九年には、稚児舞終了後に、舞殿の上から稚児たちが参拝者にお守りを手渡しする行事が加わり、その後は関係者全員で記念撮影をし、直会を行って午後七時頃に解散となる。また翌六日には、神職によって廿日会祭後日祭が行われて、一連の行事が終わる。

（川口円子）

第三章
静岡浅間神社の歴史と神事

パワースポット、賎機山

静岡市民に「おせんげんさん」として親しまれている静岡浅間《せんげん》神社は、市街地の北に位置する賎機山の麓にある神社群の総称である。ただし社名の元になっている浅間《あさま》神社そのものは、平安時代に富士宮市（かつては大宮町）に鎮座する富士山本宮浅間大社から新たにお招きした神社である。だから新宮と呼ばれた。日本全国の古い神社の一覧を載せる平安時代の「延喜式」には、それ以前から当地に祭られていた神社として、神部《かんべ》神社と大歳御祖《おおとしみおや》神社が見える。なお大歳御祖神社は、後に奈吾屋社《なごやしゃ》とも呼ばれるようになる。

この三社の中で、静岡市民にとって最も関係が深かったのは、大歳御祖神社だと思われる。なぜなら、「みおや」とは、祖先のことであり、「おおとし」とは豊作を意味する。この推測が正しければ、豊かな実りを約束してくれるご先祖様、という解釈ができるからだ。これ静岡駅北口から御幸通を経て中町の交差点を過ぎると、馬場町《ばばんちょう》・宮ヶ崎町の商店街の先に大きな赤鳥居がある。そこに鎮座するのが大歳御祖神社で、遠く南アルプスから安倍川に沿って南に伸びてくる一続きの山の先端部に位置している。しかも神社の背後にある賎機山古墳は、立派な石室や出土品から、古代における地域の最有力者の墓と推定される。静岡の人々にとって、自らの祖先の霊を祭る出発点といえるかもしれない。

大歳御祖神社

賎機山古墳の少し上には麓山《はやま》神社がある。ハヤマとは山の端っこのことで、そこには高い山から流れ下ってくる神聖な力が集まり、強力なエネルギーが蓄えられる場とされ、日本各地に多くの例がある。同社の祭神大山祇《おおやまつみの》命《みこと》は、前章で述べたように浅間神社の祭神である木之花咲耶姫命《このはなさくやひめのみこと》の父神とされるが、こうした説明がなされるようになる前には、大歳御祖神社の奥宮だった可能性がある。

大歳御祖神社が古くから親しまれていたことは宮ヶ崎町という地名からも分かる。これは神社の前に発達した門前町であることを示すものだから、静岡の場合、その「宮」とはこの大歳御祖神社であったと思われるからである。もしこの「宮」が浅間《あさま》神社（新宮）を指すとしたら、現在の石鳥居の前から東に向かう長谷通りが宮ヶ崎と呼ばれるはずである。ここで『万葉集』にある次の歌（二八四）を考えてみよう。

　焼津へにわが行きしかば駿河なる安倍の
　市道に逢ひし児らはも

作者の春日蔵首老《かすがのくらびとのおゆ》は八世紀初めに活躍した人である。東国から都に戻る途中、駿府を経て日本坂の峠を越えて焼津まで来たところで、駿河の安倍市で逢った可愛いあの子のことが気になるなあ、といった意味だろう。「市」は、さまざまな物や人が行き交う交易の中心であり、千数百年も前にこの静岡にもそのような場があったことが分かる。では、それはいったいどこにあったのか。大歳御祖神社の由来を思えば、安倍市はこの門前で開かれていたとしか考えられない。古くから静岡の人々を見守ってきた大歳御祖神社の門前こそ、安倍市にふさわしいからだ。

賎機山古墳

麓山神社

静岡浅間神社の始まり

浅間神社がここに祭られるようになったきっかけは何だったのか。浅間神社が新たに勧請される前から賎機山麓にあったのは、大己貴命《おおなむちのみこと》を主祭神とする神部神社であり、現在の本殿の向かって右側に祭られている。ただし、この神社の由来ははっきりしない。大己貴命は三輪（奈良県にあり天皇と関わりが深い）の神であり、その本体は三輪山伝説で知られるように蛇で表される水神だった。神部神社の神官として長く続いていた志貴氏は大和の磯城《しき》から赴いたという伝承から見ても、神部神社は駿河国を統治するために中央政権から派遣された支配者が祭ったものではないかと考えられる。

浅間神社が新宮としてここに祭られるようになったのは、平安時代後期に惣社《そうじゃ》という制度が始まったことと深く関わっているらしい。日本は六十余州といわれるように、かつてはそれだけの数の州《くに》に分けられ、各国には一宮《いちのみや》といって、その国の安全を守る上で最も重要な神社が指定されていた。朝廷から派遣される国司の重要な職務は、その一宮に参拝し国土平穏を祈ることである。しかし国司が勤務する国府（この場合は駿河国府つまり駿府）と一宮に設定された神社が常に同一地にあるとは限らない。駿河国の一宮である浅間神社（現富士山本宮浅間大社）は富士山の噴火を鎮めるのが目的で祭り始められた神社であり、富士山を仰ぐ富士宮市（元は大宮といった）にある。しかし国府は駿河府中にあるから、お祈りをするために国司はいちいち富士宮まで出掛けなければならず、大変である。

このような位置関係は静岡だけではなかった。ならば、一宮をはじめ名だたる神社を一か所に集め、そこにお参りすれば良いではないか。日本の神様は、お願いすればその力を分けてくださるので、別な場所にお祭りすることが可能である。これを勧請《かんじょう》といい、本社以外におびただしい数の同名の神社が存在することになる。例えば、ほとんどの集落にある津島さんは、愛知県津島市の津島神社を村の人々が勧請した結果である。つまり、惣（総）社は国司参拝の「煩い」をなくし、それを簡便化する目的で神々を一か所に集めたものである。

富士宮市にある富士山本宮浅間大社

惣社についての最初の記録は、因幡国《いなば》（鳥取県）における承徳三年（一〇九九）の例である。次いで古い記録は、遠江国の御前崎市相良町の般若寺所蔵の大般若経の久安二年（一一四六）の奥書にある「願主惣社宮司散位《さんみ》村主《すぐり》資能《すけよし》」という記録である。ここに惣社宮司とある村主氏は延長四年（九二六）に「駿河国浅間新宮」の鐘を作ったとされる（『静岡県史』資料編古代八三一号）ので、その時点ですでに富士宮からここに浅間神社が勧請されていたと見られる。つまり、浅間神社の勧請は、駿河国の惣社が成立した時期と重なる可能性が高い。その中心にいたのが惣社・新宮の神官を兼帯した村主氏であった。なお、村主は下級帰化人のカバネで漢氏《あや》の支配化にあり錦部などの指揮者とされる。伊勢神宮領であった蒲田御厨（磐田市）の荘官も村主氏であった。同じくスグリと読む「勝」氏は秦氏系の在地指導者のカバネとなったが、絹と深い関係があるという（『国史大辞典』）。建穂があるあたりを羽鳥《はとり》といって、機織りに関係する地名であること、賎機山が「賎」という織物を作る意味であることを考えると、稚児舞を伝えてきた建穂寺と浅間神社とのつながりは意外に古いかもしれない。

申の日の山宮の祭り

静岡に勧請された浅間神社と富士宮の浅間神社とは、その後どのような関係にあったのだろうか。古代における記録はないが、少なくとも江戸時代初期の記録によると、一年を通じての祭りに多くの共通点がある。とくに正月の修正会《しゅしょうえ》、修二会《しゅにえ》（東大寺二月堂のお水取りで有名）、田遊びなどは、一宮が行うべき天下泰平と豊作を祈る国家的行事であるから、両社に共通するというよりも全国の重要な神社で行われるべきものであった。ただし現在は両社とも行われていない。

そこで浅間神社としての本質、つまり富士山の神に関する祭りに注目してみると、ほぼ同じような内容で執行していたことが分かる。これは新宮が本社の祭りを代行していると考えれば、むしろ同じでなければならないのである。

静岡浅間神社では、四月と十一月（本来は旧暦）の初申の日に行われる昇祭・降祭が最も重要な祭りである。これは常には本殿に居ます木之花咲耶姫が父神である大山祇神が祭られる麓山神社に行き、一晩を過ごして戻ってくるものである。現在の様子は既に述べてあるので、ここでは浅間神社に伝わる元禄十五年（一七〇二）の文書から要点を抜き出してみよう。まず、四月の申の日の前に来る寅の日に、「浜降り」といって神主以下が神馬と共に少将井社（現在の小梳《おぐし》神社）に出向く。この晩から当日まで惣社の神主はお籠りに入り、外部の人との接触を断つ。午の日から当日まで浅間神主は別火（他の人とは別に作った食事をする）。未《ひつじ》の日の申刻（午後四時ころ）に関係者全員がそろって拝殿で神事を行い、ご神体である鉾《ほこ》を奉じ総門（元は仁王門）をくぐっていったん外に出て、次に現在の山宮門から境内に戻り、坂下に供僧《くそう》（なぜ、ここにお坊さんが出てくるのかについては後で触れる）らが並ぶ中を浅間神主・惣社神主が坂を上り、ご神体は山宮（麓山神社）に納まる。この晩、浅間神主は山宮大夫（麓山神社に奉仕する神職）のお酌で神酒をいただいて拝殿に泊まり、翌申の日の卯の刻（午前六時ころ）に下の籠り場所に戻る。

申の日の申の上刻（午後三時過ぎ）に、拝殿で浅間神主と惣社神主との間で盃事があり、その後、山宮から大夫たちによって鉾が下ろされてくるので、坂下からは浅間神主らが行列を作り、昨日来た道を引き返し、回廊内で神事が行われる。現在の祭りでは鉾ではなくご神体を納めた箱を神官が担いで往復していることは、先に見たとおりである。

一方、富士宮の浅間神社の嘉永四年（一八五一）の記録によると、寅の日に鈴川の海岸で禊《みそぎ》をし、未の日に大宮司以下神職たちは本宮から鉾を奉持して五十町（約五キロメートル）離れた山宮まで歩く。山宮には社殿はない。そこは富士山の溶岩流の先端部にあたり、富士山頂を遠望できる所である。富士山そのものがご神体であるということをよく示している。

籠り屋を通り抜け、祭祀場に向かう参道には二個の鉾立石がある。神官たちは参道から石段を上って祭場に行き、ほぼ正面に見える富士山の頂を仰ぎながら神事を行う。それから籠り屋で時を過ごし、丑の刻（午前二時ころ）に戻り始める。一行は本社前の神田川にかかる屋根付きの神幸橋の上で、静岡浅間神社からやって来た奉幣使《ほうへいし》の一行の前で「河祓い」という儀式を行ってから鉾を内陣に納める。なお山宮に向かう際にも神幸橋を渡る時には川に散米をしている。奉幣使とは文字通り、天皇（国司）の名代として、神前に幣を捧げる公的な使節であり、国方衆《くにがた》と呼ばれた。

富士宮・駿府ともに四月上（初）申日の大祭は全く同じ日に行われる。駿府では惣社や新宮の神職が祭りを執行するが、富士宮の浅間神社には、その前日に駿府浅間神社から奉幣使として稲川大夫、祭使役として庁守大夫など十人ほどの神職が派遣された。富士宮の神事で読み上げられる祭文は駿府浅間神社のものと全く同文であるという。この奉幣使一行は翌日の酉の日、由比の浅間神社（豊積神社）で「ねだり祭り」を行って駿府に戻ったと思われる。ねだり祭りとは奇妙な言い方だが、これについては後に詳しく触れよう。

なお静岡浅間神社での祭りに際して総門前を流れる川に架かった橋を渡っていったん境内の外に出るのは、この河祓いの神事の名残りかもしれない。というのは、静岡浅間神社で三月に行われてきた三月会《さんがつえ》もたいへん大きな祭りであり、このときも鉾を奉じて神幸があるが、境内の回廊を三度回るのみで、仁王門の外に出て川を渡ることはない。ご神体の往復に際し、「川を渡ること」あるいは「境内の外に出ること」が欠かせぬ儀礼であったのではないか。静岡浅間神社では、いったん外に出るのは、富士宮の浅間神社が山宮に巡行していることにならい、山宮門を出入りするのであると伝承している。なお富士宮では現在は河祓いの儀式は行われていないし、静岡にはもともと伝えられていなかったらしいが、それは富士山の神が、水の神という性格も有していることと関係があったかもしれない。

なお、昇祭・降祭は、ほぼ同内容で両社とも十一月に行われるが、富士宮の浅間神社の九月十五日の大祭にも駿府から奉幣使として馬淵大夫、祭祀役として庁守大夫ら七人の国方衆が前日からやって来た。また一行に加えて楽役が久能寺から参加して舞楽を奏した。

山宮浅間神社の富士山遥拝所から望む富士山

山宮浅間神社の遥拝所

山宮浅間神社の鉾立石

富士山本宮浅間大社

富士山本宮浅間大社前の鉾立石

演目は「納蘇利《なそり》・太平楽・還城楽」の三段で、静岡浅間神社の神職三人が舞い、久能衆二人が笛を吹き、一人が太鼓を打った。さらに神事の最後に再び彼らが「太平楽・還城楽」を舞い、笛と太鼓は同じく久能衆が務めている。なおこの時の久能寺は、久能山にはなく、清水区村松に移されている現在の鉄舟寺である。

駿府周辺の祭りにも参加

静岡浅間神社は、富士宮の浅間神社以外にも関わっている祭りがいくつもあった。まず注目されるのは、久能山麓の海に面した集落である安居《あご》に鎮座する安居白髭神社である。

安居という地名は、漁師すなわち網子が多く住んだことからついたともいうが、むしろ久能山にあった大寺院、久能寺の安居《あんご》の費用を賄う場所から来たのではないか。安居とは四月から七月にかけて、僧たちが罪を懺悔し研修を行う期間のことで、現在でも各宗で五月から八月の夏安居、十一月から二月を冬安居と呼んでいる。だから地名の起源がこの仏教行事に起因するとすれば、安居神社は久能寺と深い関係があったことになる。安居神社の祭日は四月と十一月の中申日（浅間神社は上申、つまり最初の申の日で中申とは二番目の申の日）、浅間神社の神主稲川大夫（四月）、東流大夫（十一月）に庁分四人、庁守大夫、田中大夫、内藤大夫などの神職が参集して神事を執行する。このとき、お供えの「生しらす」の内容が少しでも例年と異なっていると改めさせるので、ねだり祭りといわれた。なお拝殿に猿の彫刻が飾られているのは、この神社が猿すなわち富士山の信仰と深い関わりを持っていることを示している。

ねだり祭りは、先に触れた由比町屋原（静岡市清水区）鎮座の浅間神社（豊積神社）でも行われた。当社は毎年正月に行われるお太鼓祭りで知られているが、四月大祭には初未の日（静岡浅間神社の神事と同日）に静岡浅間神社の稲川大夫ら神官がやって来て、おそらく一泊し、翌日の申日に富士宮の浅間神社の祭りを行い、翌日の酉日に当社の祭りに参加する。この祭りでは、三尺二寸（約九十六センチ）の鯛と九寸九分（約三十センチ）のアワビ九個をまな板の上に載せて供える仕来りになっている。しかし、これほどの鯛はなかなか入手できないので代わりの魚を出すと、今年は違うじゃないかと稲川大夫らから、さんざんに文句を付けられるので、地元ではこれを「ねだり祭り」といった。

もう一社、注目すべきは先宮神社（祭神は大山祇命、木之花咲耶姫命など）である。鎮座地は静岡市葵区横内町で、清水・静岡を結ぶ北街道の北側の小路を抜けた先に位置するが、伝承ではかつては広大な境内を有していたとされ、本来は北街道に面していたと考えられる。

コラム その4

おせんげんさんの由来

むかし、都に源蔵人《くろうど》という若い貴族がいました。下野国、今の栃木県の五万長者の下《もと》にすばらしく美しい姫がいると聞き、ぜひ会いたいと神仏に祈り、念願かなって国司に任命されました。そして赴任するや、長者に姫に会いたいと申し込みました。

長者は大喜びでしたが、実は姫には判官という恋人がいて、すでにその子を身ごもっていました。両親は、姫は魔物に命をとられてしまい、火葬にしましたといって、焼くと人を火葬にしたときと同じ匂いがするというコノシロという魚を焼き、二人を逃がしてしまいます。

二人が武蔵野を行く途中、赤ちゃんが生まれそうになったので、判官が水を求めてその場を離れた時、失意の蔵人が通りかかりました。ちょうどその時、女の子が生まれてしまいます。姫は、赤ちゃんに形見として鏡を添え、蔵人と共にその場を去ってしまいました。戻ってきた判官は幼い姫を連れて旅を重ねていきますが、ある時、東海道清見関の邪見長者という人の屋敷に泊めてもらいました。ところがこの長者は大変な悪人で、美しく成長した姫を手に入れようと父の判官の首を切ってしまいます。しかし、父の首が娘に形見の鏡のありかを教え、急いで逃げなさいと言いました。娘は夜道を歩いて早朝に駿河府中の上足洗まで来たとき、大きな屋敷の前で外を眺めていた蔵人に助けられ、母親と涙の対面をしました。蔵人は駿河の国司も兼ねていたのです。事情を知った蔵人は判官の霊を弔い、邪見長者を成敗しました。後、蔵人は惣社の神に、母は浅間大菩薩となり、姫は山宮の神になりました。

これは静岡市の山間部の旧家に伝わる「駿府浅間御本地」という江戸時代の手書きの本のあら筋です。室町時代、各地の有名な神社にはこのような由来を説く物語が作られました。この本もその仲間です。駿府の町人の間で回し読みされたものでしょう。なお、姫が足を洗ったところというのが、現在の足洗という地名の起源とされています。そこには足濯《あしすぎ》神社という古い神社があり、現在は先宮神社と呼ばれますが、元の社名の意味は足を濯ぐということで足洗と同じです。また足洗に接する沓谷《くつのや》も、姫が履物を脱いだ所だと解釈されます。

　ところで、コノシロというのは不思議な魚です。名前の由来は、子の代《しろ》、つまり子どもの代わりという意味だともいわれ、実際、幼くして亡くなった子どもと一緒に埋葬して祈ったという例があります。

　富士山の頂上にある池をコノシロ池といい、そこにはコノシロがすむとも伝えられています。さきの物語と同じように縁談を断るために急病で娘が死んだといって棺にコノシロを入れて焼いたという昔話もあり、武士は「この城を焼く」といって嫌っただけでなく、切腹する時に食べさせられたとも言われます（『日本民俗大辞典』）。コノシロは漢字では「鮗」と書きますから、祭りと深い関係がある魚でした。もっとも、寿司ネタとして人気のあるコハダ、シンコもコノシロのことです。

（中村）

静岡市の先宮神社本殿

安居神社

当社の別名は足濯《あしすぎ》神社ともいい、現在の足洗、沓谷《くつのや》の地名伝説とも深く関わっている神社であると推定される（コラムその4）。浅間神社との直接的な関わりはとくに伝承されていないが、本殿の建物は麓山神社を改築した際に譲られたものとされる。なお中世の足洗郷にあった青木大明神の神領が今川氏真によって村岡左衛門尉に安堵されているので、その青木神社が当社と関係あるのかもしれない。

そこで改めてこれらの神社の位置関係を確認してみる。まず、駿府から久能寺に至る通称久能街道は、安倍川の氾濫にも水没しにくい馬の背状の微高地にあり、その中間地点に八幡神社、終点に安居神社がある。なお安居神社はこの八幡神社の摂社（祭神と縁の深い神社）であるとされる。さらには八幡神社と浅間神社の中間には富士宮にも同名の社がある三御前社《さんのごぜん》（現在は栄町に移転）があり、これらは久能寺と浅間神社あるいは海岸部と駿府町方および後背山地とを結ぶ生活道路にそのまま重なっている。近代になってから、久能産の塩や魚類を売り歩く女性が「久能のおばさん」と呼ばれて市民に親しまれたが、彼女たちが毎日往復したのもまさにこの道であった。

また、浅間神社の総門から石鳥居をくぐった先の長谷通りも古い道である。長谷は音読みするとチョウヤとなり、これは国司が政務をとった役所の建物を指す庁屋が元になったのではないかという説があるほどで、今川時代には周辺に神門町、新宿町、小辻町などがあって、若尾俊平氏の研究によれば、東海道に接続していたとも考えられている。あるいは、北街道が長谷通りに重なっていて、東から来た旅人は宮ヶ崎を経由して藁科川を渡ったというルートも考えられる。北街道は東海道と併用された重要な道ではなかったろうか。

長谷通りを東に向かうと、まず熊野神社の前を通って先宮神社に至り、さらに北街道を東進して行けば東海道と合して薩埵峠の山越えとなる。そこを越えた先に由比の豊積神社があり、富士川を越えて浅間神社の本社に到達する。中世に富士登山を志す者は、東海道を東に下ってきて駿府浅間神社（大歳御祖神社）に参拝してから富士宮を目指したとされる（コラムその5）。関東からの多くの参拝者を集めることになる吉田口（山梨県）の賑わいは、江戸および関東地方の大発展によるもので、中世までは東海道経由で富士宮の本社や村山浅間を経て登山するのがむしろ普通であった。

静岡浅間神社では現在は行われないが、江戸時代には五月と六月に石鳥居前で流鏑馬が行われていた。騎乗するのは駿府駐在の武家だったが、その世話をするのは村岡大夫の役目で、その下に馬乗役として兼高がいた。焼津神社で現在も行われている流鏑馬で騎乗して弓を射る役をカネタカと呼ぶのは、同社の流鏑馬執行に当たって浅間神社の神職が指導に当たった名残りであろう。焼津神社以外にもその周辺の神社で流鏑馬が行われていたが、それは浅間神社の流鏑馬の費用を賄うための土地が志太郡にあり、また村岡大夫自身が、今川氏により京都から呼び寄せられ、村岡（藤枝市の村岡観音堂あたりか）に住まいしたことと関係ありそうである。

このように見てくると、富士宮の浅間神社に奉幣使を派遣して重要な関わりを有した静岡浅間神社は、東は富士川を境に、西は志太・益津両郡までの、いわば駿河国の西半分を自らの勢力範囲とし、有力な寺院と神社との一種の連合体の中核として大きな勢力を誇ったと考えられる。それ故に、今川氏、さらに武田氏、そして徳川氏と続く戦国大名から保護を受け、同時に彼らの武運長久を祈るという役割を果たしてきたのである。また竹ノ内雅人氏によれば、江戸時代において、静岡浅間神社の社家が周辺神社の神官家や周辺村落の神官とのネットワークを構築しており、単に駿府城下町の産土神としてではなく、西駿河全域にわたって宗教的・文化的に主導的な位置を占めていたのである。

浅間神社の組織

神様にお仕えする人のことを一般に神職といい、町内の氏神のお祭りにはなくてはならない役である。とくに規模の大きい神社では、神に奉仕する人は大勢いて、それぞれ昔からの複雑な神事を守り続けている。静岡浅間神社は、境内各所に祭られている多くの神社の総称であり、年間の神事も複雑であるので、伝統的にそれぞれの役割を担う家が決まっていた。もちろん時代によって家の盛衰や交代もあったが、竹ノ内雅人氏によれば、幕末期には次のような家があった。

まず、最も責任ある地位は「神主」で、浅間神社の神主が新宮兵部、惣社神主が惣社宮内という。そして年間の行事に特定の役を務める家を社家といい、中でも朝廷の命によって富士宮の浅間神社などの祭りに際して幣を捧げる奉幣使の役を務める東流大夫と稲川大夫、五月と六月に行われる流鏑馬の責任者である村岡大夫などの五家は神主と同様に、指定された社領のうち御朱印地を保証されていた。また、同じ社家でも朱印を受けてない土地を配当されたクラスの社家が九家あり、さらにその下役としてこまごまとした仕事に従

三月会に参加している僧侶（静岡浅間神社蔵「三月会図」より）

事する小役人が七人、もっと下には、例えば流鏑馬の時に馬に乗る役の兼高大夫とか奉幣使の取次役とか神輿を担ぐ係、また神子（巫女さん）など、少なくとも三十人がおり、合わせて五十四人が神事に奉仕していた。ところが、神社に関係するのはこうした人々だけではない。というのは、日本では神仏習合といって、神様も仏さまも一体とする考え方があって、例えば、神社には別当寺が、お寺には鎮守神が設けられており、現在のように神社と寺院とがはっきり区分されるようになったのは明治の神仏分離令による。それ以前は浅間神社においても、とくに関係深い建穂寺と久能寺は舞楽や音楽を奉仕する重要な役割を担っていたし、神社周辺にも多くの寺院が配置されていた。またお坊さんにも、社僧と供僧《くそう》という区分があったが、浅間神社の祭りに際して大般若経の転読《てんどく》といって、お経を皆で唱えたり、行列に加わったりした。

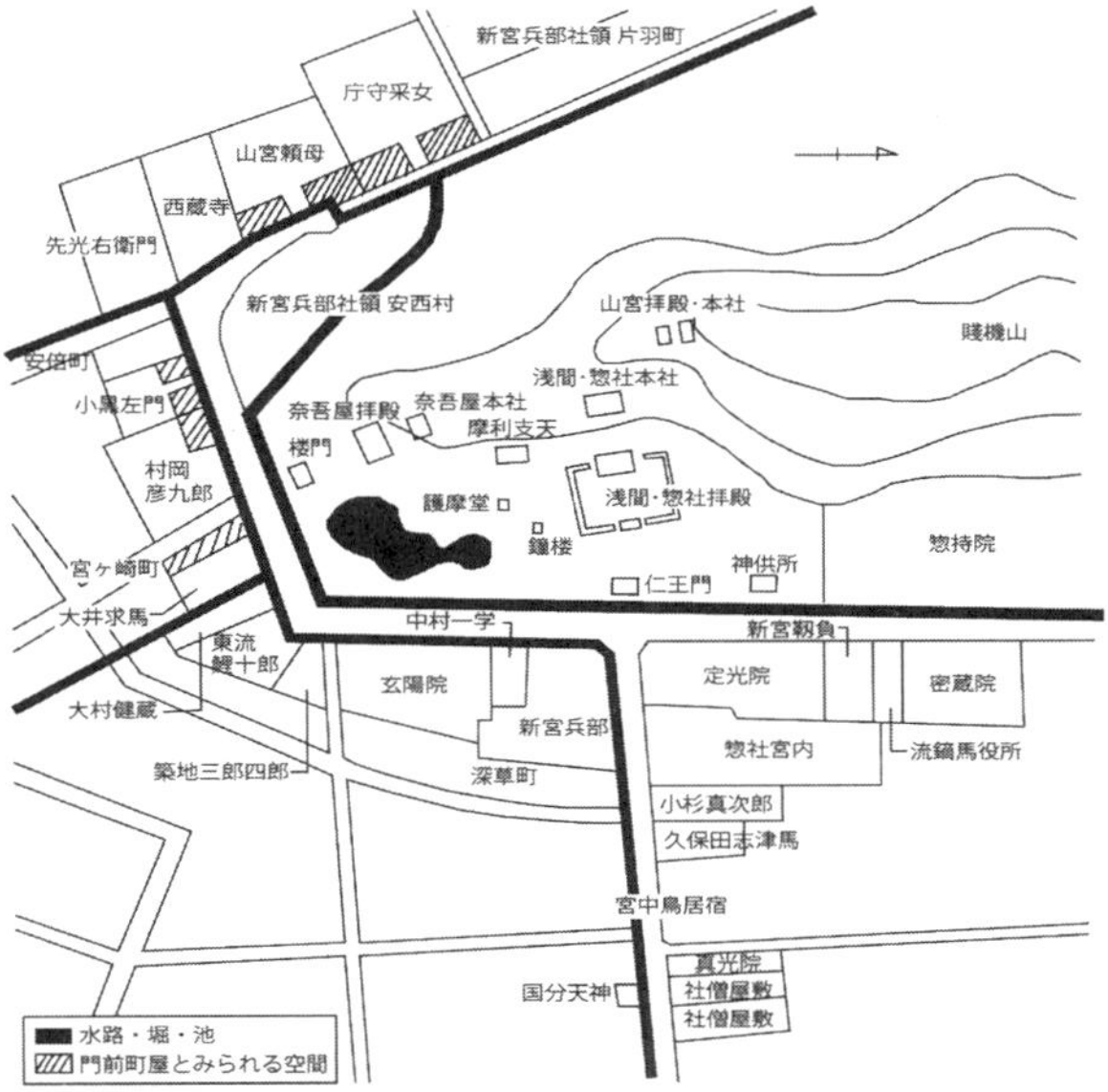

静岡浅間神社境内および社家・社僧屋敷略図（竹ノ内雅人氏作成）

このように見てくると、一口に浅間神社といっても、ずいぶん多くの神職と僧侶によって支えられていたことが分かる。また浅間神社は領主でもあり、先の朱印地など社領として総計二千三百十三石余を有していた。ただし、これには建穂寺の四百八十石余、久能寺の二百二十石余も含まれているが、関係者の数、社殿や寺院の規模など、浅間神社として大きな経済力も有していたのである。なお富士宮の浅間神社の大宮司家（富士氏）は、単なる神職ではなく、屋敷地を堀で囲むなど、中世以来地元の豪族として強大な権力を持っていた。

⛩コラム　その5

駿府浅間神社と富士参詣

浅間神社は富士山噴火の鎮火を祈り祭られたものとされ、浅間神社の御祭神は富士山の御祭神ということになります。富士宮の浅間大社は駿河国の一宮として崇められ本宮《ほんぐう》と呼ばれ、静岡浅間神社はその御祭神を国府《こくふ》のあった駿府に分社したことから新宮《しんぐう》とも呼ばれました。富士山への登山参詣は、中世以降庶民にまで広がっていきますが、ここでは駿府浅間神社と富士参詣との関わりについて見ていきましょう。

　駿府浅間神社の奈古屋社《なごやしゃ》（大歳御祖神社《おおとしみおやじんじゃ》）の社人《しゃにん》榊大夫《さかきたゆう》は、永禄三年（一五六〇）以前より駿河国内の富士山への参詣者に袈裟《けさ》・円座《えんざ》・木綿《ゆう》を販売する権限を今川氏から認められていたようです。ただし、近年その権利を山伏《やまぶし》や陰陽師《おんみょうじ》によって押領《おうりょう》されていたことから、この年に改めて保障されました。

榊大夫は永禄十一年（一五六八）にも今川氏より江尻・清見寺・蒲原船関ほか諸役所を通過する際の関銭（通行料）を七人分免除されています。駿府に西からやって来る参詣者が駿府浅間神社へ参詣している様子と、その参詣者に対して装束を一式提供していた姿が浮かびます。また関銭の免除は榊大夫自らが先達《せんだつ》となり、参詣者を富士山へと直接案内していたことを示します。こうした権限は、以降も奈吾屋《なごや》大夫《たゆう》、土大夫《どだゆう》、大井求馬《おおいきゅうま》、大井主水正《おおいもんどのしょう》といった奈古屋社に関わる社人に江戸時代初期までは引き継がれていました。

　静岡市街地の北、沼上地区にある麻機遊水地《あさばたゆうすいち》では、現在も絶滅危惧種のオニバスをはじめとする貴重な生態系に触れることができます。この遊水地の元になった浅畑沼には「沼のばあさん」の昔話が伝わっています。

　昔、祖母の病気平癒のため浅間神社へ祈願に出掛けた孫娘が途中浅畑沼でカッパに水中へ引き込まれ行方不明になり、祖母はそれを嘆き沼へ身を投げたという悲しいお話です。昔話には祖母が身を投げた翌年、法器草《ほうきぐさ》という植物が生い茂り、実と根は食料になったとあります。この法器草がオニバスを指すと思われます。オニバスはスイレン科の一年生の水生植物で、夏にトゲだらけの日本一大きな葉を水面に広げます。

麻機遊水地のオニバス（栗山由佳子氏提供）

江戸時代の地誌『駿河国新《するがのくにしん》風土記《ふどき》』には、法器草の実を糸で通し、富士山参詣者の数珠を作っていたと書かれています。法器草という名称も、数珠に利用したことから付いたようですが、この数珠は参詣者の道中を守ってくれる特別な加護があったと考えられていたのでしょう。

明治時代以降記録が途絶えていたオニバスですが、麻機遊水地に再び現れたのを機会に、地元ではこの歴史と自然を地域の宝として次の世代に引き継いでいこうという取り組みが始まっています。（大高）

オニバスの種（栗山由佳子氏提供）

久能寺と建穂寺および周辺の神社群

久能寺および建穂寺の朱印地が浅間社領に含まれていたことから分かるように、この二つの寺は古代から浅間神社と深い関係があった。そのうち久能寺は、縁起によれば推古天皇の時代、久能忠仁が駿河国に下向した際、狩の最中に樹上で輝く黄金の千手観音像を発見して草庵を建てたことに始まり、さらに奈良時代の高僧行基が一木から刻んだ七体の観音像のうち一体を安置したとされる。この行基造立になる七体の観音は、ほかに静岡市内にある法明寺・徳願寺（大窪寺）・建穂寺・平沢寺・増善寺（慈悲寺）・霊山寺に安置されたといわれ、この伝説に基づき近世には駿河七観音として巡礼の対称になっている。

久能寺が隆盛を極めていた頃の様子は承応二年（一二二三）の『海道記』に詳しい。有度浜の東南に霊地の山寺があり、三百余りの僧坊があって読経の声が絶えないと書かれているが、とくに興味深いのは、稲荷（稲川）大夫が天女の舞を見て舞楽を学んだという記述であるが、これについては次の章で触れよう。稲川大夫は、その名の通り静岡市駿河区稲川に領地を持っている浅間神社の社家である。その後、武田信玄が駿河に攻め寄せ、久能山に城を築くために久能寺は寺宝とともに山麓の村松（清水区）に移された。近世に久能寺から浅間神社の神事に参加している僧侶は、この村松移転以後の久能寺（現在の鉄舟

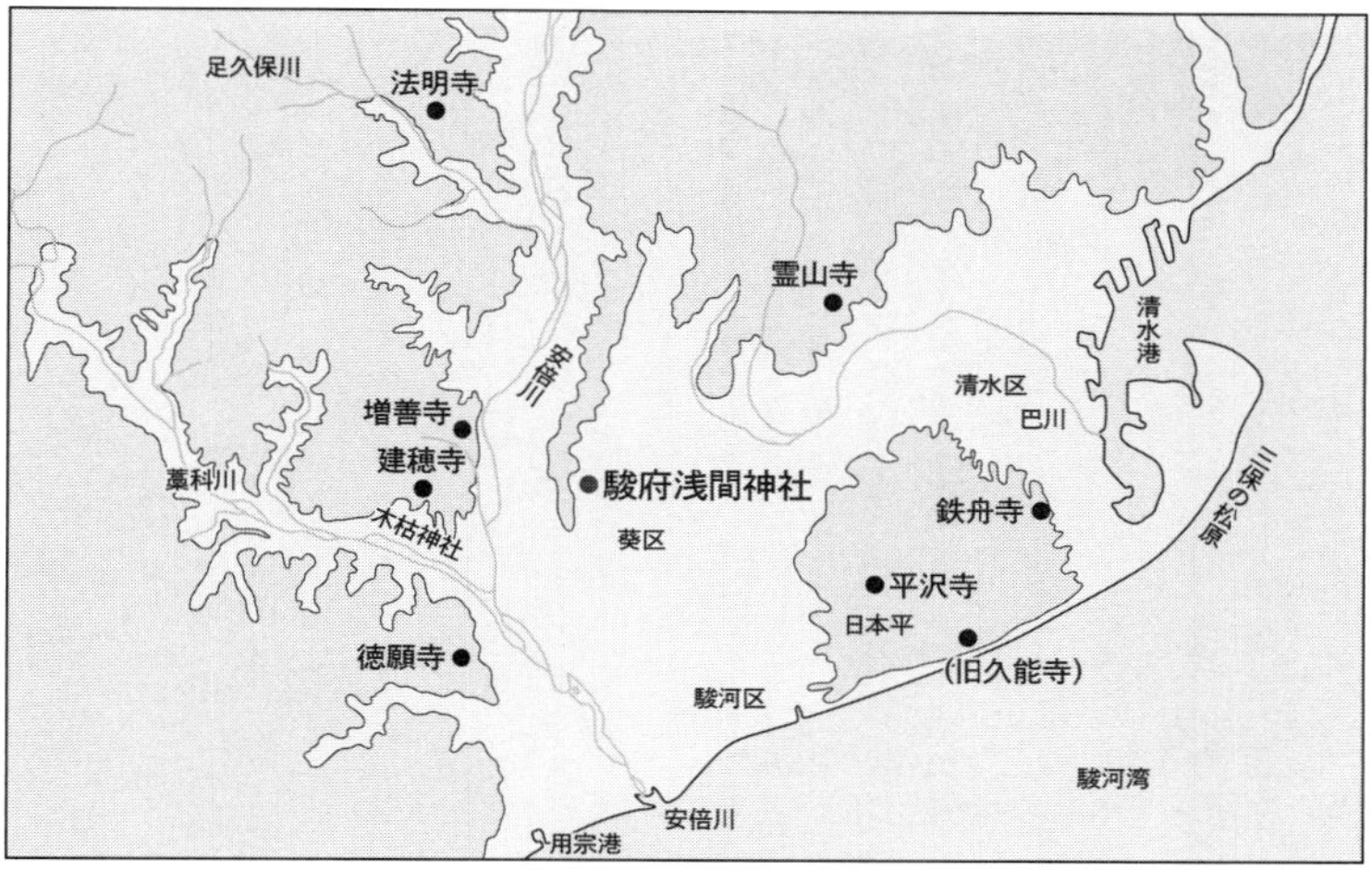

駿河七観音の位置図

寺）の僧侶であるが、静岡でも富士宮でも舞楽を奉納してきた。

　久能寺と浅間神社の関係でとくに注目されるのは、もと久能寺にあった大般若経六百巻である。大般若経とは、仏教初期の経典で奈良時代以来、大きな寺ではこれを読むことで国の安全を祈ってきた。また書写することにも大きな利益《りやく》があると考えられたので、膨大な人員を投じての書写作業が大寺を中心に行われている。久能寺にも六百巻が奉納されたが、巻の最後にそれを書写した人物名や年代が書かれたものがあり、史料的な価値が高い。いま書写年次が判明している中では治承五年（一一八一）のものが最も古く、その後に欠を補う形で江戸時代までの年次が見える。六百巻のうち最も古いグループは久能寺僧によって書写されたが、その後は駿河惣社つまり浅間神社の憲信を願主として仁治三年（一二四二）に書写が行われた。大高康正氏のまとめによると、このとき憲信と共に書写に当たったのは、建穂寺の明賢、慈悲寺の蓮海、大窪寺の禅運らであるが、有度八幡山王（現在の八幡神社）にも同じメンバーを含む僧侶たちによって五部大蔵経が書写・施入されている。中心になっていた憲信は延応二年（一二四〇＝仁治元年）から仁治三年にかけて、駿河惣社・国分寺（近年、片山廃寺跡が国分寺の跡と考えられるようになった）・国分尼寺（所在地不明）・有度八幡の別当を兼ねており、駿府宗教界での重要人物であった。

鉄舟寺山門。補陀洛山の山号は久能寺を示す

こう見てくると、平安末期から鎌倉初期においては、行基にまつわる七観音の伝説、大般若経の書写事業など、久能寺をはじめとする駿河国府周辺の大寺の間にも僧侶たちのネットワークが形成されていたことが判明する。

久能街道に沿った八幡宮も憲信が別当を兼帯していて、浅間神社とは重要な関わりがあ

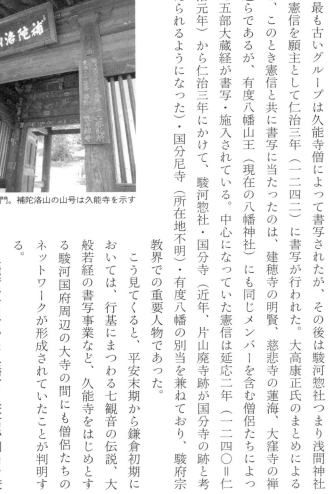

駿河七観音

平沢寺平沢観音堂

増善寺（慈悲寺）観音堂

鉄舟寺

霊山寺本堂

法明寺観音堂

徳願寺（大窪寺）

建穂寺観音堂跡

天神社があった場所にある銭湯「天神湯」

る。『駿河志料』には、言い伝えによるとずっと昔はここから浅間神社に向かって神輿を出していたが、いつ頃よりか神輿を宮《みや》内《うち》天神社に遷してそこに置くようになり、神輿に従う役目も浅間神社の神官が務めるように変わったという。また『駿河国新風土記』には、神輿が天神社にとどまるようになってしまったのは、ある年の大雨で戻れなくなってからだとしている。この天神社は現在の長谷通りに面した所にあり、江戸時代に稚児の一行が休憩をとった所である。

　駿府から久能寺に至る通称久能街道は、安倍川の氾濫にも水没しにくい馬の背状の微高地にあり、その中間地点に八幡神社、終点に安居神社、その背後の山上に久能寺があった。また久能山の北側に当たる山中には平沢寺があり、『曽我物語』で曽我兄弟の従弟とされている宇佐美禅師がいたとされる。これに国分寺跡ではないかとされる片山廃寺を加えると日本平一帯が駿河国の総合的宗教拠点であったといえるだろう。

壮麗な浅間神社社殿

静岡浅間神社境内にある社殿のほとんどは、幕末に再建されたものであるが、このときだけでなく、以前に何度も行われた修築や駿府城維持のために集まってきた職人衆が伝えた技術が、静岡の木工業などの基盤をなしたことはよく知られており、後に触れるが、お踟の中心となった山車も、実は彼らが残した技術によって造られている。

ここで社殿そのものの歴史を振り返っておこう。勧請された当時の浅間神社の建物の様子は全く分からないが、建穂寺や久能寺が国家的な祈願や、多くの僧侶の学習の場として大規模な建築であったことから推して、浅間神社の社殿も惣社にふさわしい豪壮な建築であったことはじゅうぶん想像できる。なお、本殿には向かって右側に神部神社の主祭神である大己貴命《おおなむちのみこと》、向かって左側に木之花咲耶姫命つまり浅間様を祭っている。そして注目すべきは、口絵写真に掲げたように、この浅間様の御扉の前からのみ、東の方角に富士山の頂を拝めるのである。実に巧みな配置がなされていると感動させられる。

社殿については、鎌倉幕府公式記録の『吾妻鏡』に、貞応三年（一二二四）二月二十日に駿河国の「惣社並びに富士新宮等が焼失した、神火だと言われている」という記事がある。神火とあるのは、原因不明ということで、もしかしたら人為的な火災かもしれず、北条義時は家来を派遣したが、その後の経過は不明である。南北朝時代には北朝方であった今川氏範氏が延文年間（一三五六―一三六〇）に造営したという。のち永禄十一年（一五六八）武田信玄の駿河侵攻に際して駿府町とともに焼かれてしまったが、信玄の跡を継いだ勝頼が天正七年（一五七九）に社殿造営を命じ、同時にご神体である鉾や「むし笠」などを寄進している。おそらく社殿だけでなく、神宝もろとも焼失してしまったのであろう。

ところが、武田氏は天正三年（一五七五）の長篠合戦を経て衰退し、遠州の拠点としていた高天神城《たかてんじん》が同九年に落城、翌天正十年（一五八二）二月、家康は駿府に入り、甲府に陣を進めた。勝頼は天目山で自刃して武田家は滅亡、家康は信長から駿河国を与えられた。しかし、この年、信長は本能寺の変により殺され、家康は後に秀吉から駿河・遠江・三河・甲斐・南信濃の五か国を領することを認められ、天正十四年十二月に駿府城に入り、浅間神社の社殿の造営を命じて慶長年中に造営が成ったと伝えられる。その後、寛永十一

八千矛神社

年（一六三四）三代将軍家光上洛に当たって、城代に修造を命じ同十八年（一六四一）に至って完成した。同じく家光によって造営された日光東照宮に匹敵する壮麗な建築であったと伝えられる。ところが安永二年（一七七三）一月、材木町からの出火によって大歳御祖神社を除く社殿が焼失し、仮殿を設けてあったのが天明八年（一七八八）十一月、今度は片羽町からの出火により、仮殿と大歳御祖神社まで一切が灰燼に帰してしまった。現在の社殿は文化元年（一八〇四）に起工し、全てが整ったのは慶応元年（一八六五）で、実に六十年の歳月をかけている。

やがて、明治の神仏分離によって、境内にあった仏教関係の施設は排除されたり、仏教的な呼称を神道風に変えることを余儀なくされた。例えば、百段脇にある八千矛神社は、元は家康公の念持仏で武士の守り本尊として信仰された摩利支天を安置した摩利支天社といったが、像は臨済寺に移され、社名は戦に因む八千矛神社と変更したのである。社僧や供僧として神社に奉仕する習慣もなくなり、久能寺とのつながりも切れたが、稚児舞だけは廃絶を免れた。稚児舞のその後については章を改めて詳しく触れる。

（中村羊一郎）

第四章

建穂寺《たきょうじ》の歴史と稚児舞

建穂寺の歴史

静岡浅間神社廿日会祭で続けられてきた稚児舞は、静岡市葵区建穂《たきょう》にあった瑞祥山《ずいしょうざん》建穂寺が舞手となる稚児を含めて奉仕をしてきた伝統芸能である。建穂は藁科川に沿って開かれた古い集落で、平安時代末期から史料に見える羽鳥（服織）荘に含まれていた。藁科川の上流部には古くから拓かれた集落が点在し、日向《ひなた》には中世芸能の田遊びが伝承されている。

建穂寺は、真言宗の古刹で先に見た駿河七観音のうちにも含まれる。しかし、明治二年（一八六九）、あるいは同三年に焼失し、廃寺となった。しかし、稚児舞は地元の人々によって現在に至るまで伝承されている。建穂寺については、江戸時代の地誌類に、奈良時代の白鳳十三年に道昭《どうしょう》が開基となり、養老七年に行基《ぎょうき》が中興した、あるいは役行者《えんのぎょうじゃ》が草創したなどと記されており、たいへん歴史の深い寺院であった。こうした寺伝となる部分を差し引いても、古代・中世の時代には、建穂地区に建穂寺と呼ばれた駿河国を代表する顕《けん》密《みつ》系の寺院が大伽藍《だいがらん》を構えていたことは確かである。

顕密とは、本来は秘密にせず説かれた教えである顕教と、秘密の教えである密教とを合わせた一切の仏教を指す用語であるが、特に平安時代初期に最澄《さいちょう》によって伝えられた天台宗、空海《くうかい》によって開かれた真言宗の二宗に関わる寺院を顕密系の寺院とする。そこには鎌倉新仏教系の寺院や禅宗系の寺院は含まれない。顕密系の寺院は、日本の中世宗教体制の中で、朝廷や幕府といった国家権力と密接な関係を持っていた存在である。

こうした顕密系の寺院であった建穂寺は、境内に複数の院家《いんげ》や坊《ぼう》（僧房）を抱えており、多数の僧侶が所属していた一山《いっさん》寺院である。一山とは、同じ境内にある本寺・末寺を含めた全山の総称を意味するが、建穂寺に所属している僧侶たちは、通常は本堂や各種の御堂において修行を行い、日々の生活は各々の所属する僧房で過ごしていたものと思われる。僧房は建穂寺の一山で修行を行う僧侶の数が増えていくにつれて増加していき、境内の独立した空間として、固有名称を持つ〇〇院や〇〇坊といったように発展していった。

久能寺の歴史

駿河国内で建穂寺と並ぶ顕密系の大寺院として久能寺《くのうじ》が挙げられる。久能寺は、現在静岡市清水区村松に位置し、明治十六年（一八八三）旧幕臣の山岡鉄舟が臨済宗妙心寺派の今川貞山を開山に招き、宗旨をかえて鉄舟寺《てっしゅうじ》となっている。もともと久能寺は久能山にあったが、現在はそこに徳川家康を祭る久能山東照宮が鎮座している。実は、それよりも

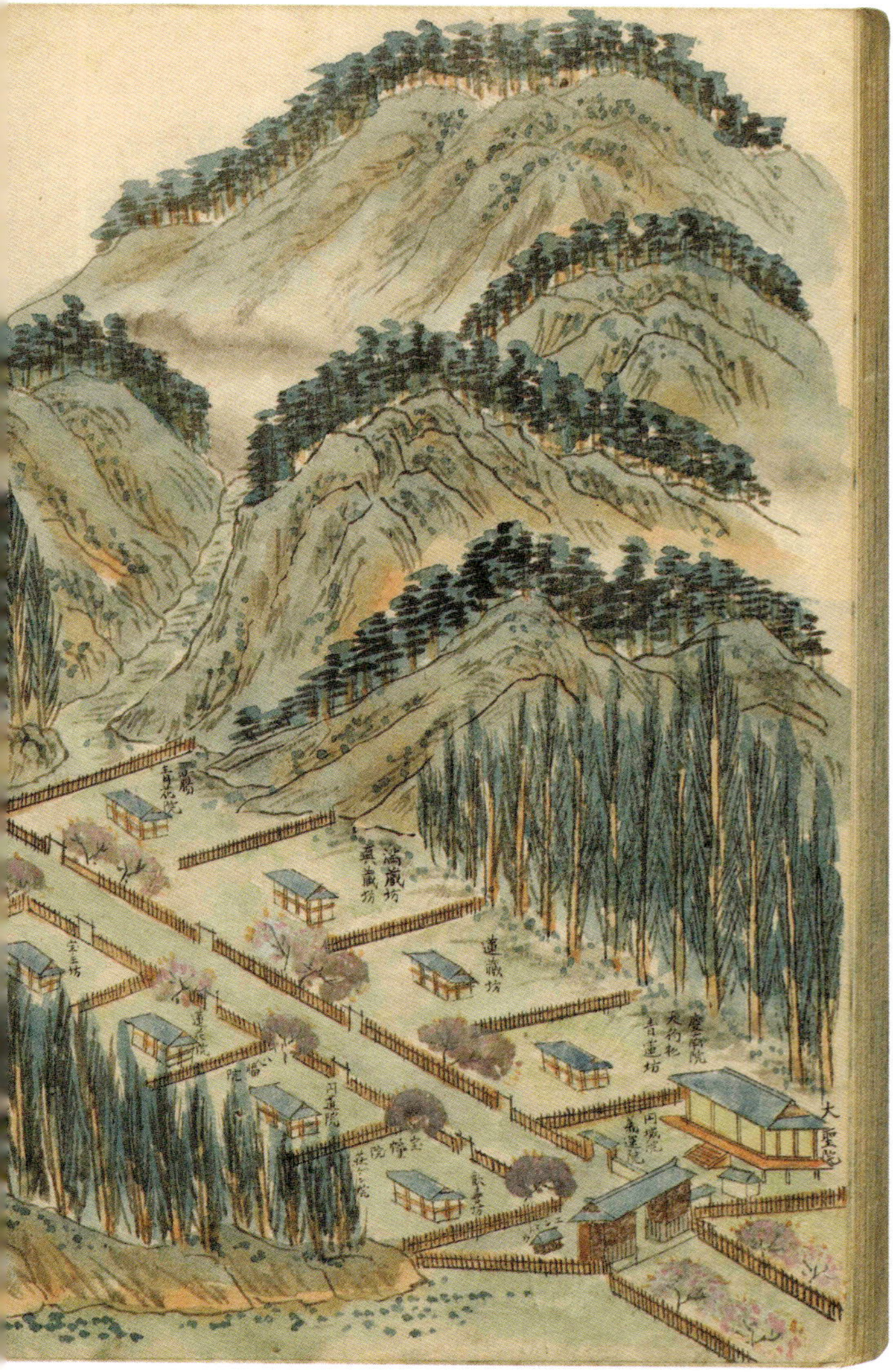

江戸時代における建穂寺境内図（静岡県立中央図書館蔵『駿国雑志』より）

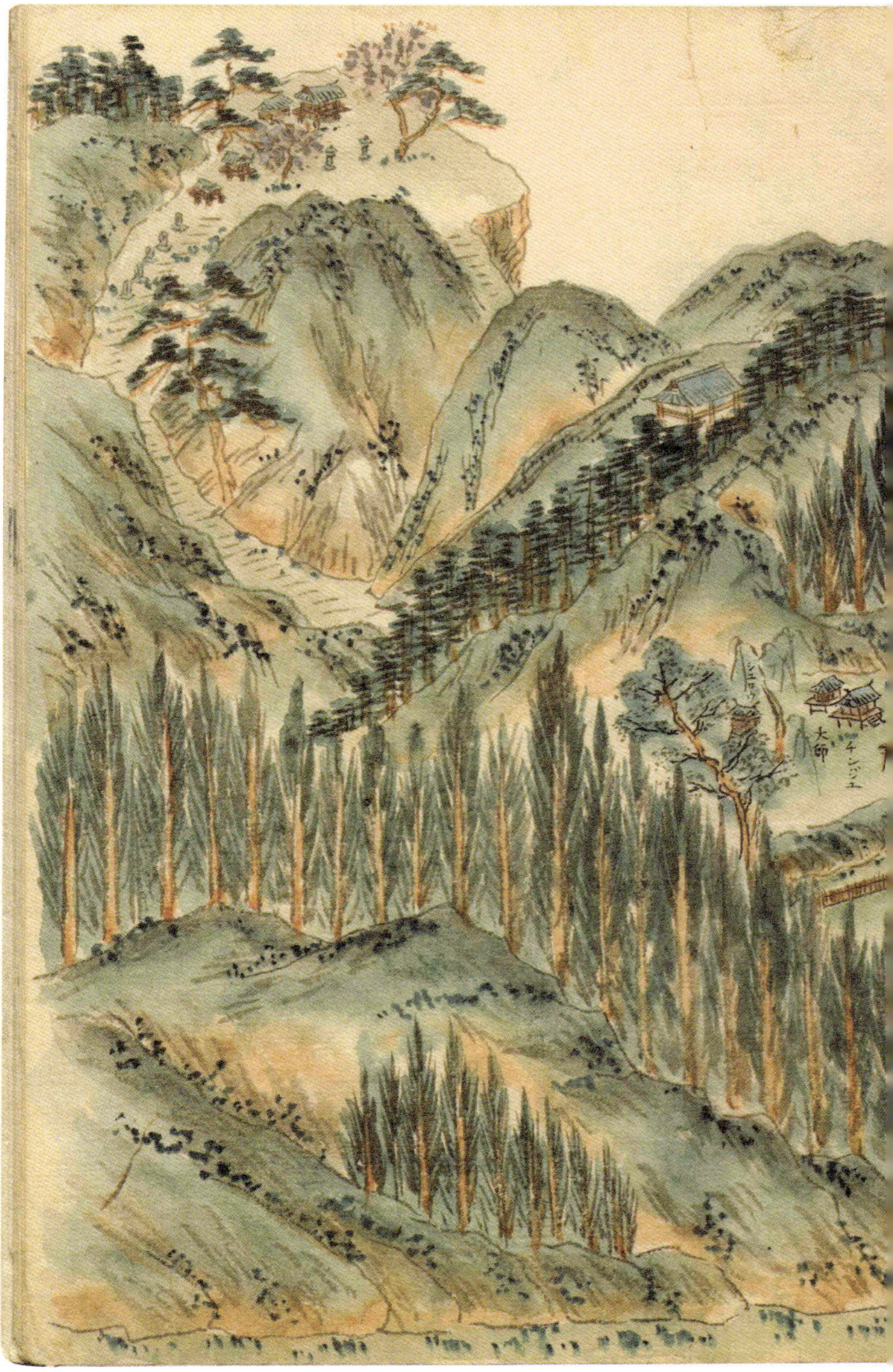
シュロウ
大師
チンジュ

前の戦国時代に武田氏によって、境内が城郭に転用されて、山から下ろされてしまったのである。久能寺は、補陀洛山《ふだらくせん》久能寺《くのうじ》と呼ばれる顕密《けんみつ》系の大寺院であった。この久能寺と建穂寺の最盛期は鎌倉時代頃と思われ、各々の境内には数百の子院が構えられ、一山全体で千人単位の僧侶を抱える大勢力であったようだ（『久能山誌』）。

江戸時代以前の駿府浅間神社では、境内に仏教関連の施設も建ち並び、神前で読経《どきょう》も行われていた。久能寺と建穂寺は、惣社《そうじゃ》として駿河国内の御祭神を集めて祭っていた駿府浅間神社の年中行事に、社僧《しゃそう》として関与していたのである。例えば代表的なものとして、三《さん》月会《がつえ》における菩薩舞《ぼさつまい》の奉仕は久能寺の役割、廿日会における稚児舞の奉仕は建穂寺の役割として挙げることができる。この役割は、中世の時代にはさかのぼることができるもので、江戸時代を通して両寺に引き継がれていくことになる。

また久能寺と建穂寺はともに、惣社（神部《かんべ》神社）において最勝講《さいしょうこう》を行ってきた。最勝講とは、天下泰平《てんかたいへい》・国家安穏《こっかあんのん》を祈願して、毎年五月に吉日を選んで五日間、朝と夕に計二座、金光明最勝王経《こんこうみょうさいしょうおうきょう》全十巻を一巻ずつ講義するものである。建穂寺は、久能寺と並んで駿河国の各時代の支配者である国司、守護、戦国大名らと密接な関係を持つ大勢力として、駿河国の支配を宗教的な面から支えていたのである。

駿府浅間神社の供僧と別当

静岡浅間神社蔵「三月会図」より菩薩舞

江戸時代の地誌『駿河記』には、駿府浅間神社の供僧《くそう》をつとめた十三の院家と坊が書きあげられている。供僧は、駿府浅間神社の周囲に位置した天台宗の玄陽院・順識院・真光院・宝持院・清存院、真言宗の良真坊・理覚院・鏡円坊・密蔵坊・泉動院のほか、久能寺の子院の中から井下坊、建穂寺の子院の中から荘厳坊・慶南院を含んだ十三カ所である。

また、これら十三の供僧とは別に、惣社別《べっ》当《とう》をつとめた惣持院《そうじいん》が存在している。この惣持院と久能寺、建穂寺は、単に別当《べっとう》と呼ばれることもあった存在である。別当とは本来僧侶の官職の一つで、その組織を代表する者である場合が多いが、神社の境内にあった神宮《じんぐう》寺《じ》を管理する役割を担っていたものに対しても使われていた呼称である。惣持院は、鎌倉時代初期に建穂寺出身の僧侶とされる憲信《けんしん》が開いたとされ、惣社別当の憲信はこの時期駿河国の国分寺と国分尼寺、有度八幡宮別当をも兼ねていたようで、まさに駿河国の支配を宗教的な面から支えていた。

ただし、惣持院は駿府浅間神社の境内に隣接する一坊であるが、久能寺や建穂寺は一山としてそれぞれに寺域を構えていた。加えて駿府浅間神社の別当として社僧《しゃそう》の役割を担い、年中行事における法会《ほうえ》に関わっていたことになる。

駿河七観音

久能寺で作られ、現在まで鉄舟寺に伝来する康永元年（一三四一）六月の『久能寺縁起』という由緒書に、聖武天皇の時代の養老七年（七二三）に行基が久能寺を訪れ、七体の千手観音像を彫り、七体の千手観音像は七寺の本尊になったと記されている。つまり、第三章で触れたように、この七寺は非常に関係性の深い寺院であったと考えられる。七寺の本尊は、駿河七観音参りという地方巡礼に発展していく。この七寺は、いずれも駿府周辺に位置しており、久能寺の他は、法明寺《ほうみょうじ》、増善寺《ぞうぜんじ》、徳願寺《とくがんじ》、平澤寺《へいたくじ》、霊山寺《れいざんじ》、そして建穂寺である（一三四、一三五頁参照）。

中世後期の今川氏の時代には、この七寺を巡る巡礼が始まっていたようである。江戸時代のこの七寺の宗旨は、新義《しんぎ》真言宗（久能寺、建穂寺、平澤寺）、古義《こぎ》真言宗（霊山寺）、曹洞宗（法明寺、増善寺、徳願寺）とに分かれている。しかし、こうした状況は中世後期以降のものであろう。それ以前には七寺は顕密系の寺院として各地区に存在し、年中行事や僧侶の移動など、多様な交流があったものと思われる。

建穂寺は江戸時代に新義真言宗の寺院として、元和六年（一六二一）四月に京都の醍醐《だいご》寺報恩院《じほうおんいん》末寺となっているが、それ以前から真言宗の宗旨であったと考えられる。さらにさかのぼって中世前期頃には、常行堂《じょうぎょうどう》が設けられていたことから天台宗ではなかったかという説もあるがはっきりしない。

駿府浅間神社廿日会の稚児舞は、もともとこの建穂寺一山の年中行事の中で奉仕されていたものが、廿日会という場においても奉仕されるようになったものと考えられる。つまり、現在の稚児の選出とは全く違った方法で、かつ建穂寺一山の寺院組織の中で、継続的に奉仕されるような仕組みが出来上がっていたのである。しかし、残念ながら建穂寺は、こうした点を探る上で重要な鍵となる文書や記録といった歴史資料の大半を焼失してしまっている。こうした中でも寺院に所属する稚児が、その組織の中でどういった位置付けの存在で、舞楽奉仕を行っていたのかについては、他寺院の事例を参考にすることで、ある程度想像することが可能である。

中世寺院の組織にみる稚児と舞楽

日本の中世社会では、「童《わらわ》」と呼ばれた社会集団が多様なかたちで存在していた。廿日会における稚児舞を考える上では、建穂寺の寺院組織に含まれていたと考えられる寺院童の集団に注目していきたい。ただし、寺院童といっても、それが僧侶の次代の後継者になる出家《しゅっけ》前の身分として存在していた集団を指すのか、固定された役割を持つ特定身分としての童姿の成人した童子なのかによって、意味合いは大きく変わってこよう。

土谷恵氏の『中世寺院社会と芸能』によると、寺院童について、児《ちご》・上童《じょうどう》・中童子《ちゅうどうじ》・大《だい》童子《どうじ》といった階層をあげ、これらの童は僧侶に仕えて、院家や坊に所属する存在であると指摘している。また寺院童の序列は、年齢によるのではなく、出自の身分が大きく影響していたともある。児の心得は、御室仁和寺《おむろにんなじ》の守覚法親王《しゅかくほっしんのう》の『右記』「童形等消息事《どうぎょうらしょうそくのこと》」を例に見ると、入室してから十七歳もしくは十九歳で出家するまでの四、五年間が、児として出仕する期間であり、その間は仏教以外の書物である外典《げてん》の学習を第一とすべきとしている。つまり児のライフサイクルは、十三、四歳で寺へ入室し、そのまま十七〜十九歳で剃髪し僧侶としての道を選ぶか、あるいは退寺して家職を継ぐという道も存在していたようである。

こうした指摘は、京都や奈良の著名な大寺院の寺院組織を考察したものであるが、建穂寺のような地方の有力な寺院においても、基本的には中央の寺院組織を模倣した組織が形作られていたものと思われる。寺院童の中で児（稚児）は、寺院における公の組織である寺家《じけ》に所属するものではなく、僧侶の私的な生活の場である院家や坊に所属する存在で、その中で特定の身分を有していた僧侶に仕えていたのである。

中世寺院の年中行事で、舞楽は大法会に伴って奉仕されていたようである。例えば藤原孝道（一一六六〜一二三九）の『残夜抄《ざんやしょう》』で、寺社において行われる舞楽は、臨時に行われるものとして各種の堂塔供養の際の大法会をあげ、恒例に行われるものとして興福寺常楽会《らくえ》、石清水放生会《いわしみずほうじょうえ》、四天王寺《してんのうじ》や仁和寺の舎利会《しゃりえ》、醍醐寺の桜会《さくらえ》（清龍会《せいりゅうえ》）といった大法会に伴うものが代表としてあげられている。

駿河国でも鎌倉時代の十三世紀初期、貞応二年（一二二三）成立の紀行文『海道記』に駿府浅間神社社人で奉幣使《ほうへいし》の稲川大夫《いながわたゆう》と舞楽との関連が記されている。稲川大夫は久能寺の前浜である有度浜にある松の下で、天人が雅楽の調べに合わせて舞っているところを見た。その天人が落とした面を拾い、その面は久能寺の宝物となったが、さらに稲川大夫の子孫は舞人となり、毎年二月十五日の久能寺常楽会（涅槃会《ねはんえ》）の際に、舞楽を奉仕していたとある。この舞楽は、稲川大夫の子孫が勤めたということから、大人が舞う舞楽であった可能性は高いのであるが、稚児舞のように童が舞う童舞《わらわまい》についても、中世寺院の行事の中には数多く確認できる。ただし、中央の大寺院においても、こうした事例が数多く見られるのは中世前期頃までのようで、中世後期になると、能や狂言《きょうげん》、田楽《でんがく》など奉仕される芸能も多様化してくる。

童舞が全盛を迎えていたと思われる中世前期の平安時代末期から鎌倉時代初期にかけて、寺院組織の中で童舞を統括していた存在は、寺院の貫主《かんしゅ》クラスだったことが指摘されている。例えば醍醐寺においては座主《ざす》、東大寺においては別当といったように、まさに各寺院の代表者が管轄している。貫主は舞手となる稚児に童舞を教授するための費用を負担するばかりでなく、その習練にも自ら率先して力を注いでいたようである。こうした点も童舞の舞手の主体が稚児であったこと、その稚児が貫主の私的な生活の場である院家や坊に所属し、日々仕えていた、いわば彼らの寵愛する稚児であったことが背景にある。

童舞の中には、楽を奏す役割を担った楽人《がくじん》の子どもが舞手を担うといった手慣れた舞手が勤める場合もあったようであるが、貫主の稚児が舞手を勤める場合は、寺の子どもの素《しろ》

久能山から望む有度浜

人舞《うと》となる。例えば座主が統括していた醍醐寺桜会の童舞は、毎年の桜の開花の時期に習得することを目指して、二月初旬頃に練習が始められたようである。醍醐寺の桜会においては、稚児に童舞を指南する舞師を勤めたのは楽人の役割であった。楽人は、二月下旬から三月上旬にかけて行われる桜会の本番まで、寺中に住み込みで舞を教えていた。

さて、建穂寺において童舞を統括する存在であるが、以上の点から考えて一山の代表者である学頭《がくとう》だったのではないだろうか。建穂寺が明治時代初期に廃寺となった後も稚児舞の奉仕に関わって指南をしていた人物は、学頭坊の菩提樹院《ぼだいじゅいん》出身の建穂俊雄氏だったが、こうした点もやはり無関係ではない。中世の建穂寺は、学頭坊に稚児が所属し、稚児は出仕期間を終えると、出家して建穂寺内外の院家や坊に所属したり、退寺して家職を継いだりといったライフサイクルをとっていたのではないだろうか。稚児舞についても、稚児として出仕していた期間に適宜童舞を学び、その間は常に舞手となっていたことが考えられる。

中世建穂寺の稚児たち

中世の建穂寺における稚児の存在を垣間見ることのできる資料として、天正十八年(一五九〇)に本堂観音堂を再興した際の棟札写《むなふだうつし》が残っている(『建穂寺編年 現代文訳』)。本堂は同年正月十六日に本尊入仏を行い、二月十日まで御開帳が行われたが、この際の導師《どうし》は、学頭法印の快弁という僧侶が行っている。その他に法会に関わった関係者の名前が記されており、院主《いんす》の中性院の増盛、その他の院家や坊として大正院の快遍、唯心院の勝温、慶南院の快元、円道院の快善、青蓮坊の快真、蓮華院の増弁、宝生坊の弁識、歓喜坊の増遍、心蓮坊の盛円、寺家《じけ》満蔵坊の円海、義運坊の快勢、慈善坊の長遍、皆成坊の快誉、荘厳坊の実意、義道坊の快盛、俊円坊の弁海、南滝坊、円祐坊の慶仁、顕宝坊、快温坊、妙見坊、愛宕坊とある。さらに客僧衆《きゃくそうしゅう》として甚性房、俊智房、専尊房、円与房、堂守《どうもり》として存可房、教尊房、歓泉、良元、智叶房仙心、児童達《じどうたち》として仙千代麻呂、千代松麻呂、万松麻呂、千菊麻呂、虎千代麻呂があがる。その他に法橋衆《ほっきょうしゅう》として宗丹、祖玄があがっているが、芸能に関わる者か、あるいは仏師または絵師という可能性も考えられるが定かではない。また大工の片山源衛門尉国親の他に、棟梁として喜叶、宝順入道があげられている。

以上の名前を分析すると、中世後期の戦国時代の建穂寺の寺院組織を浮かび上がらせることができる。建穂寺には代表者となる学頭が一名おり、江戸時代初期以降は学頭が所属する院家は菩提樹院という名称に定着している。また学頭の他に院主が一名おり、この時期の院主は中性院とある。学頭と院主は後年の寛文六年（一六六六）に相論となり、延宝元年（一六七三）に院主は廃され、学頭と院主の役割は統合されることになった。以後は学頭のみが建穂寺一山の代表者として、建穂寺が廃寺となるまで存続する。

また、天正十八年の棟札写にあがる中性院から愛宕坊までの計二十三坊の中から、江戸時代も続いていく建穂寺の子院の二十一坊が確定していくことになる。また満蔵坊に対して寺家と付されているのは、建穂寺における寺務を勤める役割を担っていたことを示していよう。以上の院家や坊は、坊中《ぼうちゅう》などとして括られることもある建穂寺一山における衆徒《しゅと》と呼ばれた僧侶たちである。衆徒は建穂寺一山を構成する中心となっていた学問僧のことである。

その他、客僧衆としてあがっている甚性房以下の四名は、この法会のために集まった他寺所属の僧侶たちと考えられる。堂守とある存可房以下五名は、行人《ぎょうにん》層の僧侶たちと考えられる。彼らは境内の特定の堂舎を分担して管理する役割を担い、雑務に携わっていたものと思われる。さらに、児童たちとして仙千代麻呂、千代松麻呂、万松麻呂、千菊麻呂、虎千代麻呂の五名が登場する。彼らはまさしく建穂寺の稚児であり、舞楽の奉仕者でもあったと思われる。具体的に稚児の名前が登場するということでも興味深い。この棟札写は、天正十八年に本堂の本尊入仏で舞楽を奉仕していたことを確認するとともに、建穂寺における稚児が登場する貴重な事例なのである。

駿府浅間神社廿日会の稚児舞と建穂寺

それでは、駿府浅間神社廿日会において稚児舞が奉仕された最古の記録はいつ頃なのであろうか。その記録は、京の公家《くげ》、山科言継《やましなときつぐ》の日記『言継卿記《ときつぐきょうき》』である。京の公家は家職を子孫に代々引き継いでいく必要があるので、日記を残す習慣を持つ家が多い。山科家も代々日記を残してきた。言継は中世後期の戦国時代、弘治二年（一五五六）から三年にかけて今川氏支配下の駿府を訪れている。その際の日記を整理すると、言継は、弘治三年二月十八日にまず建穂寺の本堂で「児之舞《ちご》」が奉仕されたものを見学している。その後、二十日に行われるはずの駿府浅間神社の廿日会が雨で延期になり、翌二十一日も続けて延期となっている。言継は稚児舞の舞手について細かく説明はしていないが、駿府浅間神社で行われる廿日会が延期となっていた背景に、安倍川の対岸に位置する建穂寺からの奉仕が増水によって困難であったことが理由として考えられるので、廿日会における稚児舞の舞手は、やはり建穂寺に所属する稚児が勤めていたということになろう。

また、建穂寺の本尊は千手観音である。毎月の十八日は観音菩薩の縁日に相当している。言継が建穂寺で十八日に見学した稚児舞は、同寺の稚児が本堂で本尊に奉仕していたものである。つまりそれは本尊に対する観音会と言い換えることもできよう。二月十八日は、江戸時代の地誌『駿国雑志』によると、養老七年二月十八日に行基が本尊の千手観音を作り安置した日とされている。こうした理解がどこまでさかのぼるかははっきりしないが、二月十八日の本堂における舞楽は、単なる本尊の月次祭《つきなみさい》ではなく、建穂寺の開山日として意識されていた可能性がある。

建穂寺の稚児は、続けて駿府浅間神社の廿日会でも舞楽を奉仕していることから、こうした役割は、中世後期にまでさかのぼることを確認する。しかし、建穂寺における十八日の舞楽奉仕は本尊との関わりで理解しやすいが、駿府浅間神社にとっての廿日会の二十日という日の意味付けを行うことは、実は容易ではない（コラムその1）。

中世において、廿日会はそもそも駿府浅間神社の公式な年中行事だったかどうか不明確である。天文十八年（一五四九）八月に今川義元の証判を据えて作成された「駿府浅間社社役目録」という文書に、同社の年中行事が書き上げられている。そこには正月七日御節会《おんせちえ》、三月会、四月初申、五月五日、六月廿日、六月晦日《みそか》、七月一日より廿日まで、八月十五日、九月初申《はつさる》、十一月初申、十二月初申、十二月晦日とあるが、二月廿日についてはあがっていない。同じ社役目録は、今川氏真《うじざね》が家督を譲られた際の永禄元年（一五五八）八月にも作成されているが、その内容は同じである。

山科言継が浅間神社で稚児舞を見学したのは弘治三年（一五五六）である。まさに義元と氏真の二つの社役目録が作成された間の時期であり、目録作成時に実際は廿日会の稚児舞は行われていたのである。こうした点から考えると、中世において廿日会は駿府浅間神社の神事として社中で直接費用を捻出する必要のない、あくまでも建穂寺が主体となって執行《しぎょう》していた仏事だったのではないだろうか。

近世江戸時代に入ると、廿日会および稚児舞の発祥を積極的に徳川家康につなげようとする意図が感じられる。徳川幕府による支配体制下という時代背景の中で、建穂寺においても朱印領《しゅいんりょう》による費用の公的な支援、衣装や道具類の寄付を受けていたこともあったもの

鷹狩り姿の徳川家康像（静岡市駿府城公園内）

と思う。ただそういったこと以上に、廿日会自体が駿府浅間神社の公式な神事になっていったという過程が大きく影響していたのではないだろうか。

実は、徳川家康が朝廷より征夷大将《せいいたいしょう》軍《ぐん》に任命されたのは、慶長八年（一六〇三）の二月十二日である。家康が武家の棟梁として正式に幕府を開くことが可能となったこの年の廿日会は、さぞや祝賀ムードに包まれた中で行われたであろうことは想像に難くない。ちなみに、江戸時代の地誌『駿河記』では、駿府浅間神社の年中行事に二月二十日舞楽としてあがるようになっている。また、この日は彼岸中祭という位置付けも与えられている。

コラム その6

今川氏の訴訟の場と浅間神社の「神慮」

今川義元が駿河国をおさめていたころ、天文十七年（一五四八）より同二十二年（一五五三）三月二十二日以前の間に今川氏の訴訟条目「定」が制定されています。この「定」第九条には、違法な訴訟に対してその取り次ぎを行った者へと罰金を科し、その罰金は浅間神社の造営費用に宛《あ》てるとあります。また「定」第十二条にも、家臣の知行に隠匿分《いんとくぶん》が本人申告よりも三分の一以上ある場合に、それを訴えてきた者に対して隠匿分の十分の一を与え、残りの十分の九は、その年に限り浅間神社の造営費用に充《あ》てることになっています。これは今川氏が浅間神社を保護する政策を行っていたということもありますが、加えて係争地や罰金を造営費用として浅間神社へ寄付することによって、対象を「神の物」へと変化させるという意味があったものと思われます。つまり係争地や罰金が世俗社会と縁の切れた無縁のものという扱いになることで、論争の対象から切り離されることになったのです。

今川氏の訴訟の場には、実際に浅間神社の御祭神の意思である「神慮《しんりょ》」が影響していた事例を確認することができます。天文十八年（一五四九）八月に、駿府浅間神社で六月二十日に行われていた流鏑《やぶさ》馬《め》の費用に関して、流鏑馬奉行の社人《しゃにん》村岡大夫と浅服《あさばた》（麻機）六郷《ろくごう》のひとつ沼上一郷《ぬまがみいちごう》が争った際の裁許状です。浅服六郷では毎年交代で各郷が六年に一度ずつ流鏑馬の費用を納めていたようですが、沼上一郷のみ納めていなかったので、今川氏の訴訟の場において沼上一郷の百姓らを問いただしたところ、彼らの主張はかれこれ四十年来流鏑馬の費用は請け負っていないというものでした。村岡大夫も、いや古い目録に以前から負担することは記されているはずだとして引きません。

結局村岡大夫は証拠書類を紛失していたこともあって、この裁許は駿府浅間神社の神の意思、つまり「神慮」に判断を委ねられることになりました。訴訟が駿府浅間神社の流鏑馬費用に関わるものであったことと、また真実は神のみぞ知るということでしょうか。実際に「神慮」をどうやって諮《はか》ったのか、具体的な説明はありませんが、訴訟の裁許を行う庭中《ていちゅう》という場で、奉行二名の立会いの下湯起請《ゆぎしょう》が行われたのではないかと想像します。湯起請とは、神仏に対して真実を貫くことを誓約し、熱湯の中に手を入れて、予後の状態でその是非を判断するという神明《しんめい》裁判です。中世には訴訟の解決手段として全国的に行われていました。「神慮」によるこの訴訟の裁許は、沼上一郷の百姓らの過失ありと決しました。沼上一郷は、流鏑馬の費用負担を逃れることはできなかった訳ですが、こうした裁許の場にも浅間神社の御祭神が来臨《らいりん》していたのです。（大高）

流鏑馬図（「駿府浅間流鏑馬絵図」静岡浅間神社蔵）

村岡大夫（「駿府浅間流鏑馬絵図」静岡浅間神社蔵）

コラム　その7

お神輿に乗っていた？仏様

建穂寺の子院のひとつだった真光坊は、長享三年（一四八九）正月の文書で服織荘の今宮浅間社と同社神宮寺の寺領を管理するように今川氏に認められました。これらは、天文十五年（一五四六）十月の文書では、楠谷常聖院領《くすがや》になっています。常聖院は、現在も静岡市葵区楠谷にある見性寺に関わる寺院であったようです。さらに、永禄五年（一五六二）七月の文書では、これら領地は建穂寺の子院のひとつ慶南院領になっています。慶南院は駿府浅間神社と奈古屋社（大歳御祖神社）の仏教行事を務める供僧《くそう》にも任命されていました。

文書に出てきた今宮浅間社は、羽鳥地区に現在もある羽鳥浅間神社を指すものと思われます。神宮寺は江戸時代の地誌『駿河記』によると、羽鳥地区の竜津寺境内にある弁財天堂を指し、沼津の千本松原にあがった出世弁財天を祭ったものだとあります。ただし、もともと神宮寺はそれとは別にあったが、破壊されてしまったので本尊の弁財天のみ竜津寺に移され、神宮寺の名跡を継いだとしています。その時期は明確ではありませんが、自然に考えれば今宮浅間社に関わる神宮寺です。当初は同社のそばに位置していたものと考えられます。

この神宮寺との関連は分かりませんが、現在羽鳥浅間神社のすぐそばには、県指定名勝木枯森《こがらしのもり》の別宮である羽鳥八幡神社が鎮座しています。この羽鳥八幡神社のお祭りには、ちょっと変わった行事があります。毎年旧暦の八月十五日に合わせた九月上旬頃、藁科川中州の木枯森にある木枯八幡宮へ向けて八幡神社から神輿が渡御《とぎょ》します。これはごく普通の秋祭りですが、お神輿とともに渡御するのは、なんと鎌倉時代頃の作である阿弥陀如来像。現在、阿弥陀如来像はお神輿のお前立として置かれ、直接お神輿に乗っていませんが、この仏像は普段は羽鳥町内会で管理しており、お祭りに際して羽鳥八幡神社の御祭神が故地に戻るものと説明されています。つまり、仏様が神様の乗り物である神輿に乗ってお出掛けになっていたようです。これは、いったいどういう意味なのでしょうか。

神と仏が表裏一体の関係として説明されていた江戸時代以前の神仏習合思想のもとでは、八幡神社の御祭神となる八幡神は、阿弥陀如来と同体の本地仏《ほんじぶつ》であると考えられていました。羽鳥八幡神社は建物も寺院の堂舎のようですが、もともとは阿弥陀堂だったようです。『駿河記』にも、この阿弥陀堂本尊の阿弥陀如来像は、木枯八幡宮の本地仏であると記されています。つまり、木枯森の故地へ向けて神輿と阿弥陀如来像が渡御する祭礼は、神仏習合していた時代の慣習を現在も垣間見ることができる貴重な祭礼なのです。

木枯八幡宮は羽鳥地区と牧ヶ谷地区の氏神です。羽鳥地区には建穂寺鎮守の馬鳴社の故地である馬鳴の森が、牧ヶ谷地区には建穂寺の本堂である観音堂の故地があったという伝承があり、どちらも建穂寺にゆかりの深い地区でした。（大高）

現在の羽鳥八幡神社の祭礼（木枯森）

江戸時代の廿日会祭における稚児の選出

中世の建穂寺では、稚児は恒常的に寺院組織の中から輩出される仕組みができていて、稚児としての出仕期間を終えると、出家して一山を支える僧侶になっていたものと想定した。しかし、一山の規模が縮小していった江戸時代には、稚児はどのように輩出されていたのであろうか。

これまでの浅間神社廿日会の稚児舞に関する研究では、舞手となる稚児は、江戸時代には建穂寺一山の中からは既に輩出されていなかったというのが定説である。稚児は江戸時代になると駿府にいる武士の子が選出されるようになり、正月十五日から建穂寺に籠って稽古を行う。さらに明治時代になると裕福な町人の子を選出するようになり、現在の希望者へとつながっているとするものである。

稚児舞は、もともとは建穂寺一山の年中行事の中で奉仕されていたものであるが、江戸時代になると浅間神社廿日会として奉仕するために実施されるものとなり、主体が明らかに浅間神社の年中行事という位置付けに変わっている。江戸時代の建穂寺と稚児舞について、建穂寺の第三十六世学頭をつとめた隆賢が著した建穂寺の寺史「建穂寺編年」から、関連記事を抜粋してみたい。

①慶長八年（一六〇三）条　徳川家康より舞装束・楽器と祭祀を行うための道路を賜る。
②慶長十三年（一六〇八）条　幕府より金銅の鉾を賜り、舞の道具が揃う。
③慶長十七年（一六一二）条　二月二十日に浅間大祭が行われる。
④慶長十八年（一六一三）条　二月十九日の洪水により建穂寺との往還が不通のため、二十日の浅間大祭が延引となる。
⑤慶長十九年（一六一四）条　二月二十日に浅間大祭が行われる。
⑥寛永十七年（一六四〇）条　幕府より舞装束・楽器等を賜る。
⑦元禄十五年（一七〇二）条　正月二十四日に浅間大祭の装束を収蔵する府庫の火災があり、慶長・寛永年間の拝領品を焼失した。四月に舞装束を補修、八月に幕府より新しい舞装束・鼓・笛・楽器を賜る。
⑧享保十二年（一七二七）条　大祭の行列を駿府城代酒井下総守忠隆が城門の外で見学する。

まず建穂寺一山の代表者である学頭の認識として、二月二十日を浅間大祭であるとしている点が注目される。この認識は、廿日会が中世までとは異なった廿日会祭に昇華していることが影響しているのではないかと考えておきたい。この段階において廿日会祭は、もはや建穂寺が駿府浅間神社で稚児舞を奉仕するだけのものではない、駿府の町方《まちかた》の積極的な関わりを生んでいたのではないだろうか。

また、「建穂寺編年」の廿日会に関わる初見記事として、稚児舞の衣装や道具、祭礼に関わる道路が徳川家康により寄進されたとあるのが、慶長八年。まさに家康が征夷大将軍に任官した年であり、二月十二日の任官から八日後が廿日会祭である。この年はやはり廿日会にとって大きな画期となっていた可能性が高いのではないだろうか。

さらに注目する点として、本来建穂寺の学頭という役職は、稚児および稚児舞を統括する立場であったはずなのだが、その学頭がまとめた「建穂寺編年」の記事で、実際の舞手となる稚児をどのように輩出していたかについて具体的に記した部分は確認できなかった。つまり、稚児の輩出が果たして建穂寺一山の組織の中でなされていたのか、武士であれ町人であれ寺外の子どもを舞手に選出していたのか、同時代の歴史資料から明確に位置付けられたことは、実はないのである。

こうした中で、江戸時代の地誌『駿河国新風土記』では、建穂寺は十九世紀初期には既に学頭菩提樹院のほかは円道院、大正院のみが活動しているといった衰退した状態にあり、舞手となる稚児も建穂寺内では輩出することはできずに、毎年正月末に駿府の町や建穂の近在の子どもを集めて、二週間ほど稽古をつけて本番を迎えていたとある。

また、幕臣の子息で父勝造が安政三年（一八五六）十一歳の時より四年間稚児を勤め、

幕末期の稚児舞（東北大学附属図書館狩野文庫『駿河雑志　巻之四』より）

その父からの聞き書きをまとめた柘植清氏の『静岡市史餘録』によると、稚児舞の稚児は十歳から十五歳までの四名が選出された。ただし、悉く幕臣の子どもが勤めており、町人の者はどんなに由緒ある家でも、資産家であっても出すことは許されなかったとしている。

江戸時代の稚児の選出について触れたふたつの説は、全く食い違った内容を記している。かといって、江戸時代の廿日会祭で舞手を勤めた稚児の出自について、具体的に町人の子どもを選出したとか、武士の子どもを選出したなどと記したそれ以外の文書や記録が残っている訳ではない。しかし、少なくとも『駿河国新風土記』にあるように、建穂寺では十九世紀初期には既に稚児を建穂寺内では輩出できていなかったということは言えそうである。ただし、どのような経緯でどういった階層の子どもたちを選出していたのか、明確にすることは残念ながらできない。なお、幕末期の稚児舞の様子が分かる唯一の絵（『駿河雑志』）がある。稚児の舞う様子を武士が見守り、神官もその姿に目を凝らしている。当時の雰囲気を知ることのできるきわめて貴重な資料である。

江戸時代の建穂寺における稚児舞の役割分担

江戸時代の地誌『駿河志料』によると、建穂寺の院家や坊には、輪番老役《りんばんろうやく》というおそらく交代で勤めていた役職が存在していた。円道院には一老役領《いちろうやくりょう》が課せられているが、他にも楽行事《がくぎょうじ》、大鼓領、鐘役領、笙役領《しょうやくりょう》、羯鼓領《かっこりょう》、面笛領《めんてきりょう》、二笛領《にてきりょう》、三笛領《さんてきりょう》といった輪番老役がある。これらは全て稚児舞に関わる役職と思われるが、役職に対しての役料も付随している。またその他、寺家領《じけりょう》、常行領《じょうぎょうりょう》、観音日仏供領《かんのんにちぶつくりょう》に加えて、一《いち》の法橋役領《ほっきょうやくりょう》と二《に》の法橋役領というものが存在している。

天正十八年（一五九〇）に本堂観音堂を再興した際の棟札写に、法橋衆として宗丹、祖玄の二名が登場していることは先述した。あるいはこの二名が勤めていた法橋衆の役割とは、輪番老役の一の法橋と二の法橋へとつながっているのではないだろうか。それでは、一の法橋と二の法橋とはいったい何を勤める役職なのか。史料的な根拠を示すことはできないが、現在も廿日会祭の稚児舞の演目として、安摩の後に建穂地区の世襲で決まった家柄の方々が四名で担っているズジャンコと呼ばれる二の舞を担当する役割だったのではなかろうか。

仮に、法橋衆が一の法橋と二の法橋につながるのであれば、江戸時代においては、この役割は交代で行っていた輪番老役ということになる。つまり、中世後期には法橋衆として芸能に関わる役割を担っていた者たちが建穂寺には常駐していた。しかし、江戸時代に入るとそういった役割を担うことで寺内に常駐していた者たちはいなくなり、一山の僧侶が勤めるように変わっていたことを示しているのではないだろうか。

以上は、輪番老役として寺内の僧侶が交代で勤めていた役割ということになるが、江戸時代の建穂寺一山の院家や坊では、固定的に決められていた役割分担も存在している。これについては、江戸時代の地誌『駿河志料』の中で、駿府浅間神社廿日会に関する分担状況が記されている。それによると、廿日会において輿に乗って導師の役割を担うのは学頭の菩提樹院である。また廿日会における舞手となる稚児を準備する役割は、南滝坊・蓮蔵坊・観喜坊で、彼らは年番でその年の担当を交代していたようである。その他の青花院・大聖院・満蔵坊・心福院・慈善坊・新蔵坊・慶南院・中性院・義運坊・皆成坊・円祐坊・蓮花院・宝生坊・宝幢院・庄厳坊・青蓮坊・円道院は、稚児舞において衆徒として馬に乗って供奉する役割を担っていたようである。各々の役割に関する費用負担も生じていたものと思われるが、青花院・大聖院・満蔵坊・心福院・慈善坊・新蔵坊については、稚児舞の負担に加えて駿府浅間神社で実施していた四季最勝講についても負担があったことを記している。

ただし、『駿河志料』では、この地誌が編纂された文久元年（一八六一）の幕末の時期には既に建穂寺の子院は名跡のみが伝わっているものが多数で、実際は兼帯となっていた坊が九つあると記されている。こういった状況を考慮に入れてまとめると、稚児を準備する役割を課せられた南滝坊・蓮蔵坊・観喜坊は、実際は南滝坊・観喜坊は名跡のみで学頭菩提樹院が兼帯する。また蓮蔵坊については、満蔵坊が兼帯する状況であった。

つまり、廿日会を実施する際に大変重要な稚児は、学頭菩提樹院と満蔵坊の差配がなければ準備できない状況にあったことが分かる。ただし、満蔵坊が衆徒として稚児舞に供奉する役割と毎年実施される最勝講の役割も負担していたことを考えると、稚児を準備する役割は、演目の指南も兼ねて学頭に委ねられていたものだったと想像できる。

明治時代以降の廿日会祭における稚児の選出

明治時代に入って一時中断した駿府浅間神社廿日会祭であるが、その間も稚児舞自体は小祭として続けられてきたと伝えられている。ただし、明治二十七年（一八九四）に新暦四月五日の開催として廿日会祭が再開した際には、建穂寺は既に廃寺となっていた。こうした影響もあり、かつての次第や由緒、歴史についての記録が多くまとめられていった。その中のひとつ「建穂寺・浅間神社廿日会御祭礼記録沿革之部」によると、稚児は市中の財産家の童児から年齢十二、三歳の者を選ぶとある。再開された以降は、先にも見るように静岡市内の富裕な家々の子どもを選抜していたようである）。

そもそも、中世に稚児舞が建穂寺の年中行事として行われていた段階では、当然のように稚児は建穂寺の寺内において輩出されていたはずである。この稚児舞が駿府浅間神社においても奉仕されることになり、その場を廿日会と呼んでいた。さらに江戸時代に廿日会は浅間大祭に昇華することで、駿府の町方が参加する廿日会祭という位置付けになっていった。こうした歴史的な流れが想定できる中で、建穂寺では近世江戸時代のどの段階まで、継続的に稚児を輩出することができていたのかについては、史料的な制約もあり、解決をみない大きな課題となっている。

建穂寺関連の僧侶の墓石群

ただし、この点については、建穂寺一山の学頭や衆徒といった僧侶の出自の分析に重要なヒントが隠されているかもしれない。江戸時代においても稚児が出仕期間を終えて、そのまま出家して建穂寺の僧侶となるようなライフサイクルをとっているのであれば、稚児の出自はそのまま建穂寺一山の僧侶の出自として考えることができるからである。

江戸時代以前の稚児の出自について、町人の子どもが勤めたとか、武士の子どもを選抜したとか、こういった話自体、見方を変えれば建穂寺の僧侶がどういった身分階層の者たちで占められていたのか、この分析に置き換えて考えることができるだろう。

一山の僧侶の出自については、寺史「建穂寺編年」に記載のある人物もいるし、また現在も建穂地区の建穂寺境内跡には僧侶の墓所が残っており、墓石に銘文も刻まれている。度々の焼失と廃寺を経たことで、歴史資料の伝来が不足している建穂寺では、こういった点を手掛かりに分析していくことは必要となってこよう。

現在語られている稚児舞の由緒、歴史において定説となっている稚児の出自については、伝来する同時代の資料からは明確にその説を裏付けることはできていない。また明治時代に廿日会祭が中断から再開した際にまとめられた歴史資料についても、その記述を裏付けるような同時代の資料は、当時も既に伝来していなかった可能性は高いと言えるのではないか。

稚児の出自に関しては、おそらく元学頭の建穂俊雄氏をはじめとする旧建穂寺一山の関係者や、江戸時代の浅間神社廿日会に関わっていた人物たちの記憶によって整理されていった内容が、現在の定説となっていったものと考えたい。

建穂寺の仏像群を救え

明治初めの神仏分離政策により、それまで表裏一体の関係性で説かれていた神と仏とは別々に祭祀されることになった。これにより、神社の境内にあった仏教関係施設は撤去され、寺院の境内にあった神社なども直接の関係を切り離されていった。神仏分離政策は、廃仏毀釈《はいぶつきしゃく》、すなわち仏教を徹底的に排除する運動になり、寺院そのものが多く廃絶の危機

被災を免れた建穂寺の仏像群

に直面した。建穂寺も例外ではなかった。

具体的には、鎮守である十二所大権《じゅうにしょだいごん》現《げん》・馬鳴《まなり》明神社が、平安時代に式内社《しきないしゃ》として存在していたことが確認できる建穂神社として独立した。従って現在の建穂神社の位置は、江戸時代まで建穂寺の鎮守があった場所ということになる。建穂寺は、先に見たように明治二年（一八六九）あるいは三年ころに原因不明の火事により焼失し、廃寺となってしまうが、この火事に際し建穂寺に由縁のある地元の方々が必死になって仏像を運び出した。その結果、被災を免れた一部の宝物類と仏像群は、建穂寺の子院のひとつだったとされる建穂地区の林冨寺《りんぷくじ》跡の建物に移された。廃仏毀釈の風潮から守るために、

現在の建穂観音堂

一時的に土中に埋めていたものもあったという。しかし、避難先でも盗難にあったりしたため、同じ場所に昭和五十年（一九七五）に建穂町内会と有志によって観音堂が新築された。これが現在の建穂観音堂である。堂内には地元の方々の努力によって六十体あまりの仏像群が安置されている。

平安時代から鎌倉時代の古仏を含んだこの仏像群には、かつて建穂寺境内の常《じょう》行堂《ぎょうどう》本尊として祭られていた宝冠阿弥陀如来坐像や、秘仏とされている千手観音菩薩立像など、建穂寺の歴史を物語る文化財が含まれている。

駿河国の大寺であった歴史の深い建穂寺である。そこに伝わる文化財が歴史的にも学術的にも大変貴重であることは言うまでもない。まさに郷土の宝といえようが、長い年月を経て劣化し、早急な修復が必要なものも少なくない。建穂地区は近年新興住宅地が増え、約五百五十戸にもなったが、観音堂の管理に関わっているのは、古くから周辺に住んでいる五十戸ほどに過ぎない。そこで、有志による建穂観音堂評議委員会では、木造地蔵菩薩像の修理基金を集めるため、平成二十八年にインターネットで支援者を募るクラウドファンディングを呼び掛けた。すると賛同する方々が積極的に応じてくれて目標額が達成され、同二十九年八月に修復完了のお披露目が行われた。建穂寺の歴史の全貌は、まだまだ不明な点が多い。遺構の発掘や墓石群の調査、関連する文献の収集と分析、民俗調査による地域伝承の掘り起こしなどの総合調査が実施されることを強く望みたい。

（大高康正）

第五章
江戸時代の町方と廿日会祭

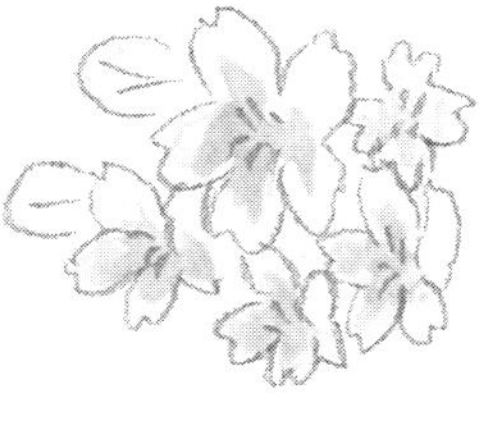

駿府徳川藩から幕領へ

慶長十年（一六〇五）、徳川家康は二年前に就いたばかりの征夷大将軍の地位を嫡子秀忠に譲り、大御所と呼ばれることになった。そして翌々年（一六〇七）、駿府城の普請が終了するや駿府城に入った。家康の側近には、駿府年寄衆と呼ばれる本多正純、成瀬正成、安藤直次、竹腰正信をはじめ、松平正綱、板倉重昌、秋元泰朝などの近習《きんじゅう》出頭人、大久保長安、伊奈忠次、彦坂元正といった代官頭、金地院崇伝《こんちいんすうでん》、南光坊天海、林羅山などの僧侶や学者、茶屋四郎次郎、後藤庄三郎、角倉了意らの豪商、そしてウィリアム・アダムスやヤン・ヨーステンなどの外国人などさまざまな人材がおり、駿府は江戸と並ぶ政治・外交の拠点となった。

駿府城下町は、最初は井出正次が管轄したが、正次の死後の慶長十四年（一六〇九）には彦坂光正が駿府町奉行となり、城下町の整備や商人統制に当たった。市民との関わりの例を挙げると、慶長十九年（一六一四）三月二十八日、彦坂奉行の下、兄を殺したとされる人物が熊野神社の森で「火起請」を行った（『駿府記』）。おそらく焼け火箸を握るなどの方法で、本人の言い分の当否を占ったのであろう。今川時代にも浅間神社の神の裁きが行われていた（コラムその6）。

熊野神社

　慶長十四年には、家康の十男徳川頼宣を藩主とする駿河・遠江五十万石の駿府徳川藩が成立した。頼宣は後に徳川御三家のひとつ紀州徳川家の始祖となる。ただし駿府藩主としての頼宣は八歳という幼年のため、当初頼宣の家臣団や領国内の統率は、家康の側近である駿府年寄衆が中心となって行っていた。しかし、慶長十六年以降、形式的ではあったらしいが、頼宣附家臣となっていた水野重央《しげひろ》、安藤直次そして彦坂光正の連署によって家臣に領地の配分をする知行宛行《あてがい》が行われるようになっている。ただし、彦坂光正が頼宣直属の家臣に附されたのは家康の死後（元和二年＝一六一六）であるから、頼宣附家臣が関わっていたとしても

和歌山市の駿河屋

家康の生前は頼宣家臣の統率や駿府町奉行としての活動は家康の指揮で行われていたと考えられる。家康死去後、駿府で家康に仕えていた家臣は、江戸の将軍家、あるいは頼宣をはじめとした御三家付の家臣となり、駿府では頼宣の施政が続いた。

元和五年（一六一九）、頼宣は紀伊和歌山五十五万石の藩主となった。このときお気に入りの菓子屋の鶴屋を和歌山に連れて行き、それが和歌山市の老舗として知られる駿河屋になったといわれていることから分かるように、駿府から頼宣に従って和歌山に移った者は、武家以外にもかなりあったと推定される。かつて家康が駿府に拠点を置いたときも、伏見などから移住し駿府で活躍することになった商家がある。

頼宣の移封により駿府城は一時番城となったが、五年後の寛永元年（一六二四）、二代将軍秀忠の次男である徳川忠長が入封し、再び駿府徳川藩が置かれた。忠長時代には、代官・町奉行など町方、村方の支配機構、軍事・監察機構が設けられ、藩統治の仕組みが形成されていた。しかし、寛永九年十月二十三日には忠長は上野高崎に逼塞を命じられ、その後自刃させられた。忠長の改易後、およそ十年ぶりに駿府は再び幕府の直轄地となり、以降明治維新まで藩が置かれることはなかった。つまり殿様がいない変則的な城下町となったのである。なお主を失った駿府城天守閣は寛永十二年（一六三五）十一月二十九日、市中の火災が原因で焼失し、以後再建されなかった。

直轄領となった駿府では、駿府城代を筆頭に、駿府城の警衛に当たる駿府定番、駿府在番（寛永九年創置、寛政二年廃止）、駿府勤番（寛政二年創置）、駿府城外の警護にあたる駿府加番に加え、町方は駿府町奉行、村方は駿府代官の管轄下に置かれた。

駿府九十六ヶ町と年行事

殿様がいなくなった駿府城下町は、急にさびしくなった。なぜなら殿様つまり藩を支える家臣団も一斉に去っていったからである。忠長の家臣たちは、忠長改易に伴い、武蔵・相模・伊豆、もしくは新居の関所以西に蟄居となり、みな駿府を離れることとなったのだ。それに伴いかつて殿様から与えられていた屋敷地は返上、明屋敷《あきやしき》として放置され、やがて畑などに変わっていく。駿府の町絵図にある明屋敷という表示は、本来はそこに武家が住んでいた場合が多いことを示している。

ところで駿府には九十六の町があったとされ、その町名の多くは現在に継承されている。ただし、この九十六ヶ町が家康時代に整えられていたという確証はなく、また各時代においても町の統合が行われて実際の町数には変化が見られる。しかし、町政運営や消防、さらには祭り当番などを担う惣町《そうまち》の単位となっていた。

ここで町方の運営組織を見てみよう。まず、家康が在城した慶長期には、友野・松木・大黒屋の三家が町年寄として駿府惣町の町政に当たっていた。中でも友野は家康時代の町づくりにも大きな役割を果たしたとされる。友野・松木は今川氏時代から続いた豪商であり、大黒屋は家康が浜松から駿府に移った時代（天正期）につき従ってきたという由来を持つ。このほか、梅屋町の中清右衛門、札之辻町の富田屋五郎左衛門、呉服町六丁目の太田良善右衛門などの有力商人が町頭となり、各町をまとめていた。

しかし、一七一〇年代に入り、友野氏は安部川東岸の新田開発に、松木氏は遠州三方原の新田開発にそれぞれ失敗し、大黒屋も借財および自家の焼失によって衰退した。こうして町年寄体制は機能しなくなり、新たに台頭してきた町人たちが「年行事《ねんぎょうじ》」として町政に参加するようになった。年行事とは、駿府「九十六ヶ町」のうち、六十二町（五十七町）が二〜五町ずつの組合となり半月から一カ月半交代で町政を担当していくというものである。駿府惣町の寄合は雷電寺（現別雷神社《わけいかずち》）を会所とし、この会所には町政に関する多くの文書が保管された。現在、この貴重な資料は「旧静岡市史編さん資料」として、静岡県立中央図書館に所蔵されている。中でも駿府の年行事によって書き継がれた江戸時代の「万留帳《よろずとめちょう》」は、正徳五年（一七一五）から慶応二年（一八六六）までの三十六冊が残されている。駿府の町政に関する記録は、「御触留」、「御触書」なども作成されていたというが、「御触留」は現存しておらず、「御触書」も幕末期のものしか残されていない。「万留帳」は「御触書」に盛り込まれない町政に関する事柄を書き留めたもので、柴雅房氏によれば、町方の自立的な立場での記録と位置付けられる。

木造住宅が密集している城下町では火事が頻発する。駿府城天守閣が城下町で発生した火事によって焼失したことから分かるように、駿府城下ではしばしば大きな火事が起こった。文政四年（一八二一）には、町方の願いにより「百人組合火消」という防火組織が発足している。この組織は駿府を東西南北の四つの組に分け、各組から町頭二名が年番としてその指揮に当たるというものである。このとりまとめとなる四組の年番は発足以降、町政に深く関わってくる。また、詳細については後述するが、この「百人組合火消」の四組は駿府浅間社廿日会祭の踟物を請け負う単位にもなっている。

松木新左衛門の豪気

浅間神社廿日会は駿府町人にとっても大切な行事であり、そこで舞楽を演じる「お稚児さん」を慰めるというのが、駿府の「お踟」の目的だった。踟とは練り歩くということで、本来は祭りに際して地霊を鎮めるために地面を飛び跳ねたり、賑やかな音楽を奏して音によっても悪霊を退散させるという、もともとは呪術的なものであった。しかし、それが次第に華やかになり、人々は豪華さや意表を突いた仮装を競うようになった。これを風流《ふりゅう》といい、室町時代から大規模な仮装行列となり、現在の郷土芸能の多くにつながっている。駿府城下町でも家康在城時代には伊勢踊りと呼ばれる華やかな風流が町を彩った。

駿府豪商たちの最盛期、とくに松木新左衛門（?―一七一五）は、あの紀伊国屋文左衛門と並ぶ豪商で、両替町一丁目に広大な屋敷を構えていた。松木家はすでに今川氏真の時代に諸商売の免許を得ていた。こうした大金持ちの散財が町の経済を活性化させたのだが、残念ながら新左衛門の栄華は続かなかった。豪商の没落は町政運営だけでなく、祭りの運営にも大きな影響を与えていく。

「松木新左衛門始末聞書」という本がある。本人の死後に伝承を記したものであるので、内容には確証はないものの、一人の豪商が浅間社の祭りに際してどれほど派手なことをしたのか、その一端を紹介しよう。

廿日会踟物には、新左衛門が費用を全て負担して舞台を出した。十八人もの歌舞伎役者を遠州から呼び寄せ、猩々《しょうじょう》の衣装を着た七人が柄杓《ひしゃく》を持って踊る「柄杓踊り」など、日替わりでいろいろな出し物を見せた。それに浄瑠璃語り、三味線弾き、笛・太鼓打ち、小鼓・大鼓などの人数も調達し、衣装も豪華絢爛、狂言師も混じって見事なものであった。

また、舞台として径五寸（約十五センチ）の車をつけた台車二台の上に一間半に三間（十二畳敷相当）の舞台を載せ、板葺き屋根の両端には唐破風《からはふ》に似た飾りを付けた。こうした費用は町内には一銭も負担させなかったばかりか、行列について歩く人たちには、ご苦労さんと言ってご馳走をした。廿日会祭が終わると、浅間さんに花見と称して町内全員と役者たちを招待し、「児拝殿」（舞殿）で役者たちに芸を披露させた。児拝殿とは、稚児舞が行われる舞殿のことであろう。これ以後、廿日会祭の際には舞殿で打ち上げが行われるようになったという。

新左衛門以前には舞台が四十八町出たといわれ、その大きさは五尺に九尺（一畳半）程度で、屋根と後部の壁には障子を使用していた。この四十八町のうち三十六町は、短い黒羽織を腰に巻き脇差をさして松坂踊りを踊り、十二町は芸の早変わりを見せた。この雰囲気は近世初頭の風俗図屏風や伊勢踊りの雰囲気を彷彿させるもので、大御所時代の駿府城下の雰囲気が、まだ濃厚に残っていたことを想像させる。当時は深夜まで踟り歩き、どこの町内を通る時にも挨拶などしなかったが、新左衛門は「このような大げさなものが町内を通るときに挨拶もしないとは何事か」と言って、いったん戻させたので、踟の一行は両替町一丁目だけには断って通るようになった。これ以前は「踟物は若き者の弄《もてあそび》」として丁（町）頭が付き添うようなことはなかったが、町内ごとに通過の断りを入れ、踟に丁頭が付き添うのが、これ以来慣例になった。

この内容が全て事実であったかどうかは分からない。しかし、少なくとも十八世紀初めころまでは、中心街にいた松木新左衛門のような豪商がパトロンとなって、町内の踟を盛り上げていたのであった。

お踟の実態と観客の批評

その後の踟の様子を記した資料はほとんどない。たまたま呉服町一丁目に居住した小西家の当主が書き残した年代記風の記録日記（天和三年から宝暦七年までと、宝暦七年から宝暦十四年までの二冊が残されている）に、廿日会のことが時々出てくるが、ごく簡略なもので具体的内容ははっきりしない。例えば、元禄十七年（一七〇四）には「廿日会舞台七ツ村」、宝永七年（一七一〇）は「廿日会無台伝馬町」、翌年は「廿日会舞台鋳物師町」、正徳三年（一七一三）には「松木新左衛門方小座敷買」とあるのは、松木家の零落を示すものだろうか。その後、享保九年（一七二四）には「丁内より鉢ノ木」とあるのは、謡曲「鉢ノ木」の一場面を作ったのであろう。一方で少将祭紺屋町舞台などとあるのは、踟に類した祭りが、小梳《おぐし》神社でも行われていたことを示している。

元文二年（一七三七）に「廿日会舞台　本通四丁目　安西四丁目　草深町」、翌年は「呉服町壱丁目　本通三丁目　上石町」、同四年「舞台新通丁」とあり、さらに「当年より廿日会舞台の類は十八日ニ御城端を練」とある。宝暦四年（一七五四）「廿日会　両替三丁目　大工町　舞台」（中略）、宝暦十一年（一七六一）に「廿日会舞台なし　丁内の練唐《から》子《こ》」とあるのは、舞台を設けずに唐子の踊りをやったというのであろう。翌年も舞台はなく、「地練もはかばかしくない」と書かれている。同十三年（一七六三）に、さきに踟は十八日に堀端を練ることになったが、今年からは「当日に残らず練るように御奉行所から仰せつけられた。そこで安西を練り出してから浅間神社前に引いていき、そこで両神主の前で披露してから、宮ヶ崎・馬場町を引いて御堀端に出て、在番衆のところに回り、夜になって丑中刻に舞台が帰った」と記されている。これは二十日だけで終わらせてしまえという意味なのか、堀端に回るのも二十日にせよという意味なのか、はっきりしない。ただし、次の池田保平の記事によれば、堀端には二十日に来ていることが確かめられる。小西家の当主が八十歳になった宝暦十四年の記録では、廿日会に舞台はなく鳴物と囃子だけで、十町ほどが踟を出した。わが町内では練り物に「曲水の宴」を出した。家族も練子に出たと書かれている。

こうした断片的な記述から、この頃の廿日会祭では、踟を出す町内の数は不定で、しかも舞台のしつらえもせず、いわゆる地踊り程度で終わることも多かったと推定される。この年代記には城下でしばしば歌舞伎や開帳、相撲などが興行されたことが出ており、町人の楽しみが多様化していく中で、廿日会の祭りに対する情熱も、ひと頃ほどではなくなったようにも見える。もっとも、宝暦十三年の廿日会では、終日陰天だったが雨の心配もなく、「在々山方より出る人は例年の一倍」とある。廿日会祭の主体は城下町の人々であるが、実は周辺の在方の人にとっては、町の祭りに出向くことが大きな楽しみであったようだ。それが、祭りの経済的効果ということになるのだろう。

なお、年行事が書き継いできた「万留帳」によれば、飢饉によって駿府が衰微していた享保十九年（一七三四）、町方は御番所（町奉行）あてに周囲から人も来るので廿日会祭は前々の通り行うつもりだと届けた。また、元文三年（一七三八）には、遠方の人々も祭りを楽しみにして、二十日に合わせて駿府を訪れるので、芸練多数につき十八日（二月）は御堀端、二十日には安西河原から浅間前まで練り通るようにと日程が変わらないように願い出ている。また宝暦四年（一七五四）には、年行事から町方に対して、期間中の注意事項が触れられている。例えば、踟物は暮六つ（午後六時前後）までに回ること、町ごとに組二、三人残し火の元に気を付けること、練りが夜中に至ると油断するので夜番怠りなく回ること、与力同心らに弁当・酒・菓子などを出さないこと、また雨天でも与力らに雨具の提供をしないこと、などなかなか厳しい。そのまま現代にも通じる注意事項であり、廿日会祭を町人たちが自主的に運営している様子がはっきり見て取れる。その後の記述にも毎年の踟物の題名が書かれているが、これについては後に改めて触れることにする。

小西家の記録からおおよそ半世紀ほど後、一加番として赴任した河内狭山藩主、北条相模守の家臣、池田保平が駿府滞在中の出来事を記した「日古登能不二《ひごとのふじ》」に、文化五年

（一八〇八）の駿府の祭りを描いた場面がある。分かりやすく紹介しよう。

二月二十日、踟物が御城を巡るというので警固の武士が昼ごろから厳重に城門を固めた。御城代・御定番などは城中に物見桟敷を紫の幕を打ちまわして今や遅しと行列がやって来るのを待っていた。祭り見物の町人や周辺の田舎の人は絹物などを着ておらず、木綿の布子に裾模様をつけた程度である。折悪しく風が強い日で、舞い上がる砂ほこりに目も開けられぬほど、ようやく黄昏時になって「それ、踟物が来るぞ」と立ち騒ぐ。先頭に奉行所の与力の侍が供を連れて行きすぎ、続いて白い幟を一本だけ押し立てた後から、種々の面を冠った男が手に張子の鷹などを据えて続いてくる。江戸の神祭とは異なり「乞食の姿にも劣りて見へ」、その後に続く十人ほども「笛太鼓の類もなく」、これで終わりだと皆散ってしまった。桟敷を設けたのは何を見るためだったのか、まるで狐にたぶらかされたような気持ちだ、と大変な酷評である。たしかに江戸の神田明神の祭礼など、大規模な祭りを見慣れた目には、いかにもみすぼらしいものだったかもしれない。

しかし、駿府町人の祭りには時期によって盛衰があった。そこで次のページからしばらくの間、幕末期に当番に当たった人宿町三丁目の踟物の様子を紹介することにする。このような踟物を企画し実行に移すまでの苦心談は後述するので、まずは踟の雰囲気を存分に味わっていただきたい。

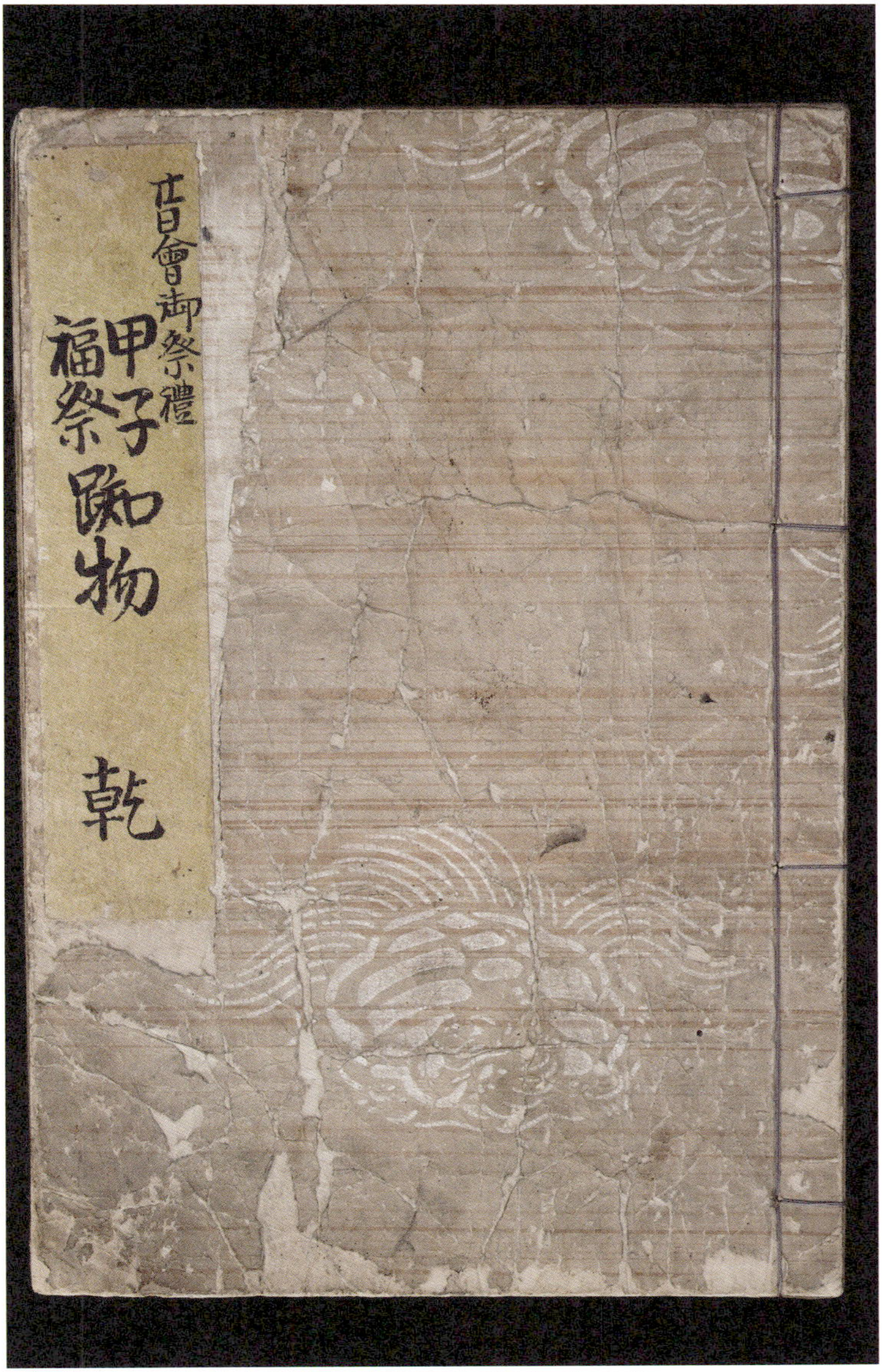

Ⅰ－０「廿日会御祭礼甲子福祭踟物　乾」表紙

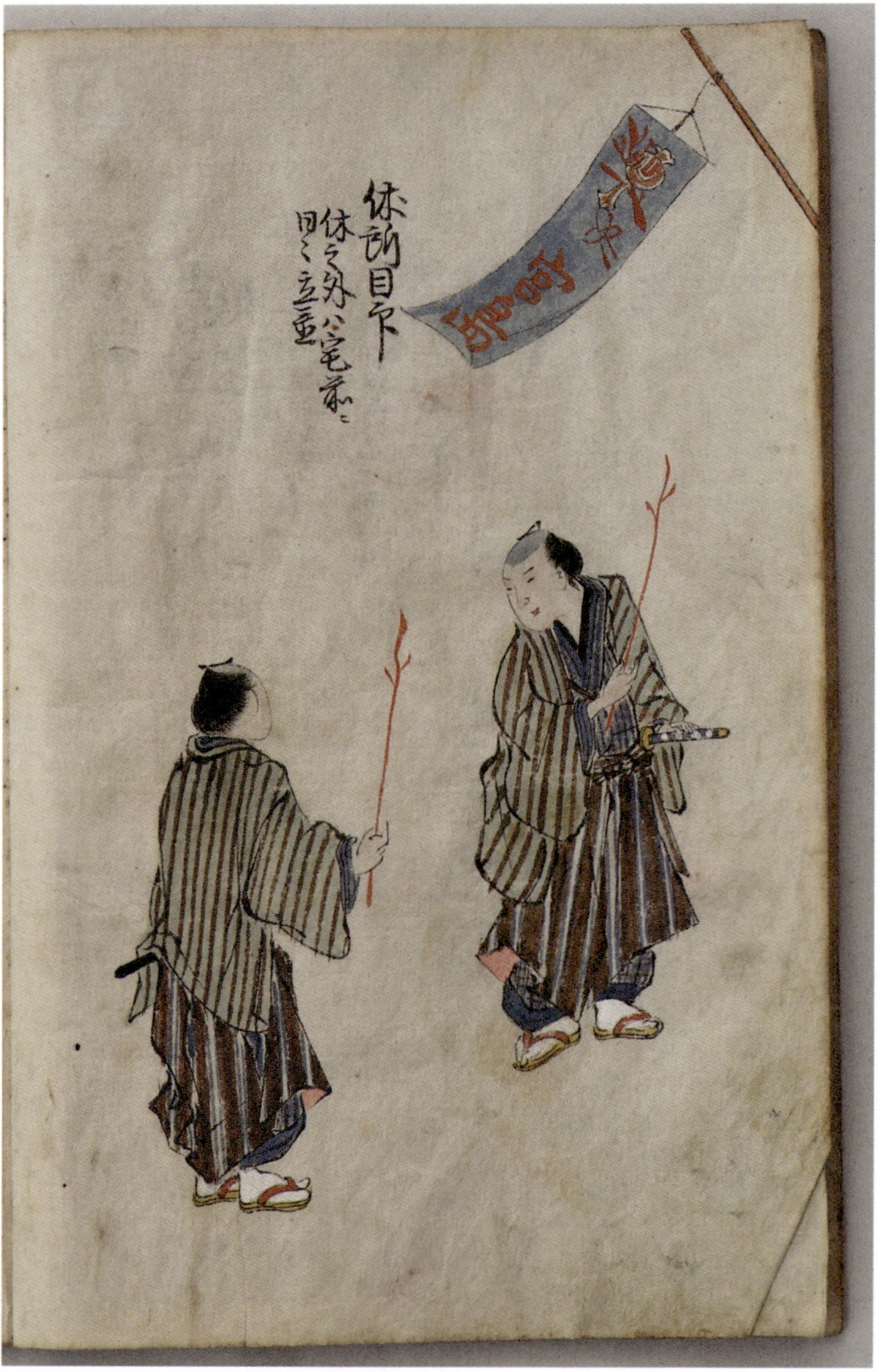

Ⅰ－①　踟の先頭。屆役と子ども掛りは縞羽織を着用

Ⅰ－②　附女に抱かれた大黒衣裳の幼子は勝太郎三女の「きく」か

Ⅰ－③　附女を従えた大黒姿の子どもは勝太郎次女の「とし」か

Ⅰ－④　床机を持った供鼠は下石町三丁目岩吉

Ⅰ－⑤　牽物の先頭で拍子木が進行の合図

Ⅰ－⑥　大黒衣裳の子どもは勝太郎の長男「虎吉」か

Ⅰ－⑦　休憩時の腰掛の裏に「宮島」

Ⅰ－⑧　中央裃の人物は町頭の「勝太郎」か

Ⅰ－⑨　踟について道具を運ぶ男たち

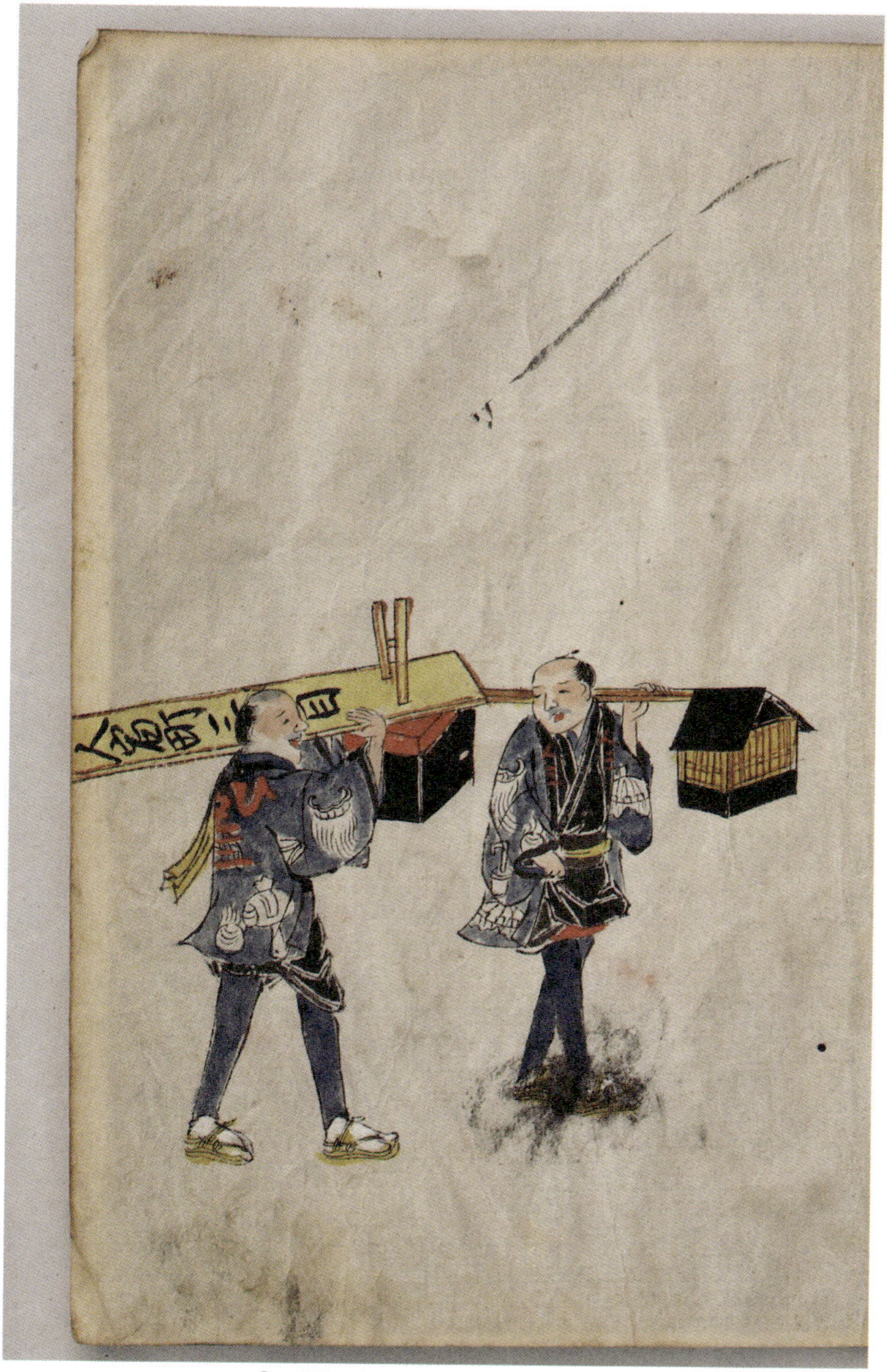

Ⅰ－⑩　法被の背には「ひと三」（人宿町三丁目）

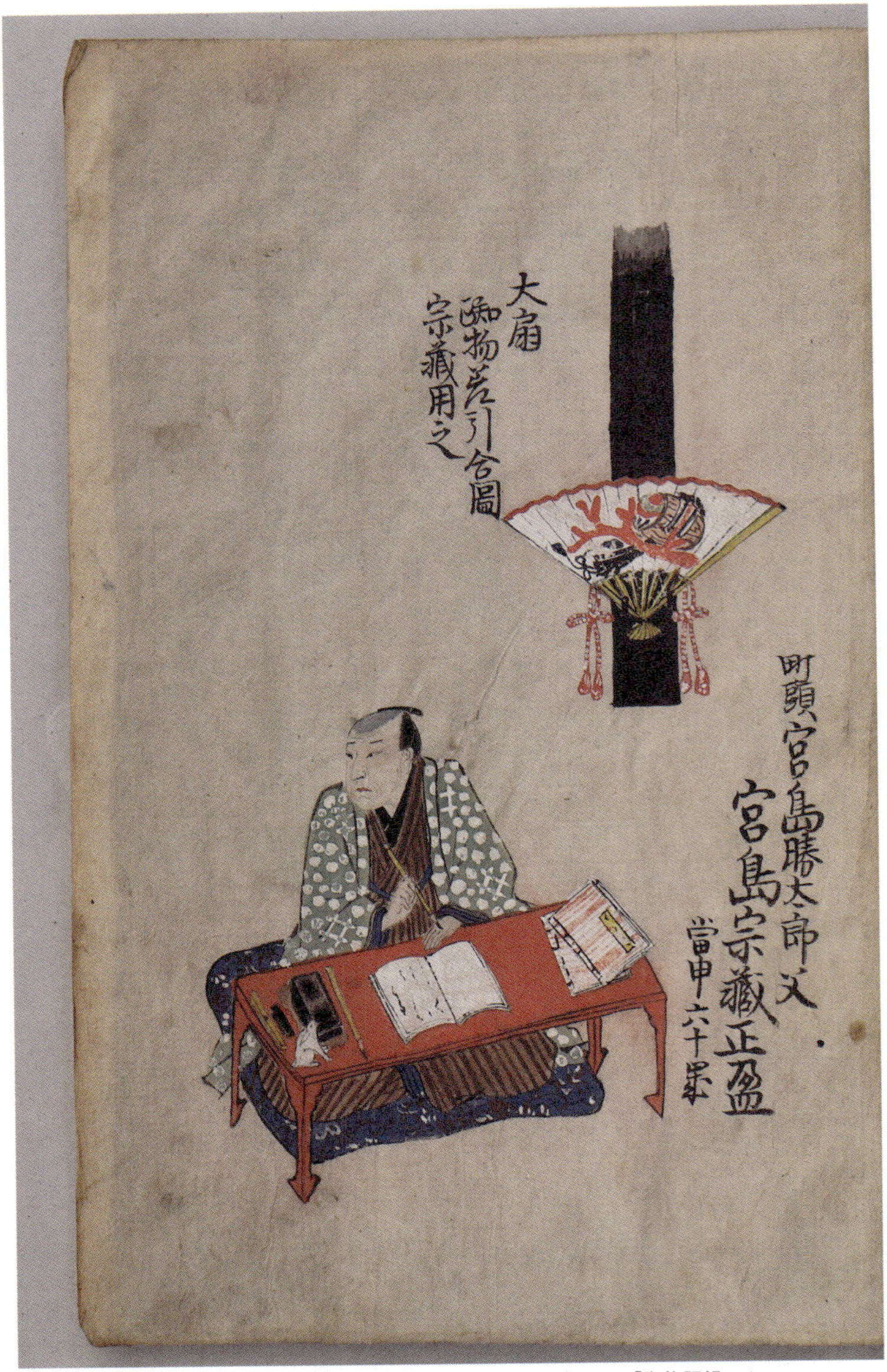

Ⅰ－⑪　町頭勝太郎の父宗蔵と彼が使った扇。机上は「蹴物記録」か

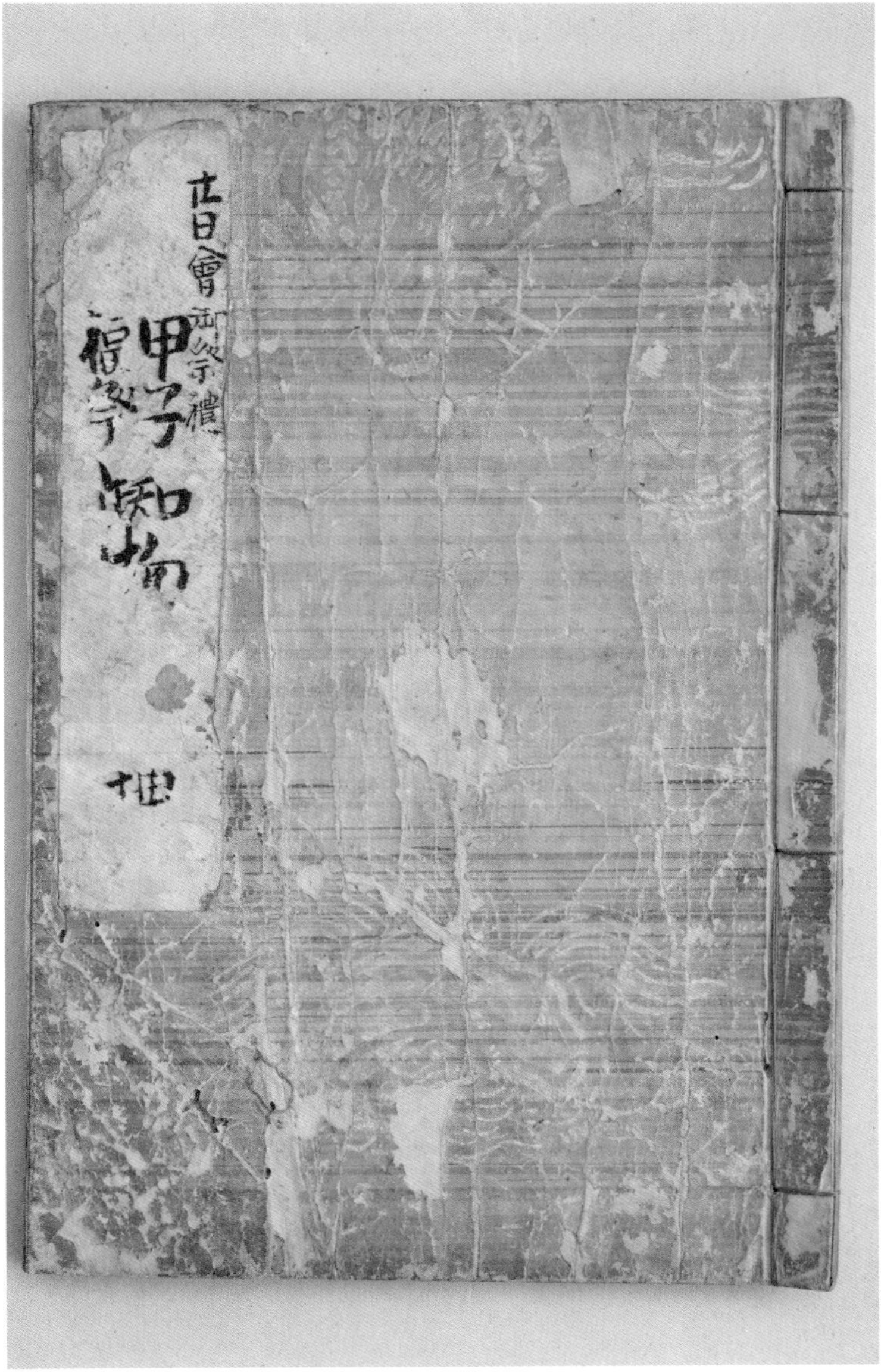

II－0 「廿日会御祭礼甲子福祭踟物　坤」表紙

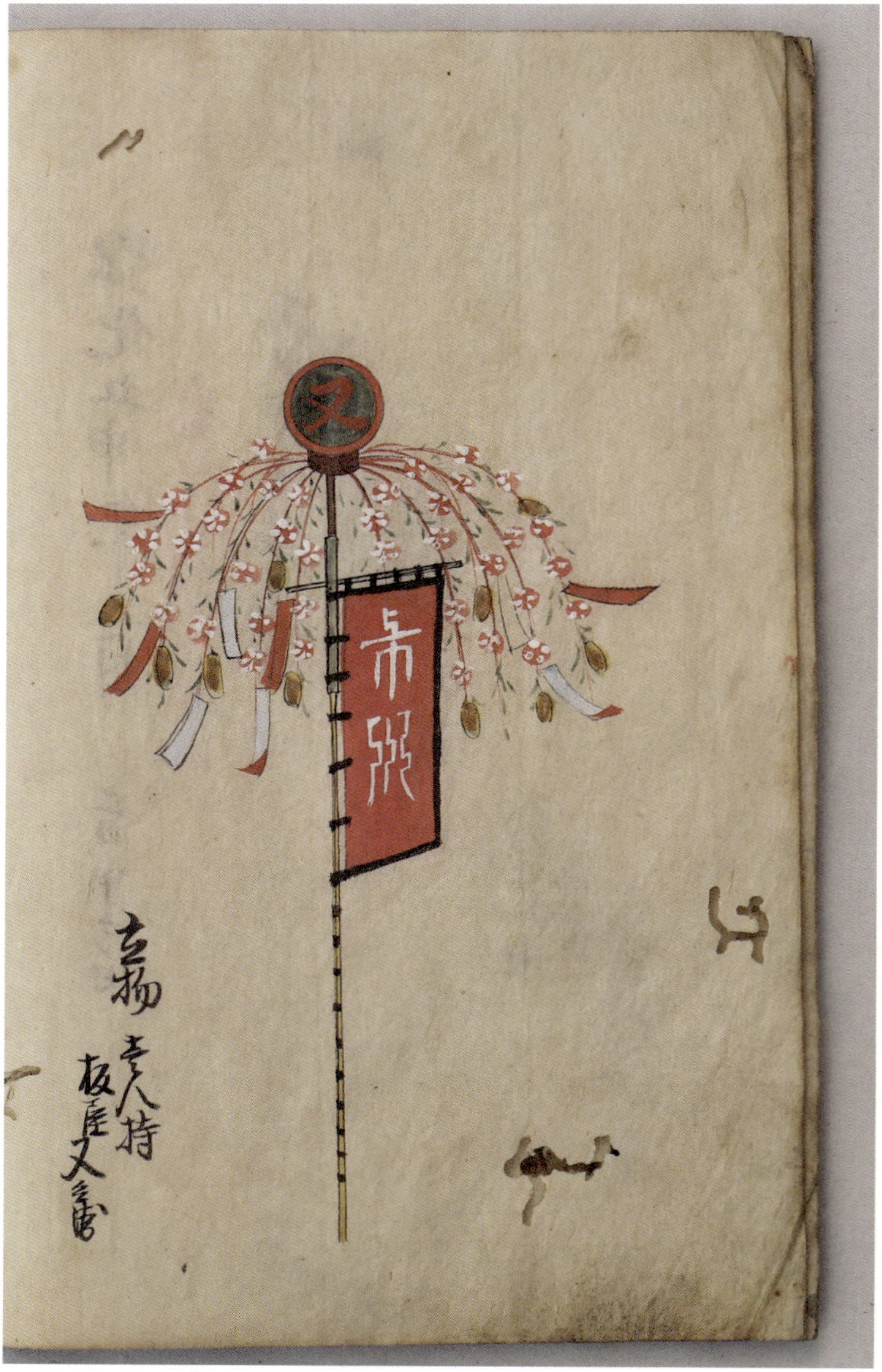

II－①　一人持ちの立物。上部の「又」は「板屋又兵衛」を示す

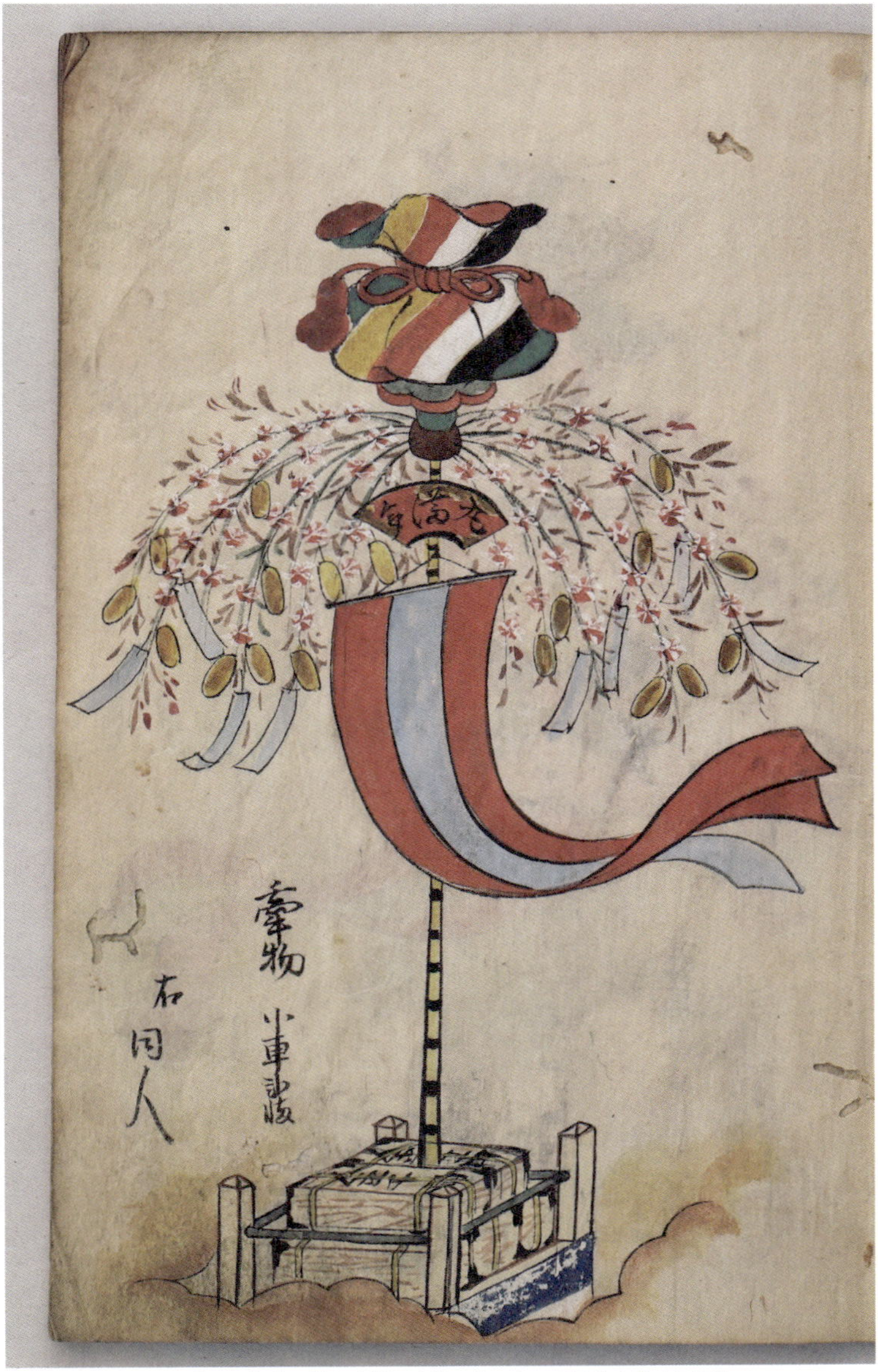

II －② 縁起物の袋や小判、車付の台の上に千両箱を載せた牽物

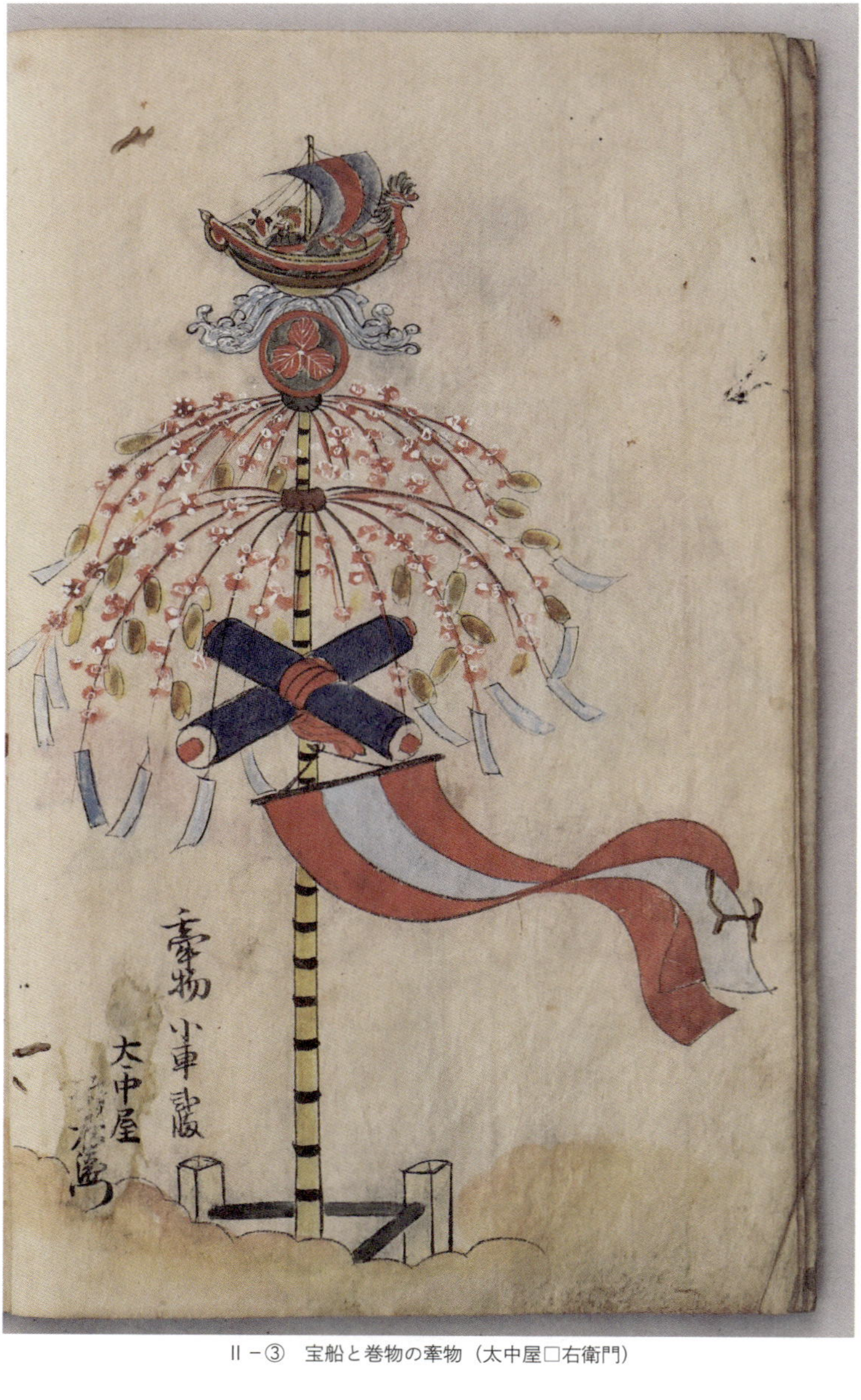

Ⅱ－③　宝船と巻物の牽物（太中屋□右衛門）

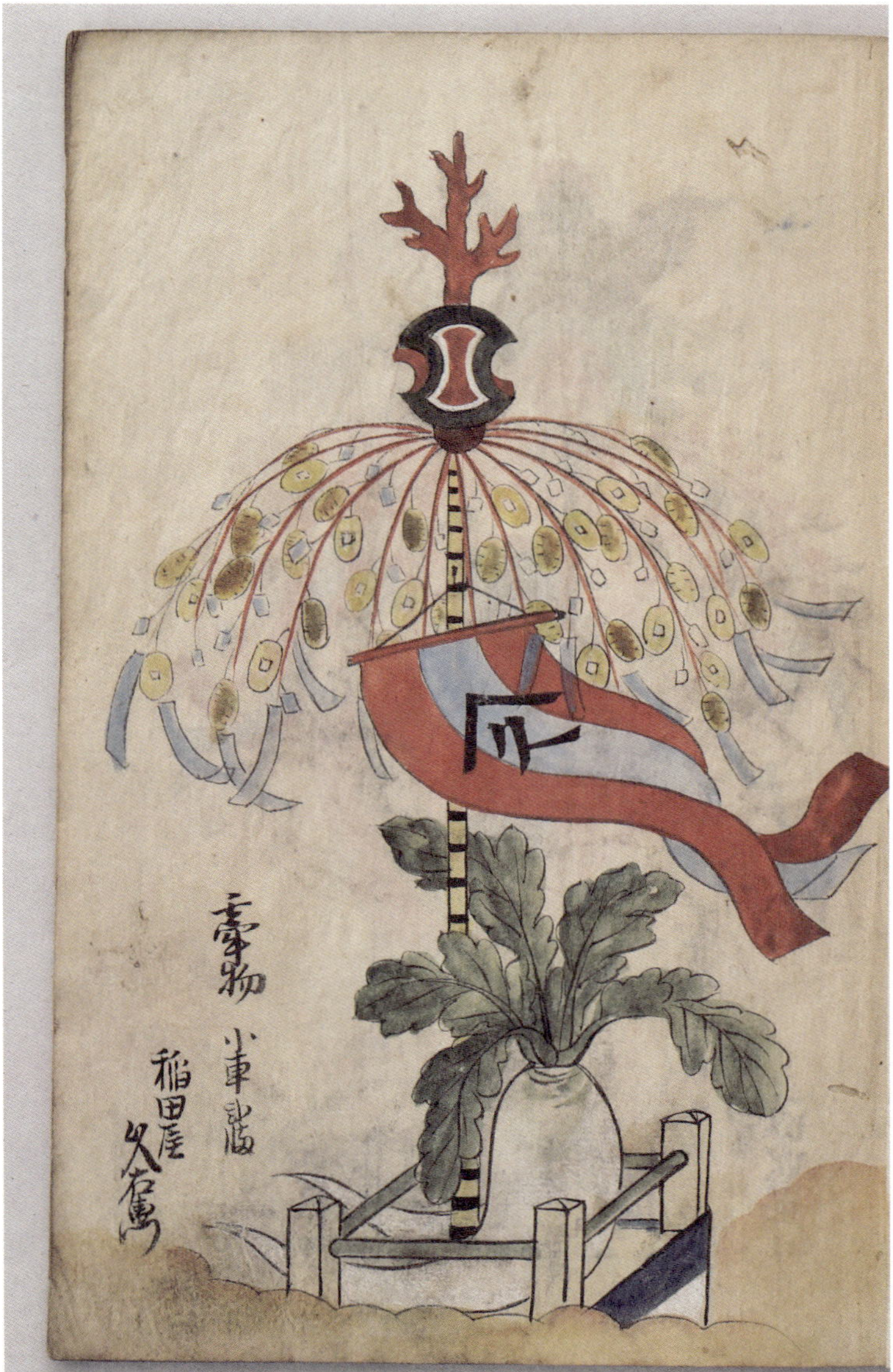

II－④　上部に珊瑚と分銅、台には二股大根の牽物（稲田屋文右衛門）

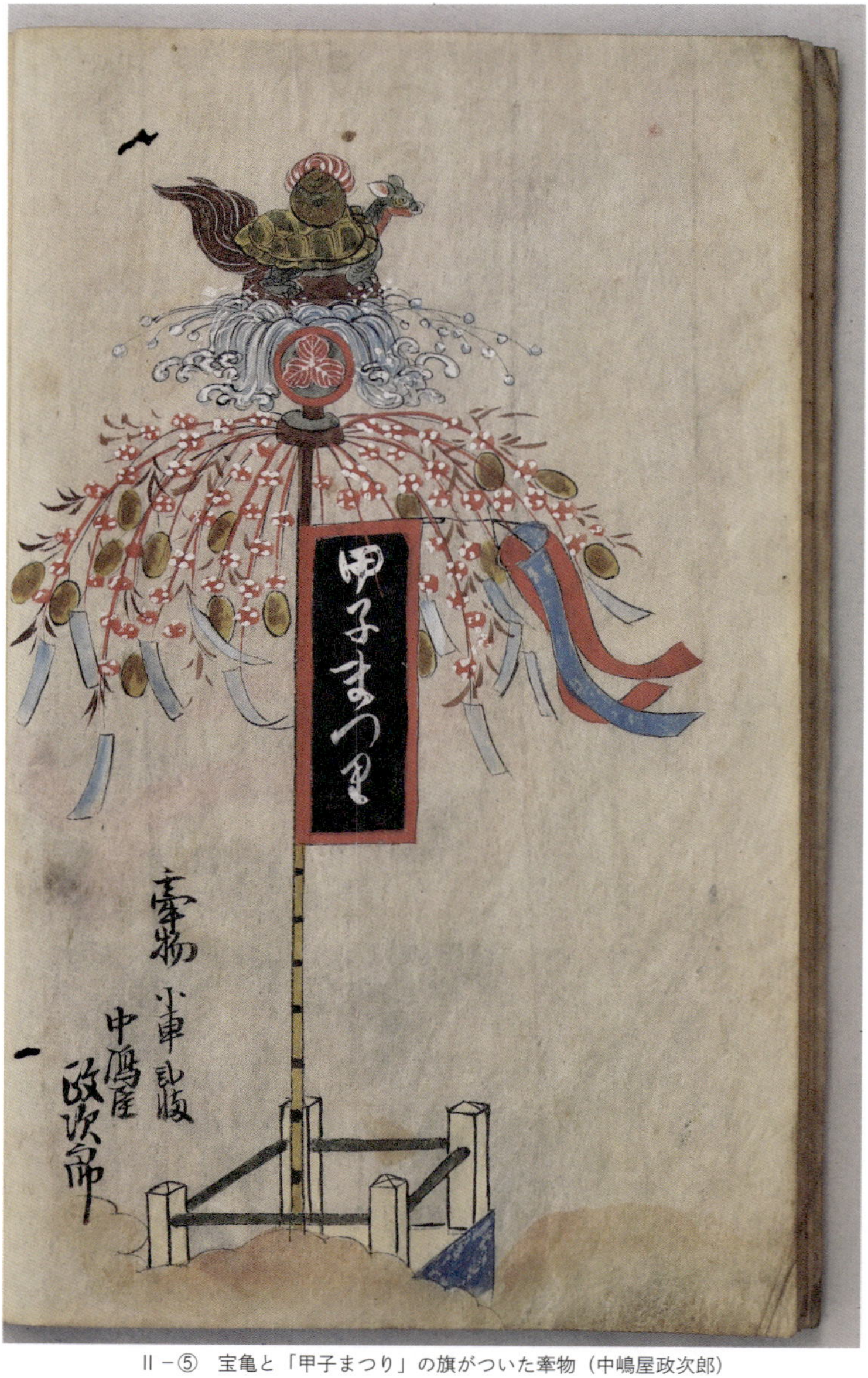

Ⅱ－⑤　宝亀と「甲子まつり」の旗がついた牽物（中嶋屋政次郎）

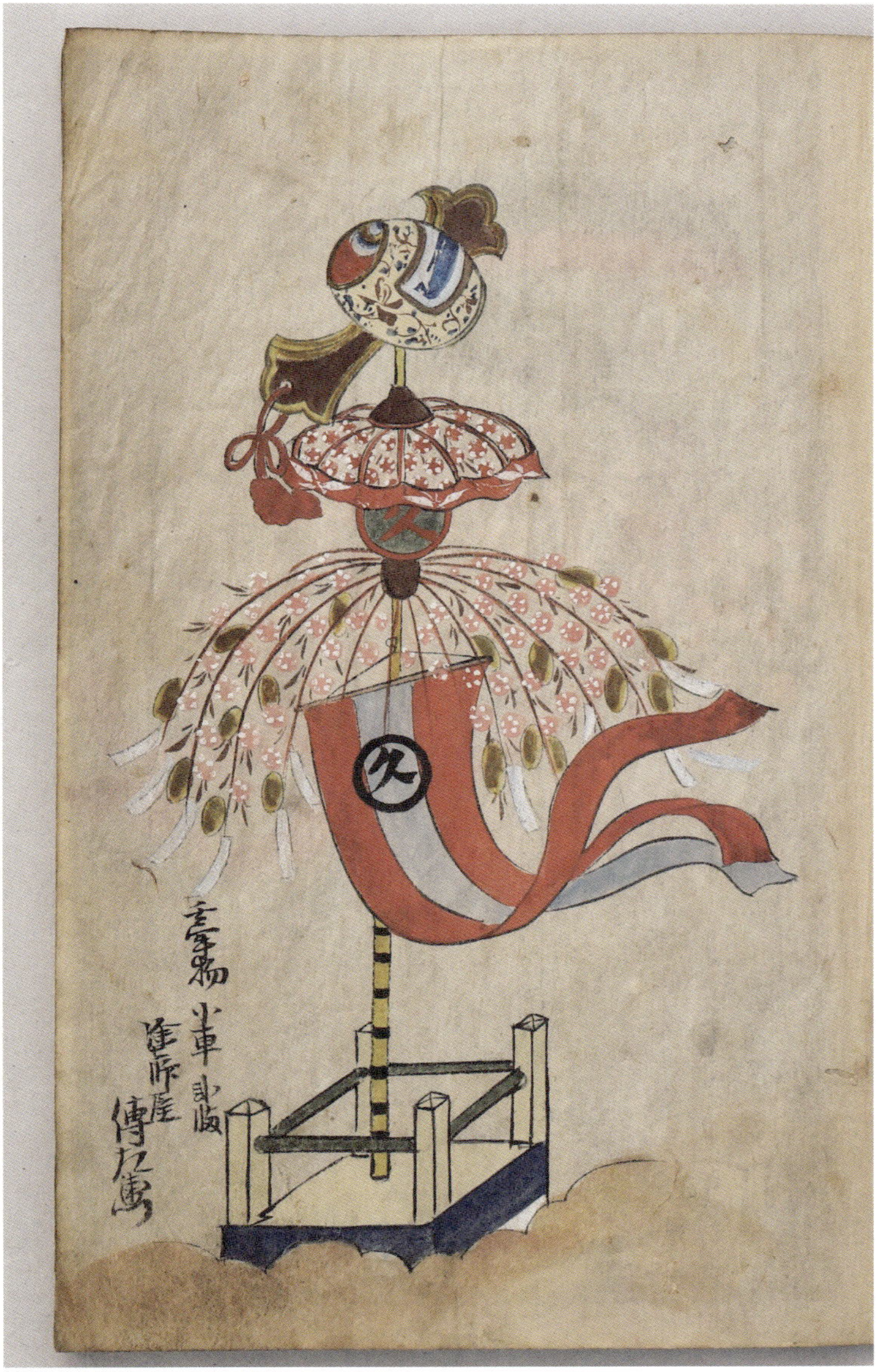

Ⅱ－⑥　打ち出の小槌の牽物（塗師屋傳左衛門）

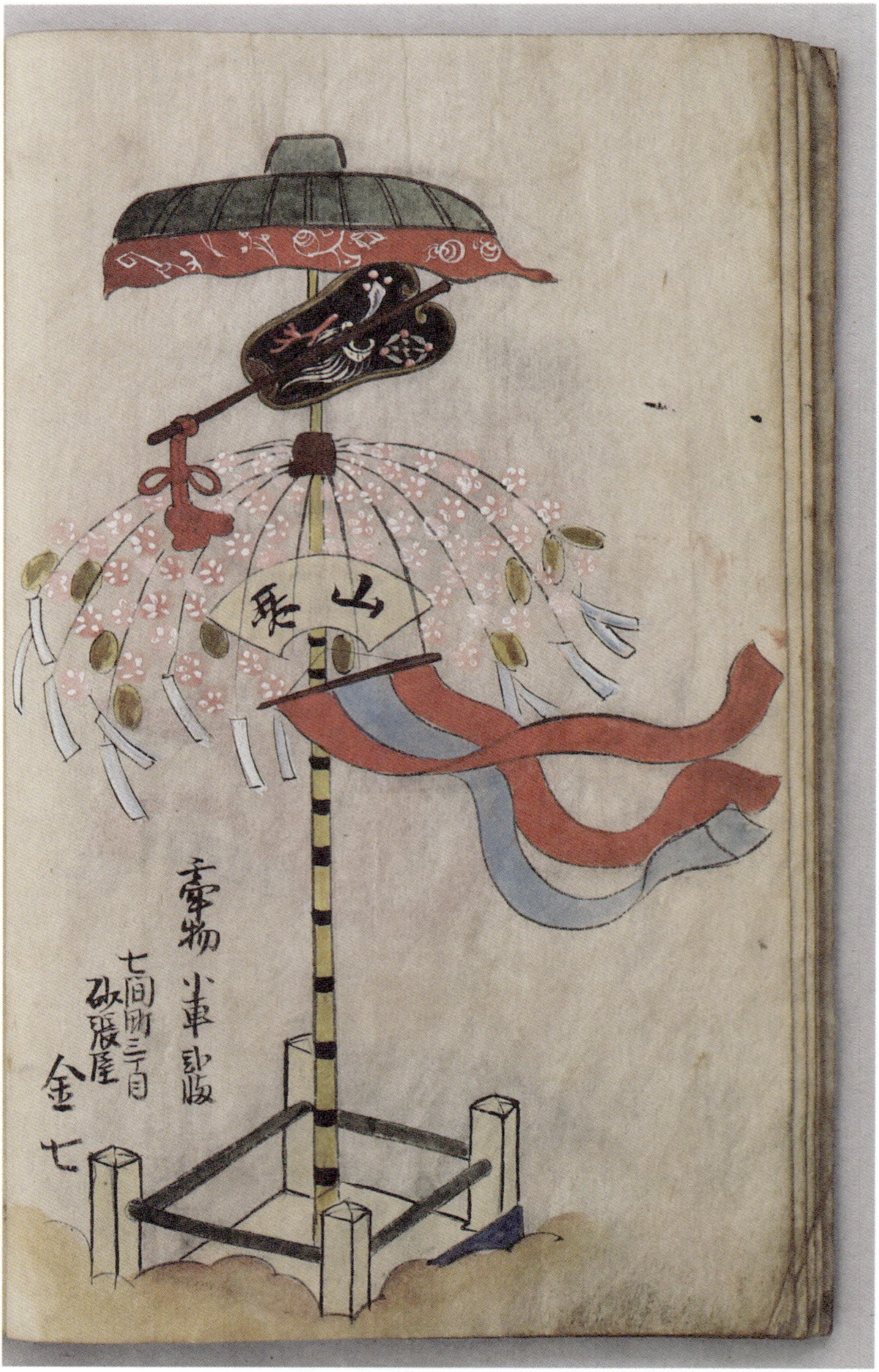

II－⑦　笠と軍配の牽物（砂張屋金七）

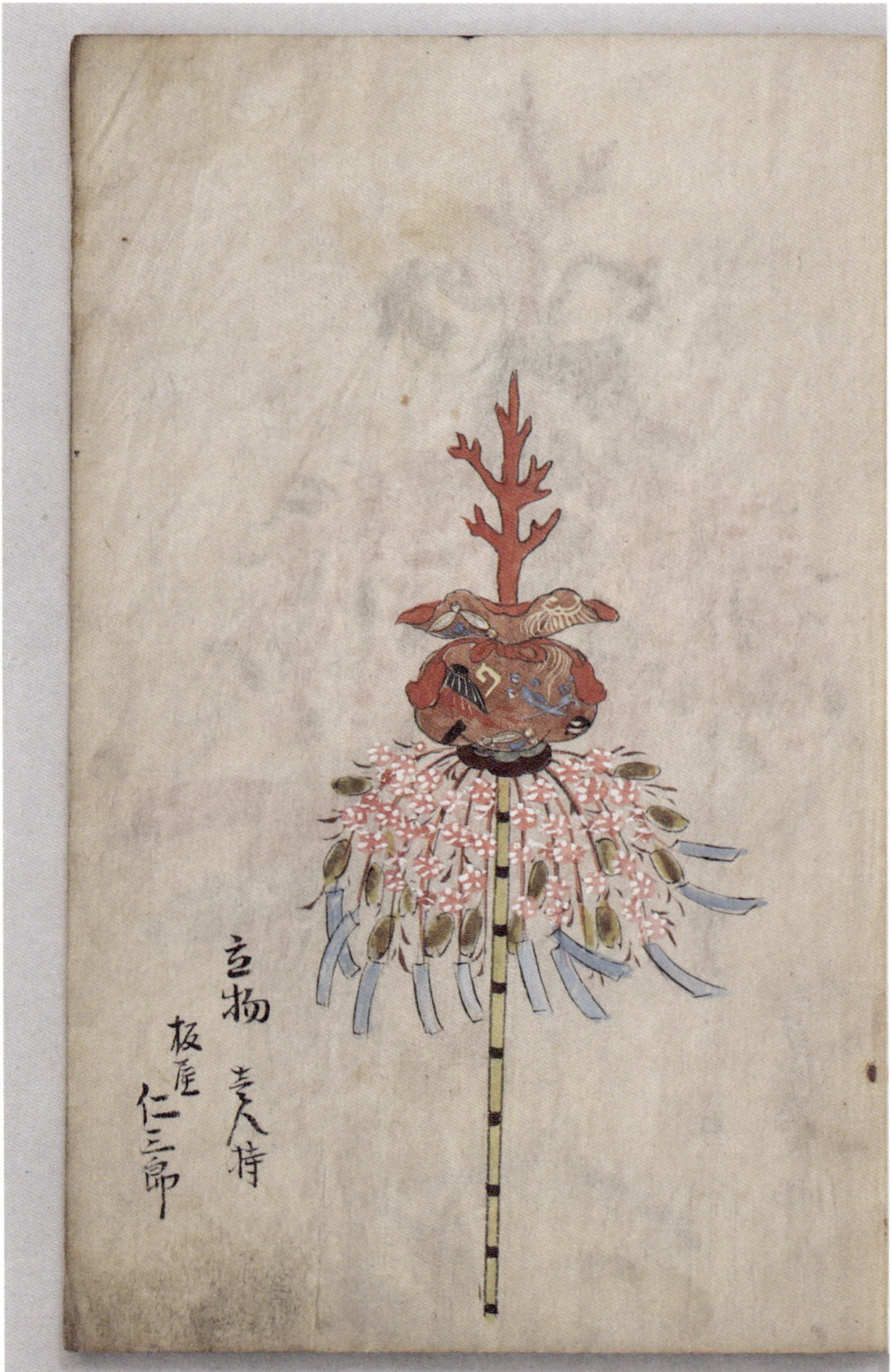

II－⑧　珊瑚と宝袋の立物（板屋仁三郎）

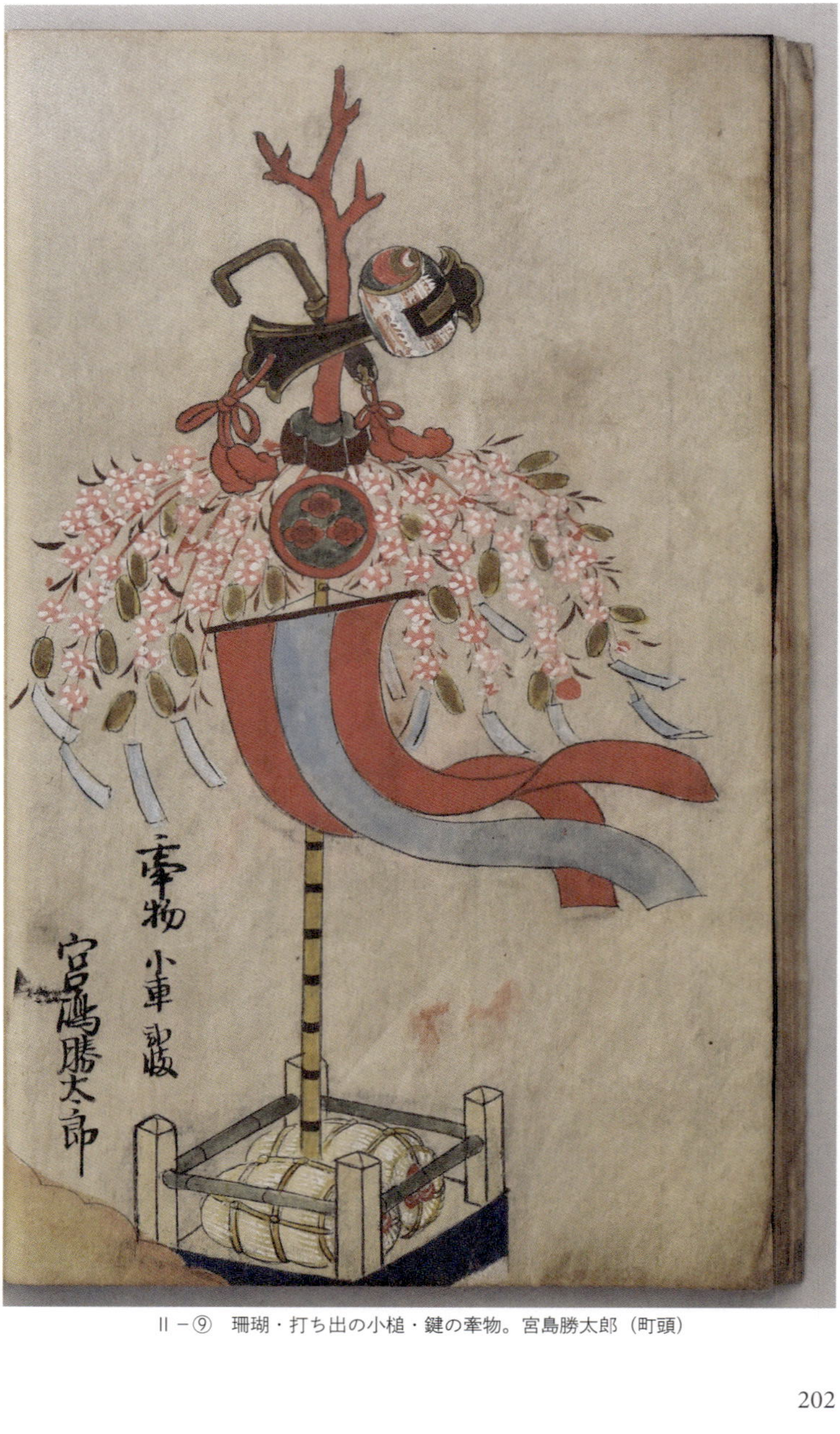

Ⅱ－⑨　珊瑚・打ち出の小槌・鍵の牽物。宮島勝太郎（町頭）

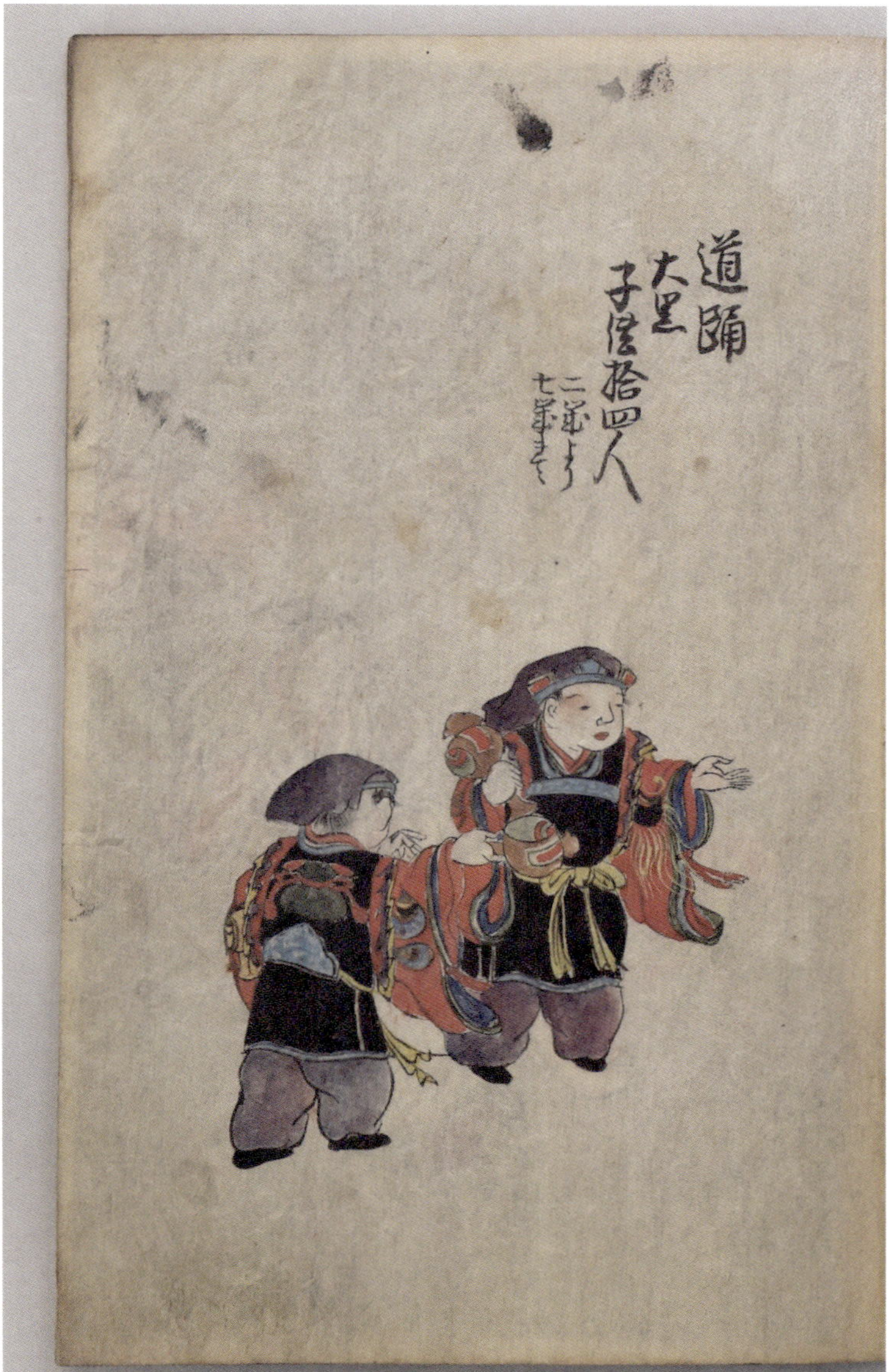

II－⑩　大黒の道踊。2歳から7歳まで14人

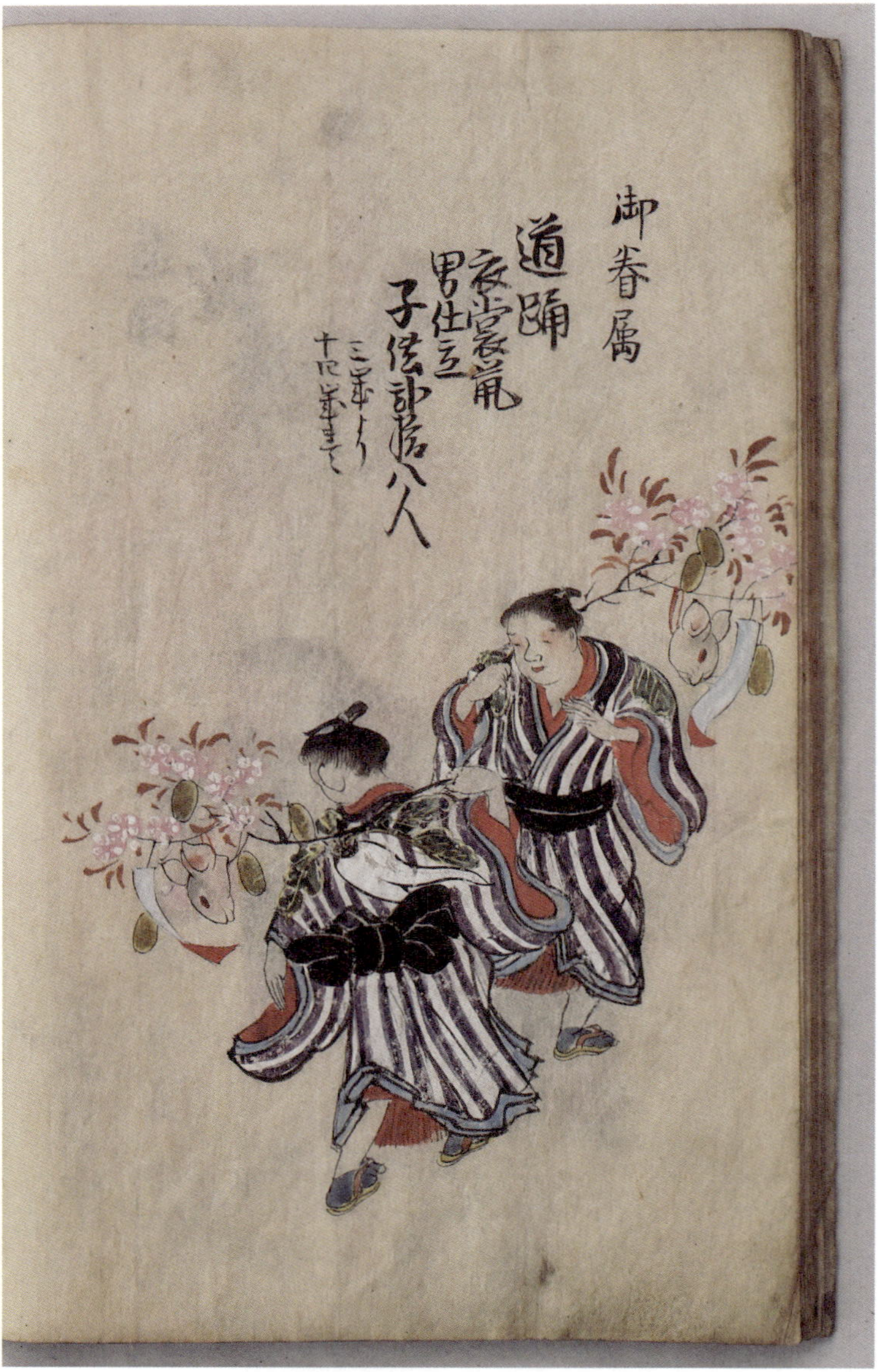

Ⅱ－⑪　御眷属鼠の道踊。3歳から14歳までの子ども28人

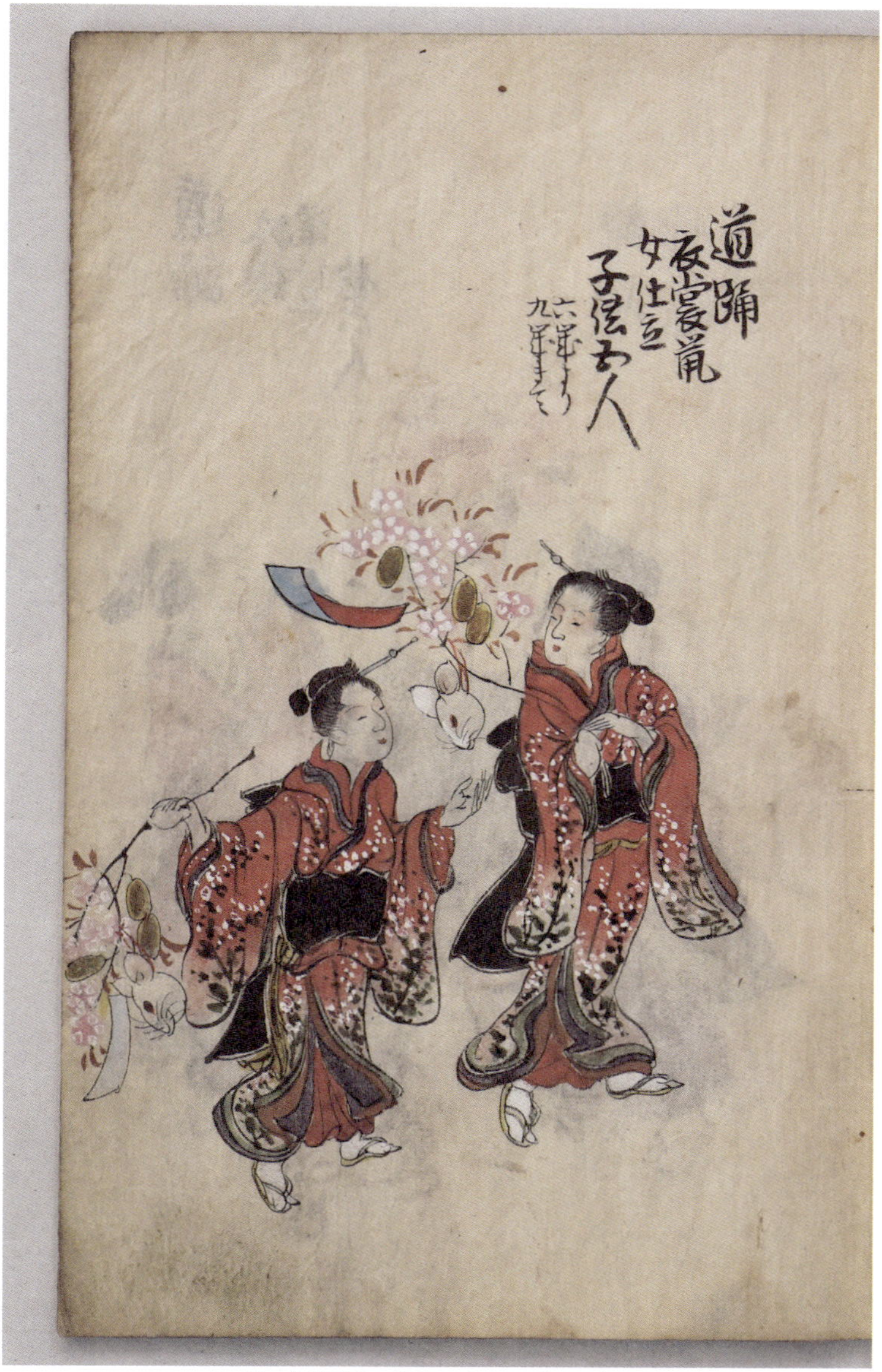

II－⑫　御眷属鼠の道踊。6歳から9歳まで女児5人

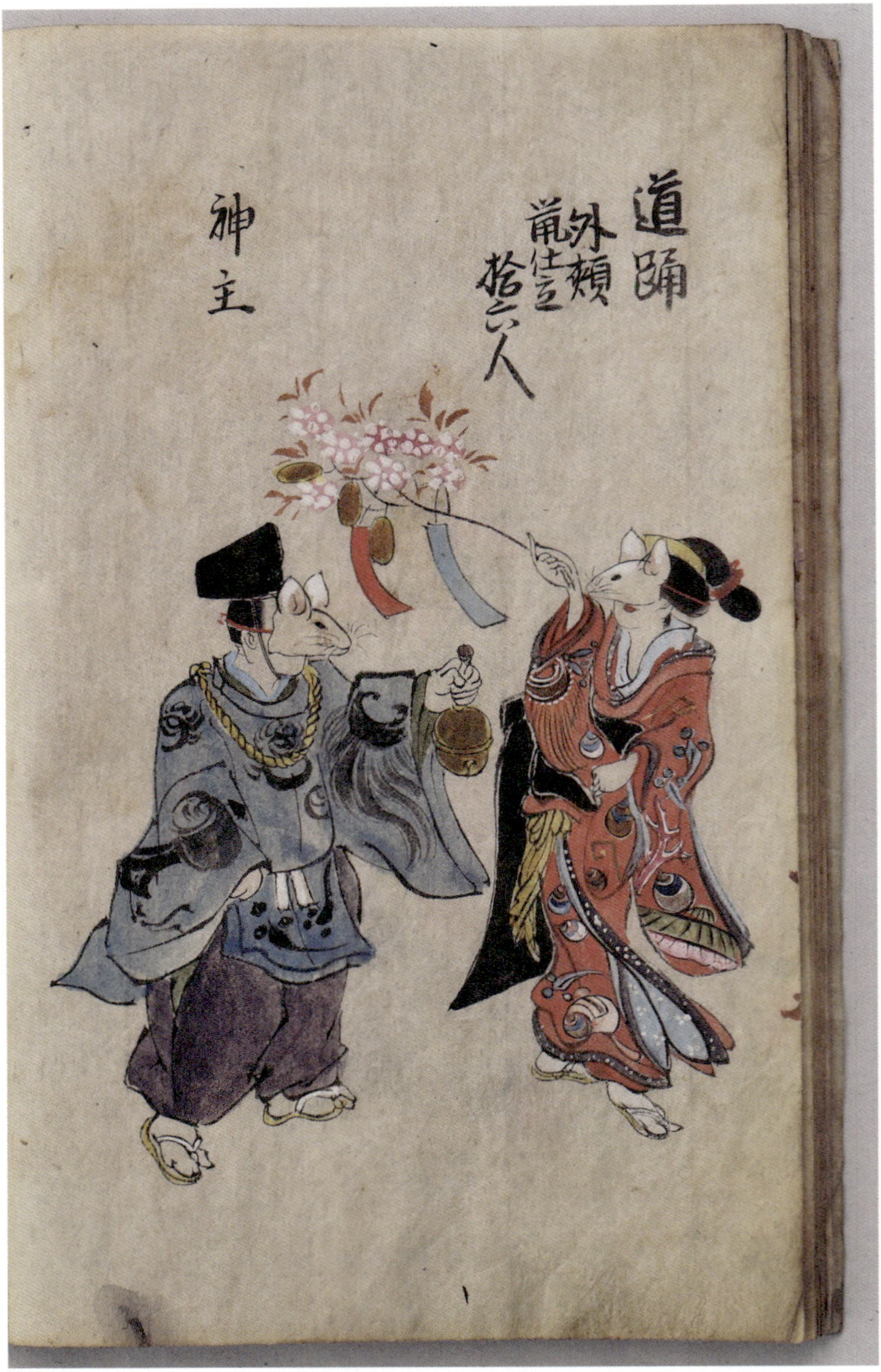

II －⑬　鼠神主の道踊

Ⅱ－⑭　お備えを持った鼠の祭主と供鼠

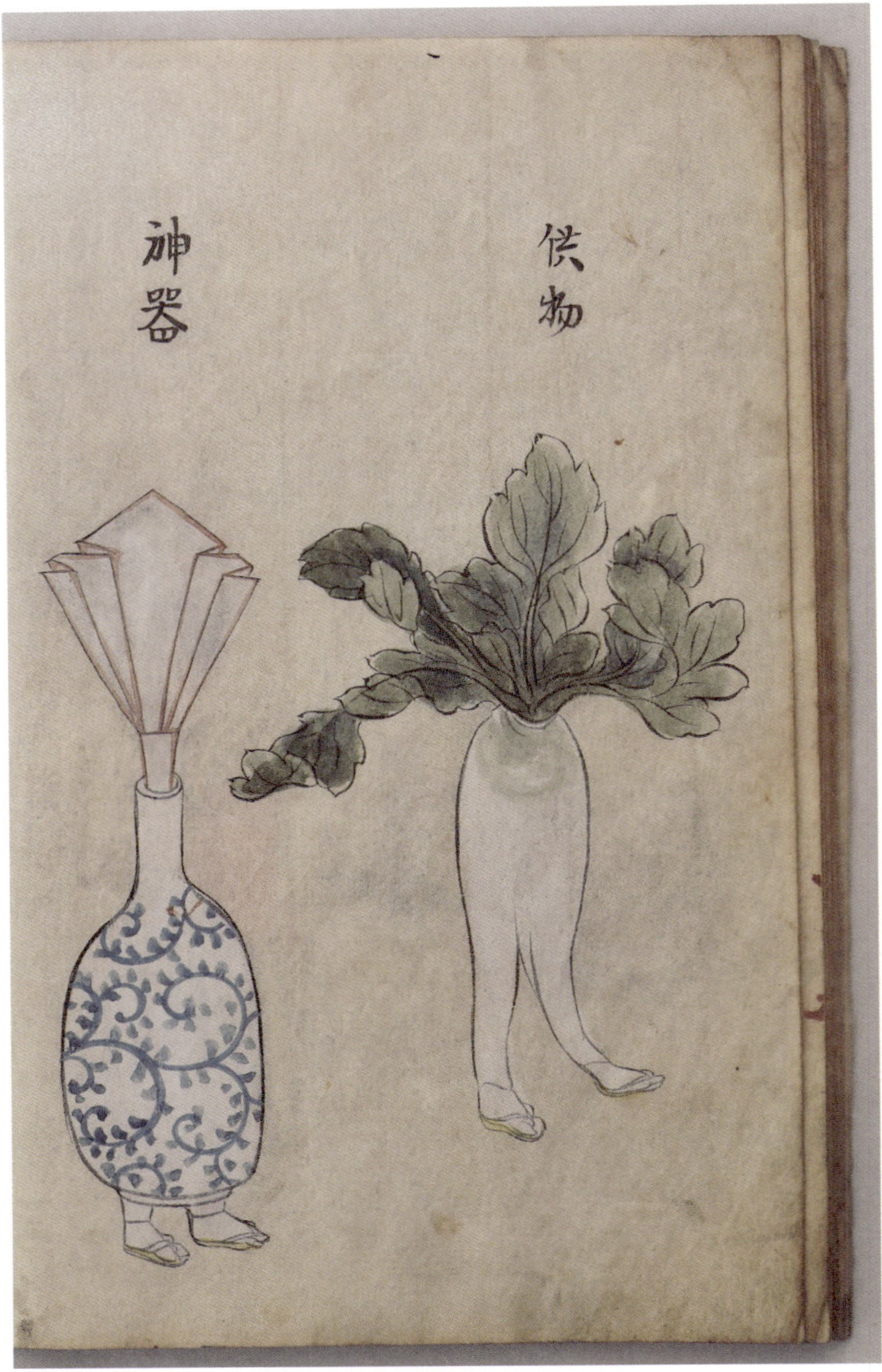

II－⑮　神器と二股大根

II－⑯　鼠の御眷属

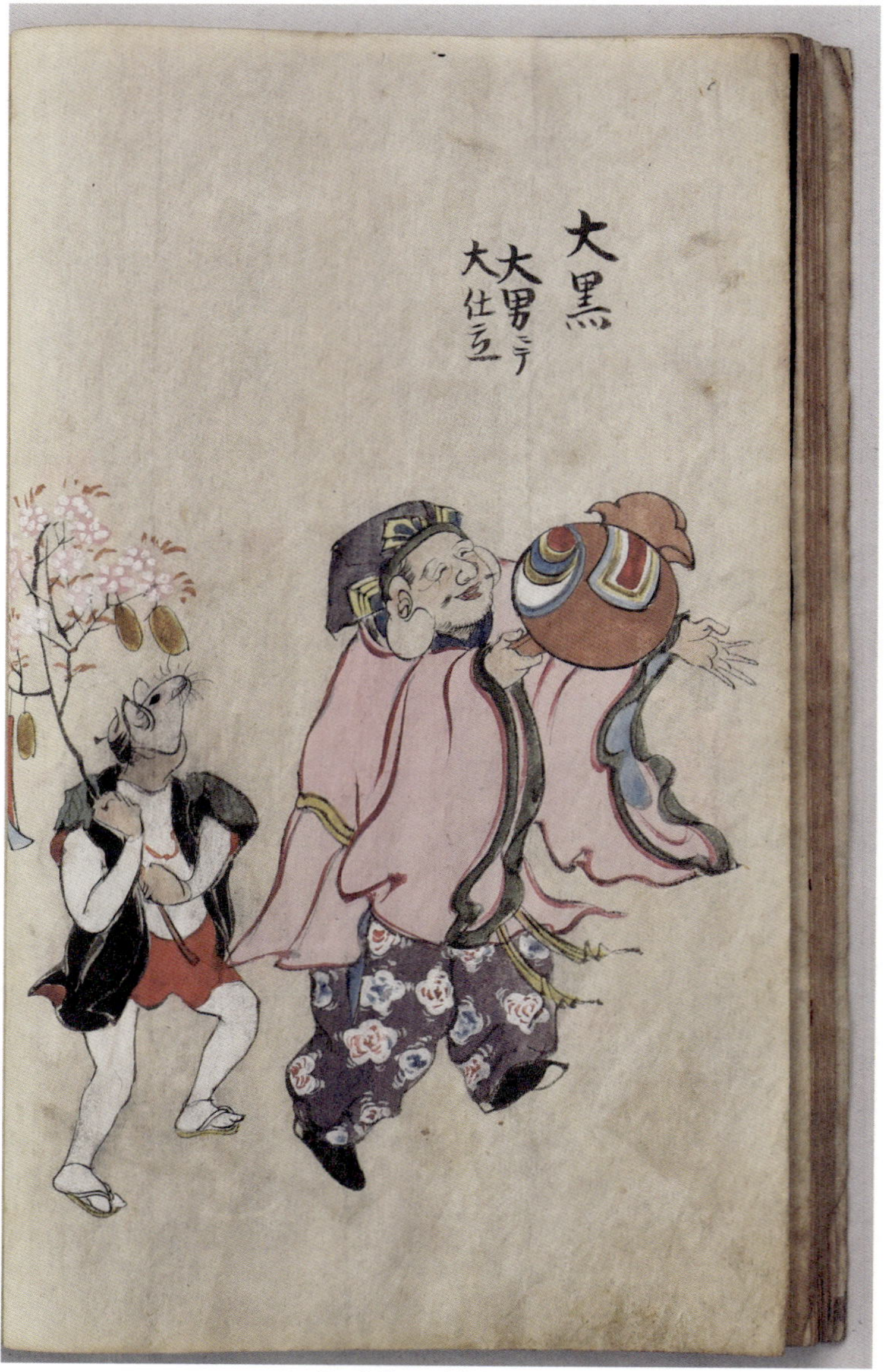

Ⅱ－⑰　大男にて大仕立てした大黒

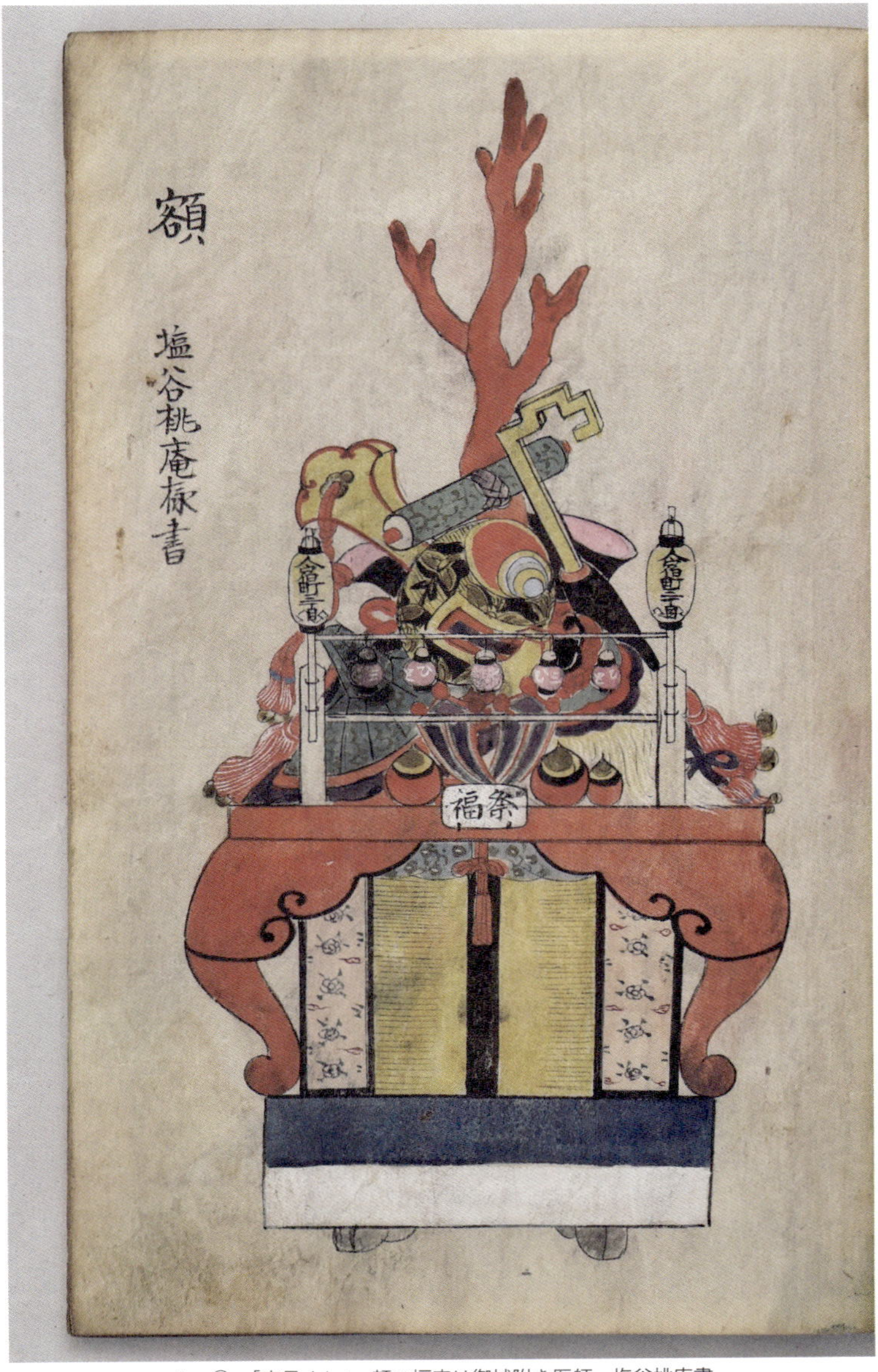

II－⑱　「宝尽くし」。額の福宝は御城附き医師、塩谷桃庵書

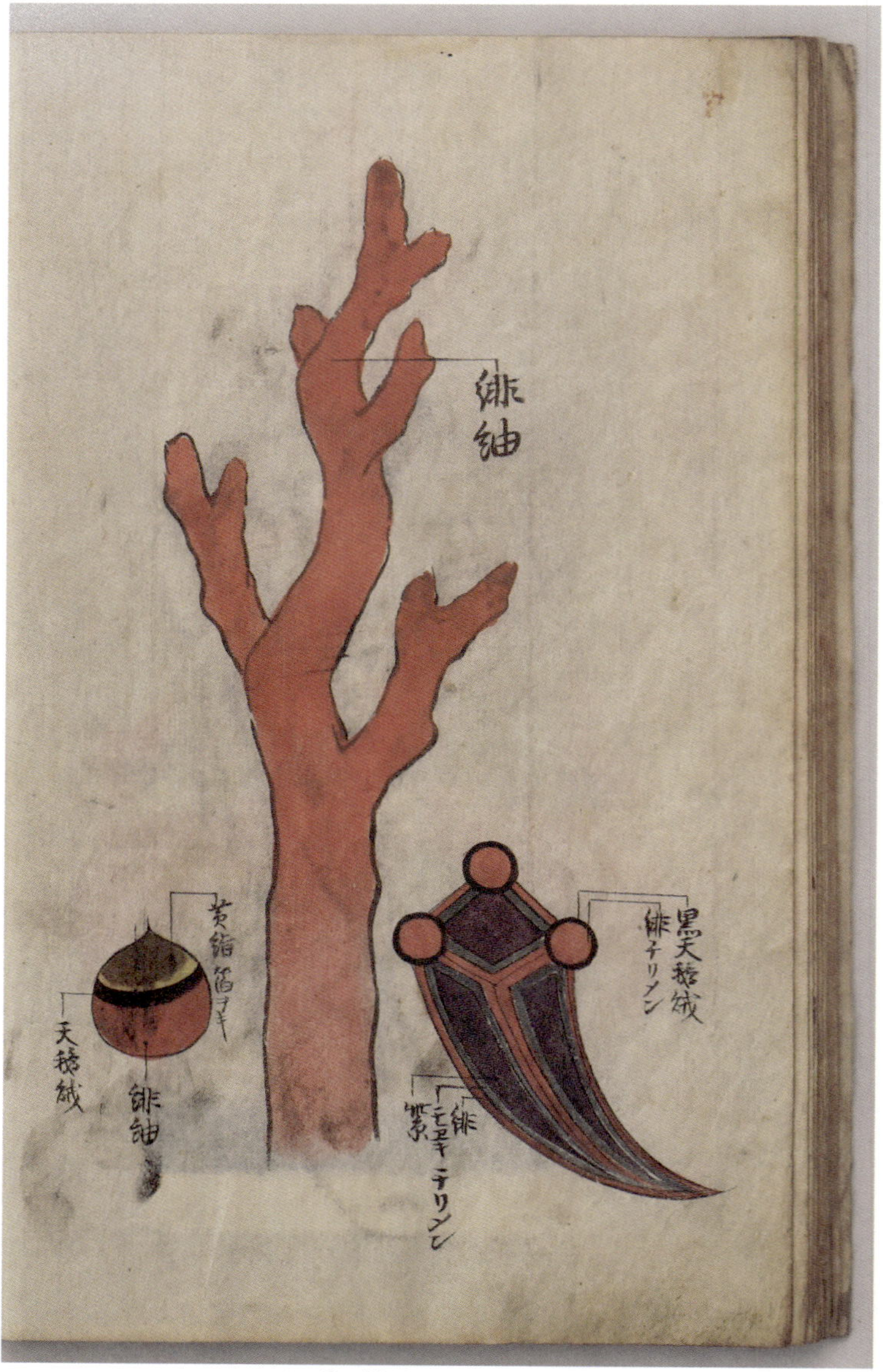

II－⑲　「宝尽くし」の珊瑚の仕様

Ⅱ－⑳　「宝尽くし」の鍵と巻物の仕様

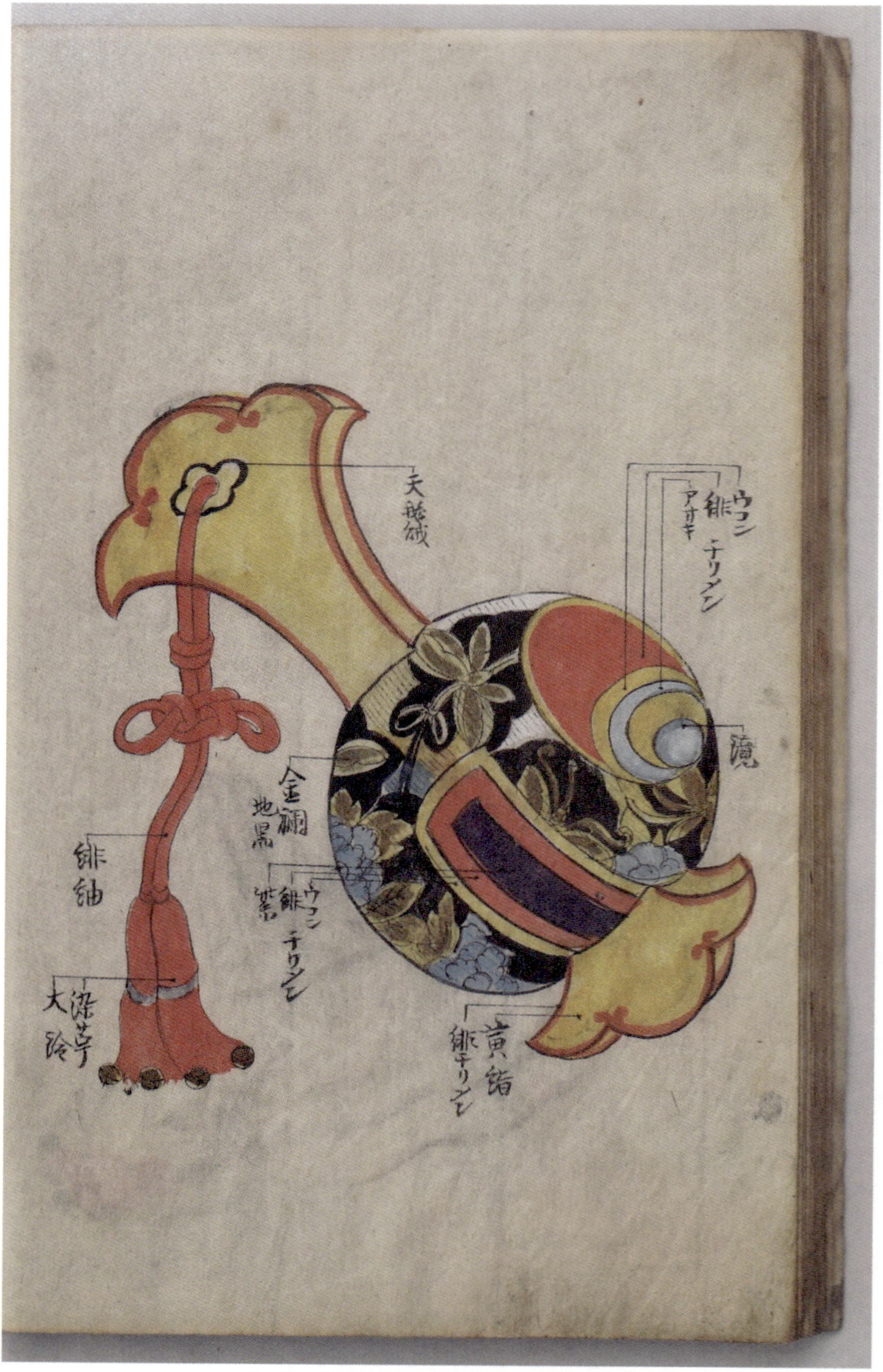

II－㉑　「宝尽くし」の打ち出の小槌の仕様

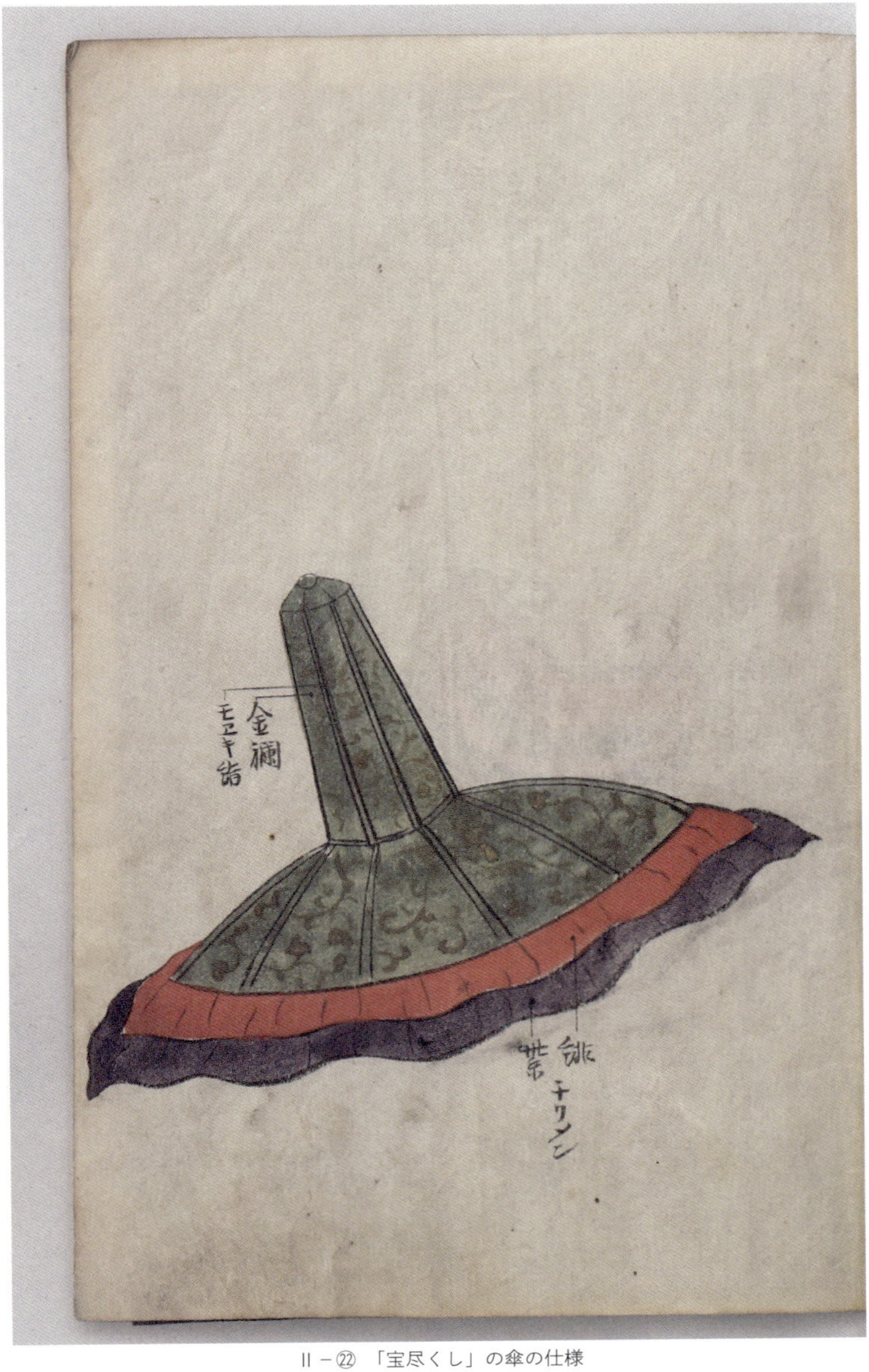

Ⅱ－㉒　「宝尽くし」の傘の仕様

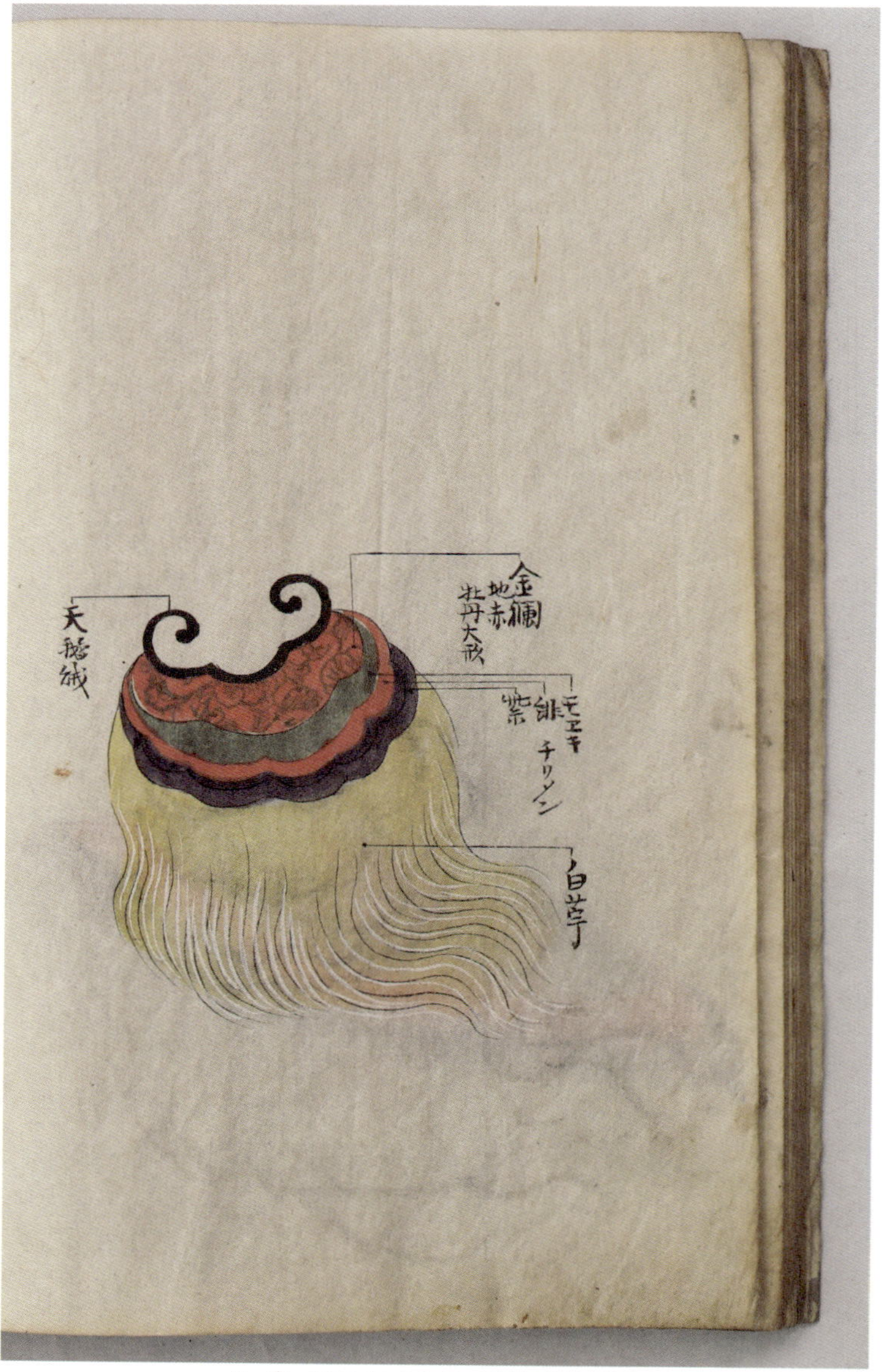

II－㉓ 「宝尽くし」には金欄や天鵞絨を使用

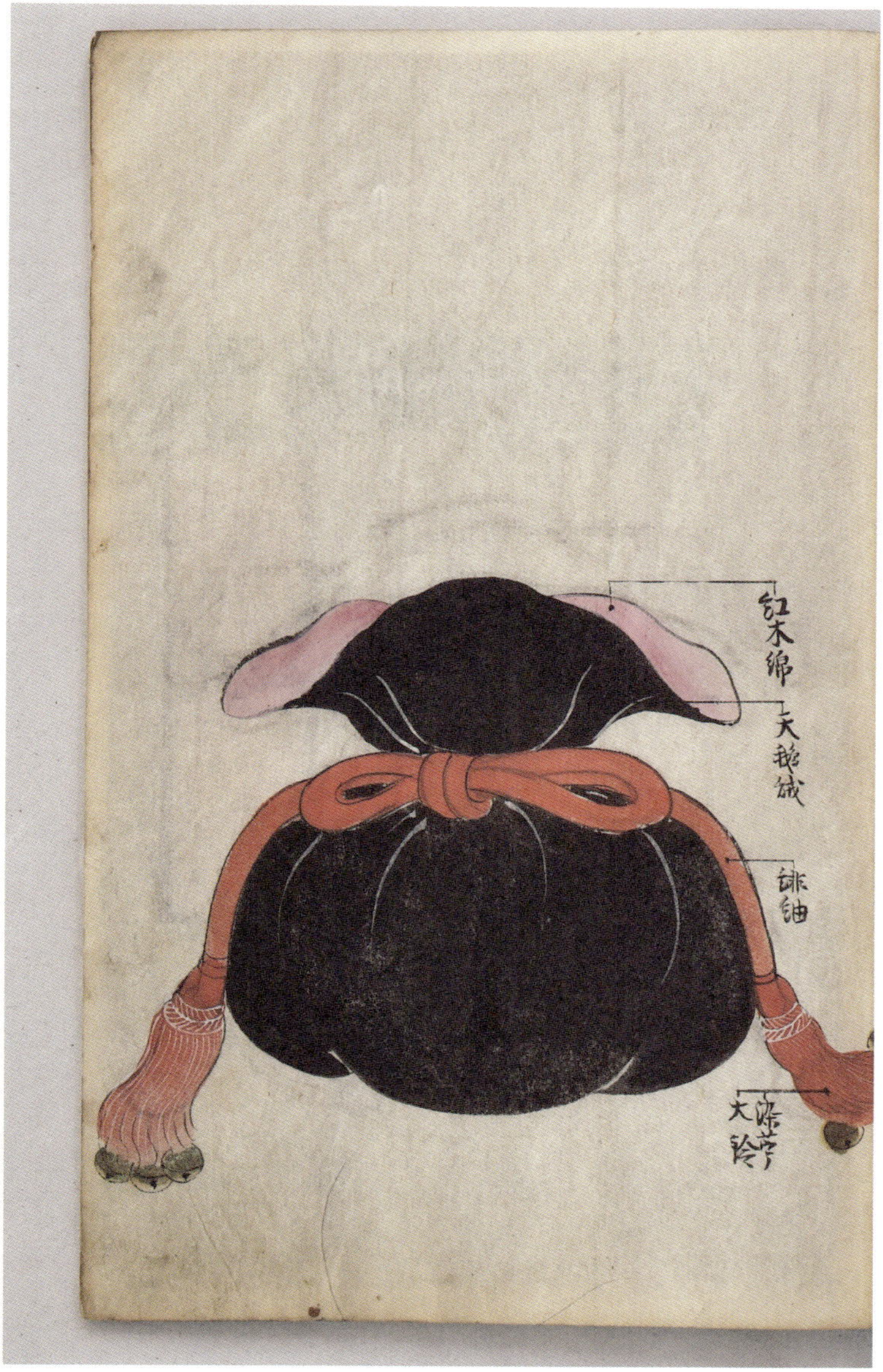

Ⅱ－㉔　「宝尽くし」の宝袋の仕様

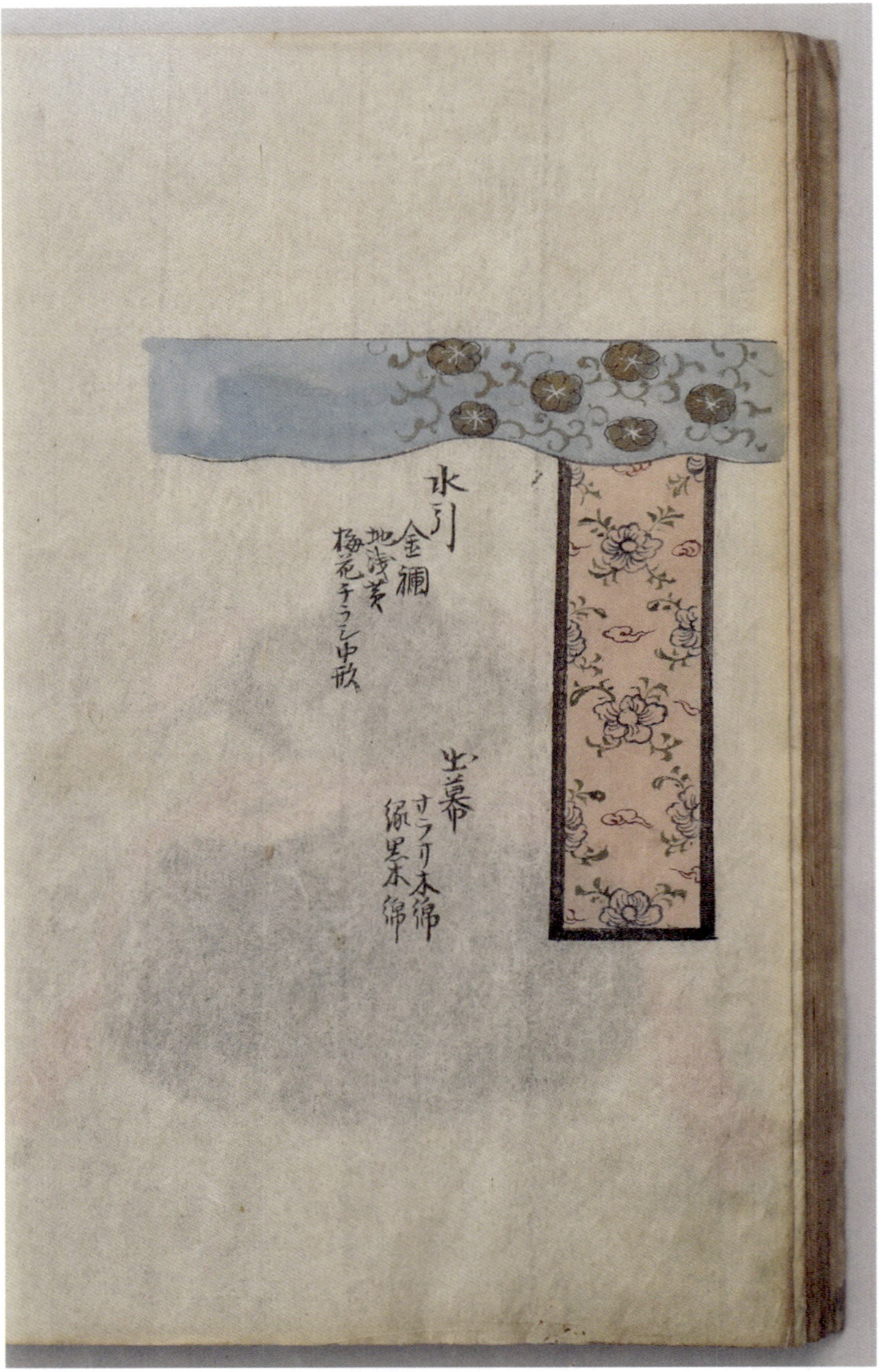

Ⅱ－㉕　「宝尽くし」の簾の縁飾りに金襴を使用

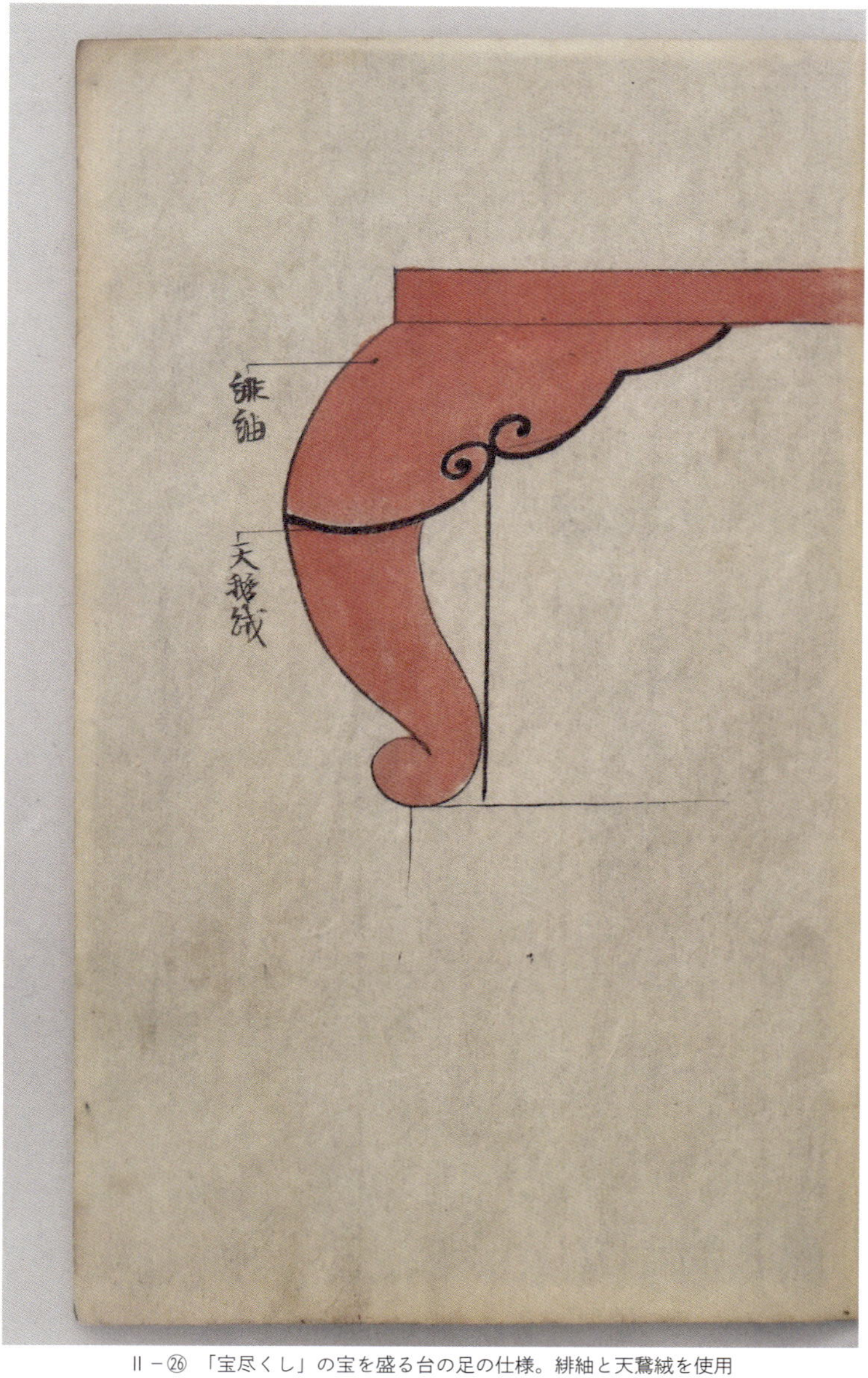

Ⅱ－㉖　「宝尽くし」の宝を盛る台の足の仕様。緋紬と天鵞絨を使用

珊瑚珠
香臺
級其外
緋紬
弐拾弐反
内
壱反半余
級其外切もへ

袋
香臺縁
其外縁頼
綿天鵞絨
拾三巻
大巾
長壱丈
内
此巻宛
香臺縁其外切もへ

II－㉗

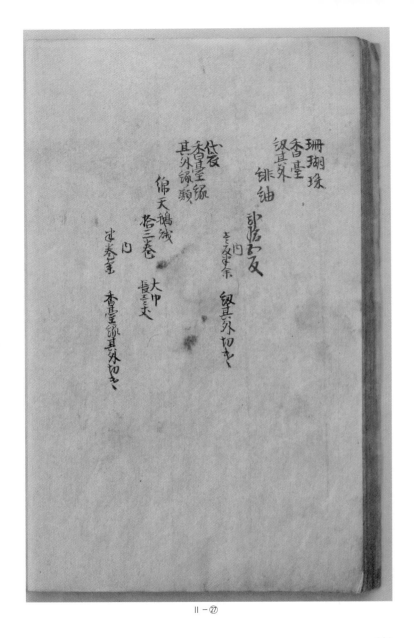

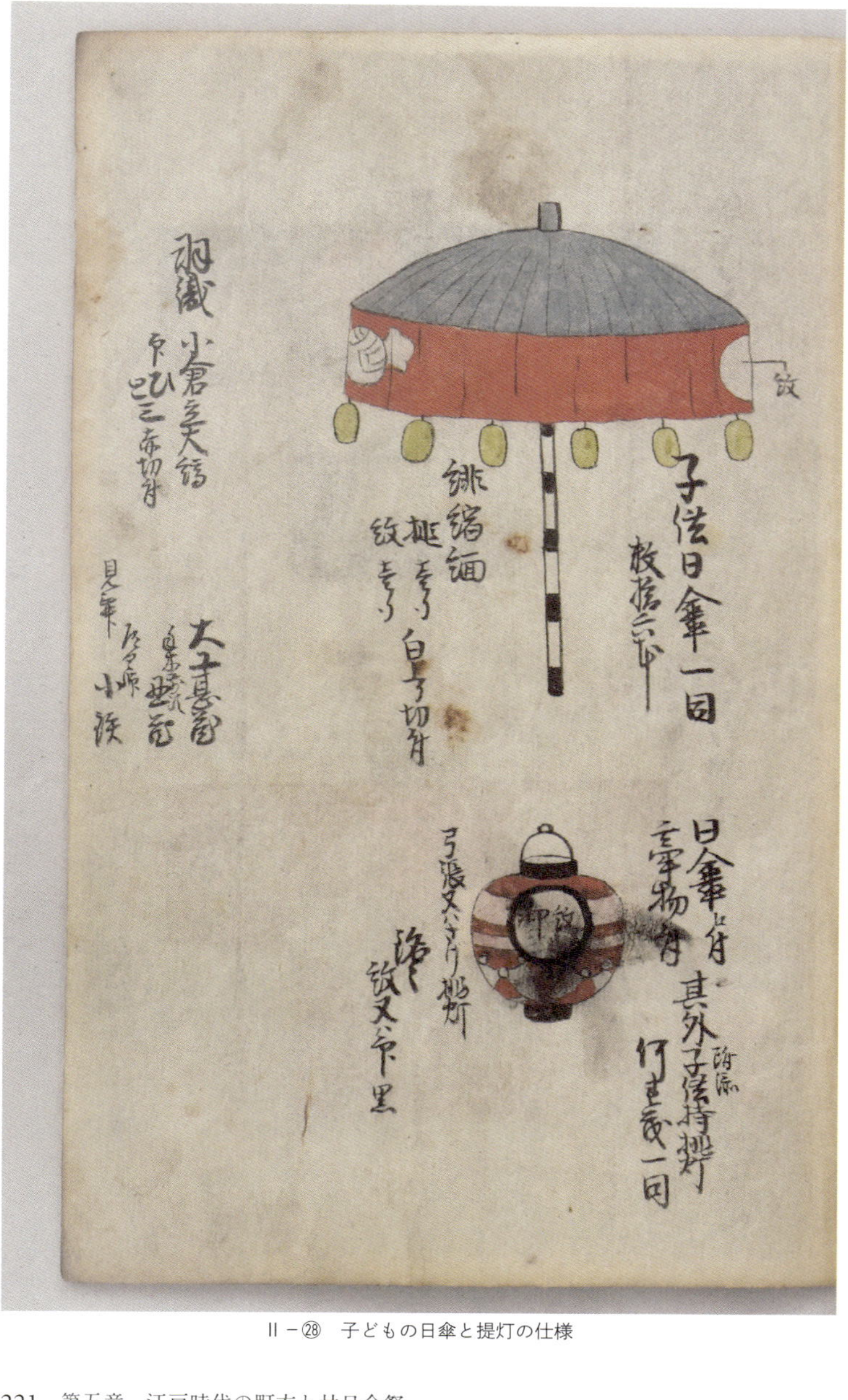

II－㉘　子どもの日傘と提灯の仕様

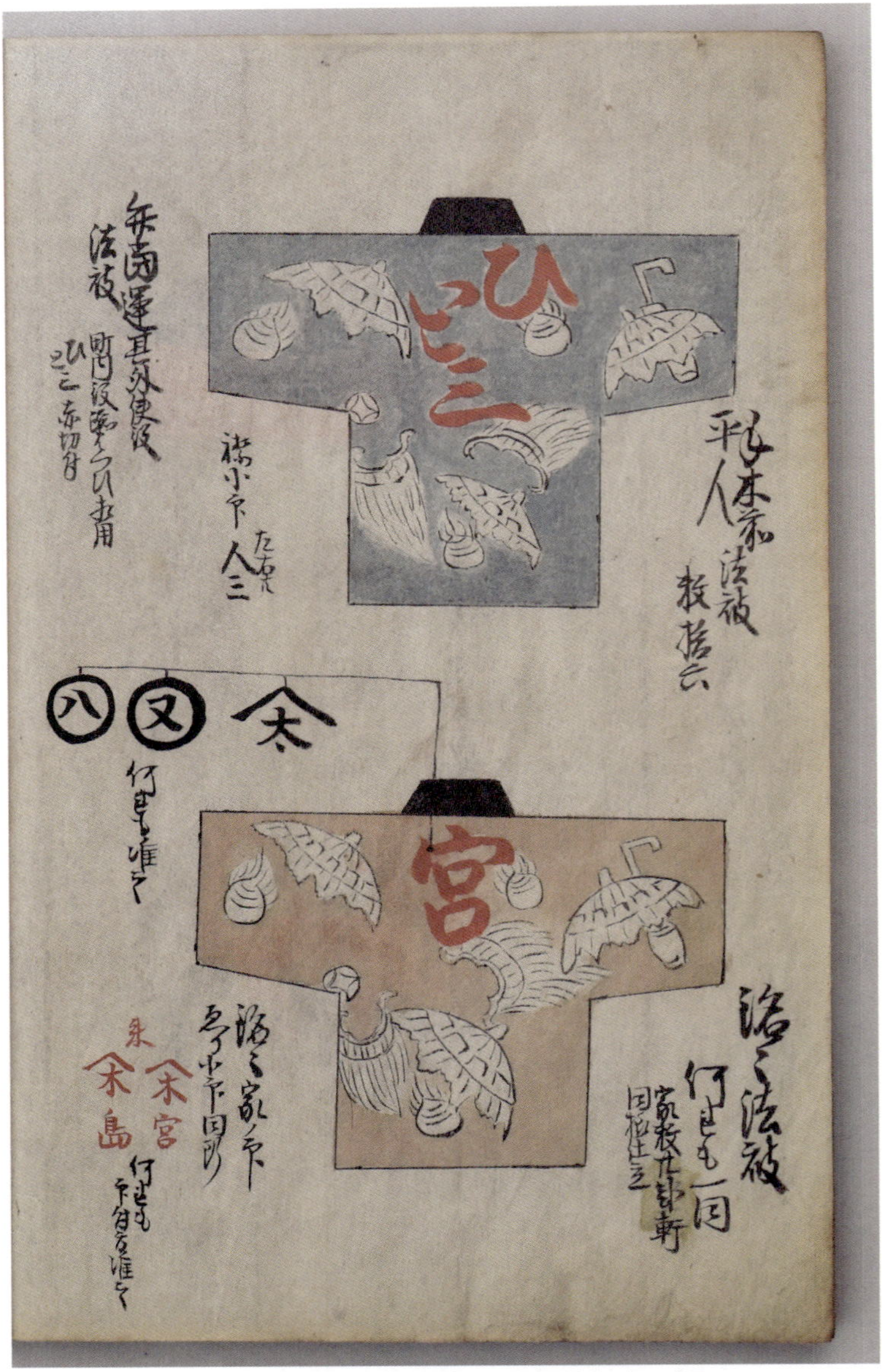

II－㉙　役についた者の法被と宮島氏の個人用法被。柄は宝尽くし

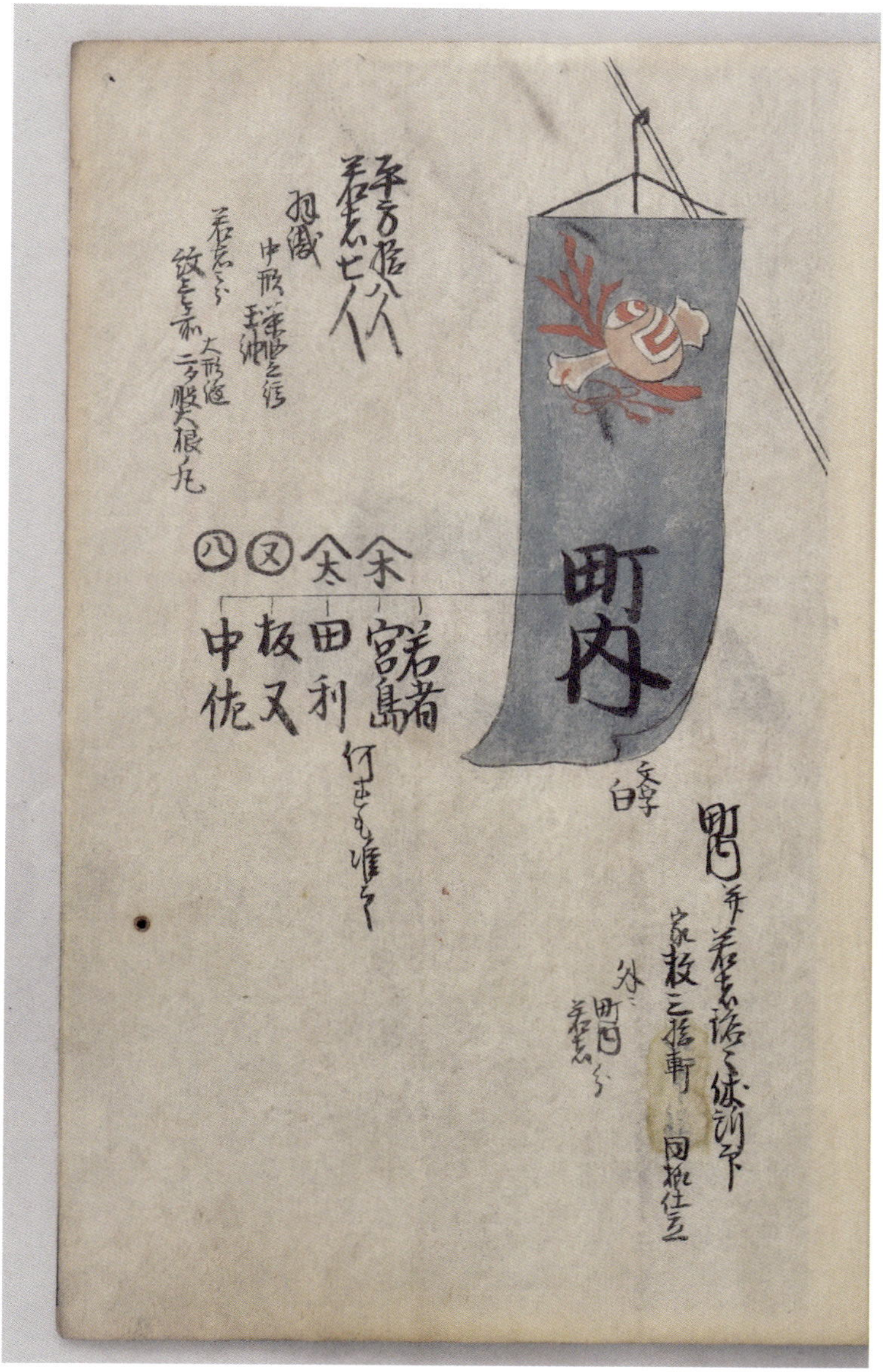

Ⅱ－㉚　自町休憩場所に掲げる旗

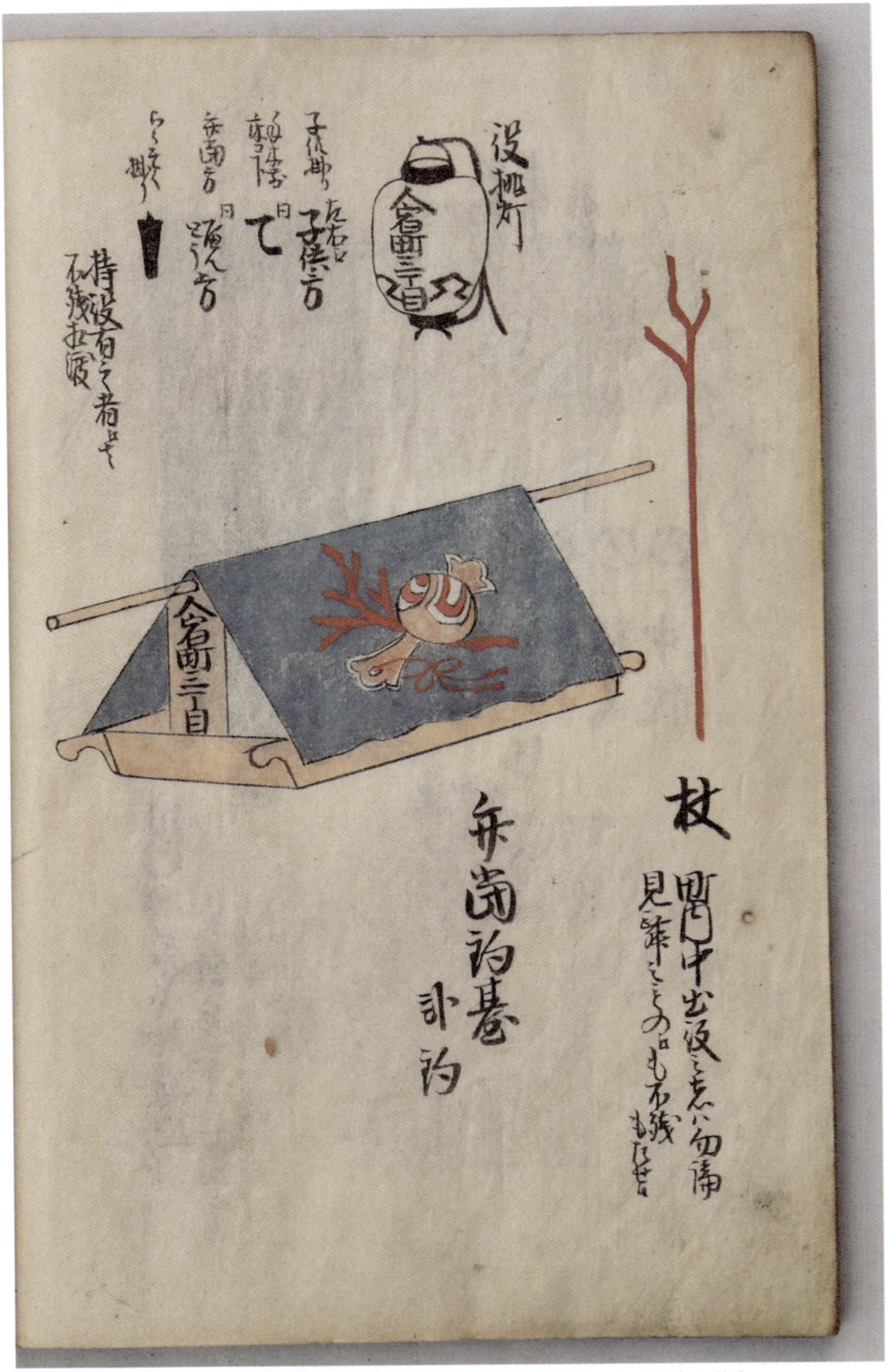

II－㉛　町内の出役と見舞客に持たせた珊瑚の杖。弁当運搬用釣台

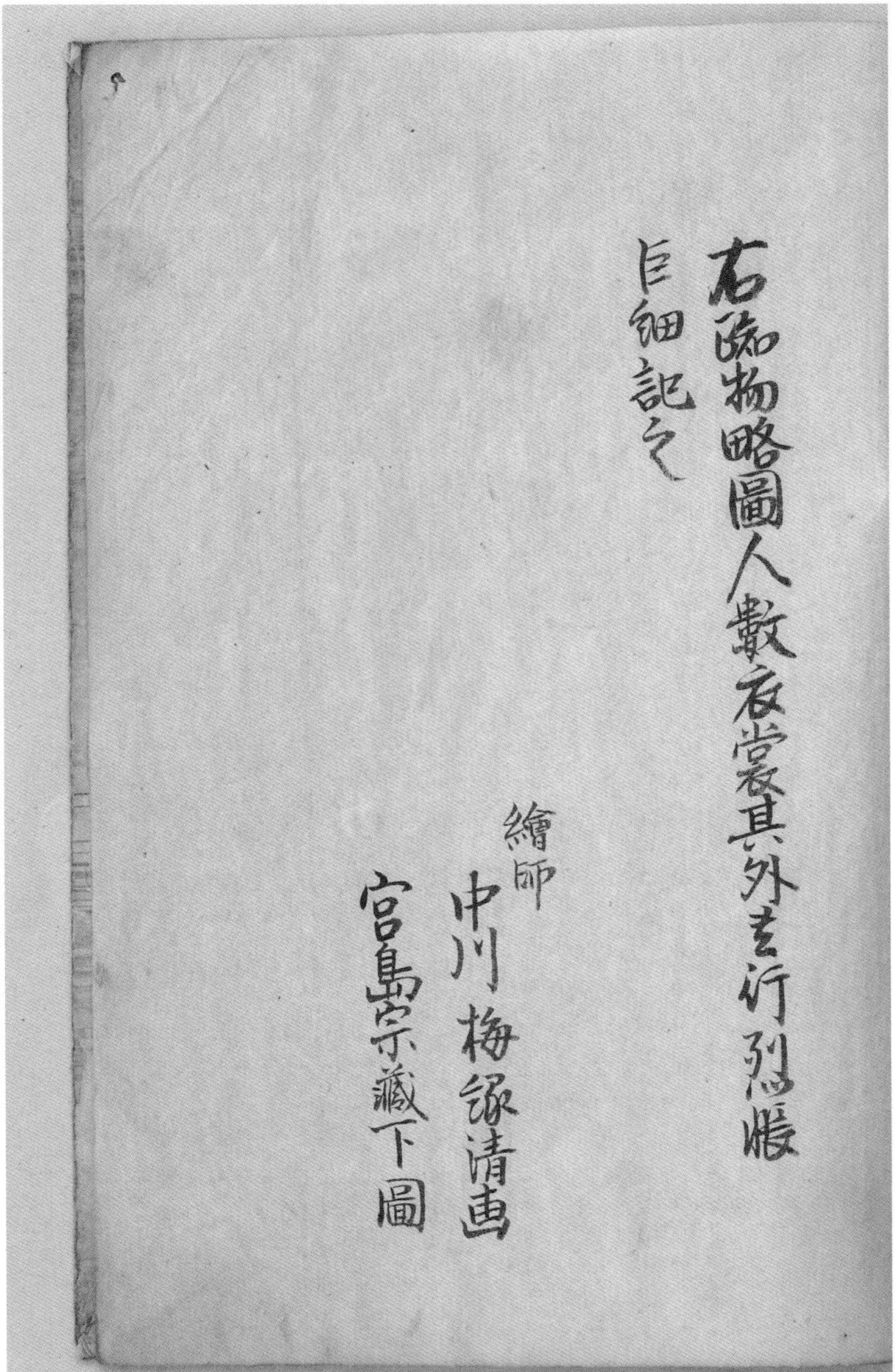
右邌物略圖人數衣裳其外共行列之儀
巨細記之

繪師
中川梅縁清画

宮島宗藏下圖

II－㉜

弘化五年人宿町三丁目の廿日会祭の記録

昭和十五年の静岡大火、その五年後の大空襲によって静岡の町は灰燼に帰し、貴重な資料がほとんど失われてしまった。その中で、廿日会祭についての貴重な資料が奇跡的に残っている。駿府人宿町三丁目の左官棟梁宮嶋氏が所蔵していた（現在は別人の所有）三冊の冊子で、これが書かれた弘化五年（一八四八）には、同家勝太郎が町頭を務めていた。宮嶋家は久能山東照宮や駿府浅間社、駿府城の普請にも関わっており、この年には勝太郎の父、宗蔵が駿府城大手門の普請に関わっている。

三冊の内訳は、弘化五年（一八四八）の人宿町三丁目の「甲子《きのえね》福祭踟物」を色彩豊かに描いたⅠ『廿日会御祭礼甲子福祭踟物　乾』（扉に「宮島子供　踟行列并衣装品附」とあり）とⅡ『廿日会御祭礼甲子福祭踟物　坤』（扉に「踟物略図　南組踟物」とあり）の二冊、それに同年正月五日の初寄合の様子から二月二十四日の各所へのお礼参り、費用の清算までを日を追って記録したⅢ「踟物記録」（題簽がはずれ表題不明のため仮題）という文字のみの一冊である。「踟物記録」によれば、町頭勝太郎の父宗蔵が自分でお金を払って作ったものであり、これは町内の記録というより、個人用に作成されたものと考えられる。Ⅰの末尾〈写真Ⅰ－⑪〉には机を前に筆を手にした宗蔵（町頭勝太郎の父）が描かれている。絵師は中川梅縁といい、宗蔵が描いた下図を基にこの冊子を仕上げた。なお踟物の中の「台之物」と呼ばれる工作物等の掛軸が同じく宗蔵の自費で制作されたとあるが、現在それらの史料は見つかっていない。

人宿町三丁目の踟物は基本的に町頭である勝太郎が取り仕切っているが、父宗蔵も「足並・町方町々町役人へ挨拶・子供方世話・其外諸事取扱助け」をしており、年長者として踟物の助言をしていたらしい。この冊子は宮嶋宗蔵の手持ちとして作られたので、冊子ⅠとⅡには勝太郎の息子、娘たちの衣裳など、宮嶋家のことが主に描かれている。先に絵画部分を全て掲載したので、これからの記述は先のカラーページを参照しながらお読みいただきたい。

町頭勝太郎の父・宗蔵

人宿町三丁目の踟物

人宿町三丁目（現人宿町二丁目）は、七間町通りと新通に挟まれた通りの、西側部分に当たる。江戸時代

立物（１人で持つ）

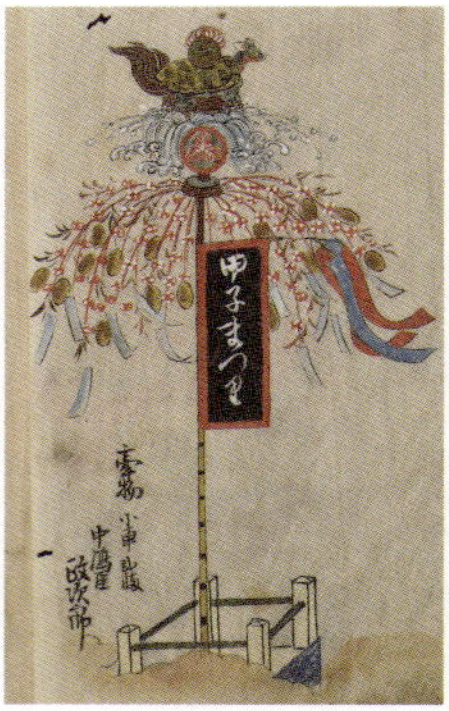
竿物（小さな台車）

台之物（メイン）

の各町の踟物には題がつけられ、それに沿って踟物が構成される。Ⅲ「踟物記録」によれば、弘化五年の人宿町三丁目の踟物は「甲子福祭」、台之物と呼ばれる屋台は「宝物錺《かざり》付大八車付」であった。またその他に車付きの牽物や、大黒様、ネズミに扮した女子どもなどにより構成されていた。これを踟物の概略を図示したⅡで確認していこう。

まず、工作物には立物〈Ⅱ－①〉、牽物〈Ⅱ－④〉、台之物〈Ⅱ－⑱〉などがある。

立物は木の棒の上部に飾り付けがされたもので、一人持ち。同じく牽物も立物と同様に飾り付けがされているが、土台として小車二輌が付けられており、二人で牽き、台の上に人が乗る。台之物は宝物を豪華に飾り付けた大八車であり、踟物の中で一番大きな造り物で、巾九尺（約二・七メートル）、奥行壱丈弐尺（約三・六メートル）、総高さは全惣高三丈五尺

（約九・二メートル）だった。

また、「甲子福祭」というテーマに合わせて仮装した人々は、大黒が二歳から七歳の子ども十四人、衣裳鼠（男児）は、三歳から十四歳まで子ども二十八人、鼠（女児）は、六歳から九歳まで子ども五人、外類鼠仕立はネズミのお面を着けた者たちで十六人。〈Ⅱ－⑬〉を見ると、同じくネズミ面を着けた女性が桜の花枝をかざしている。

その後にネズミの神主、供え餅を載せた三宝を持った祭主と奴風の御供が従う〈Ⅱ－⑭〉。さらに続くのが供物としての二股大根とお神酒徳利〈Ⅱ－⑮〉である。共に扮装の下から両足が見えるから、おそらく今でいう着ぐるみを着た状態である。これらの最後に御眷属としてのネズミと大黒と続いている。大黒は見栄えを考慮したのであろうか、「大男で大仕立て」と注がついている。この年の人宿町三丁目の踟物は、総勢五十人程度になった。

ネズミ面を着けた神主

なおネズミは大黒様の御眷属つまり従者であり、二俣大根はその形から豊饒多産の象徴とされる。

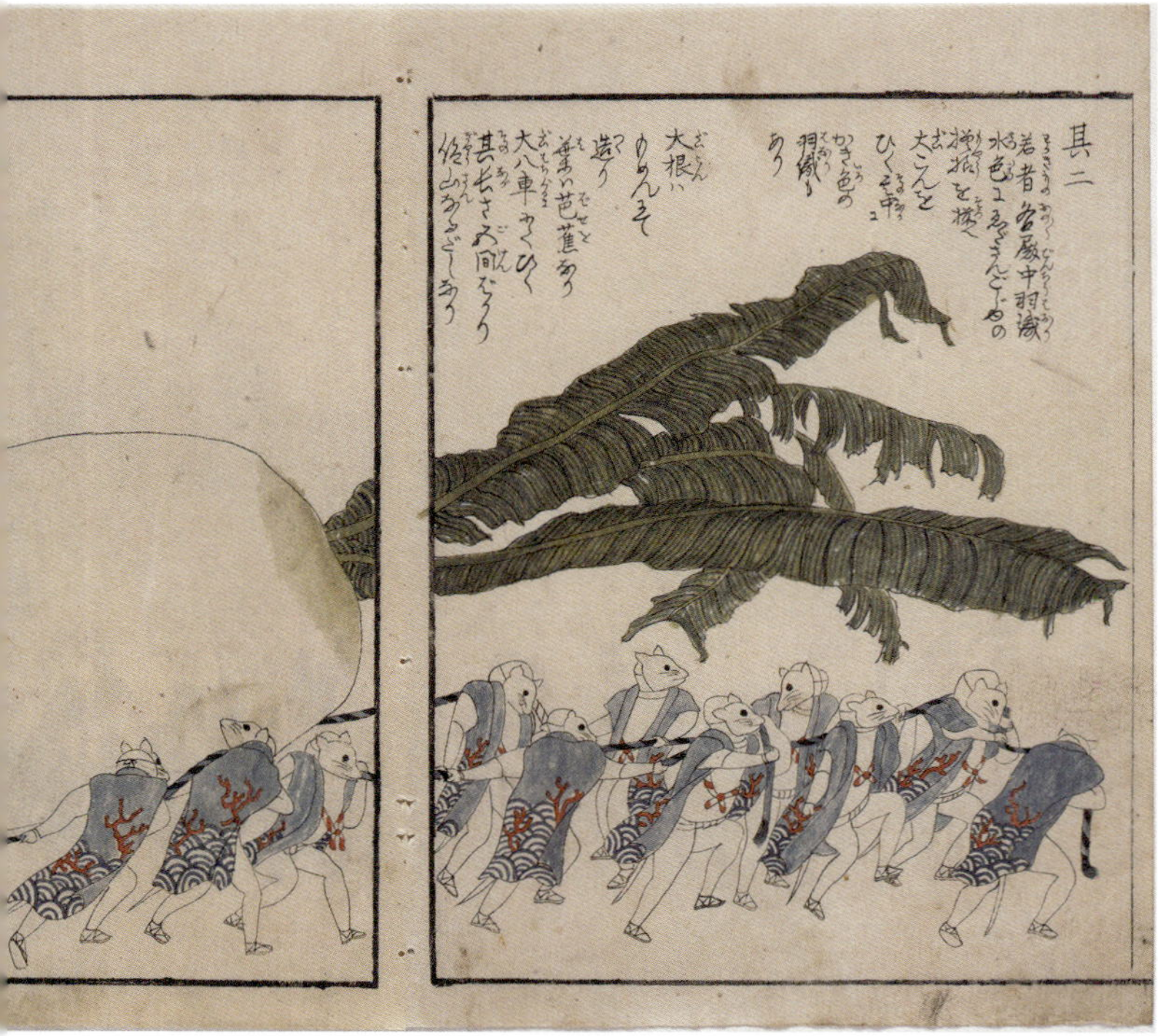

「御鍬祭真景図略　巻二」（名古屋市博物館所蔵）

大黒様は人間に豊かな富をもたらす縁起の良い神様であるから、これらの組み合わせは各地の仮装行列にも見られた。一例を紹介すると、名古屋城下町を熱気で包んだ文政十年（一八二七）の御鍬祭り（伊勢神宮の御山に鍬の形をした榊が生えたのは豊作の印だとして人々が熱狂した）の大変な盛り上がりぶりを描い

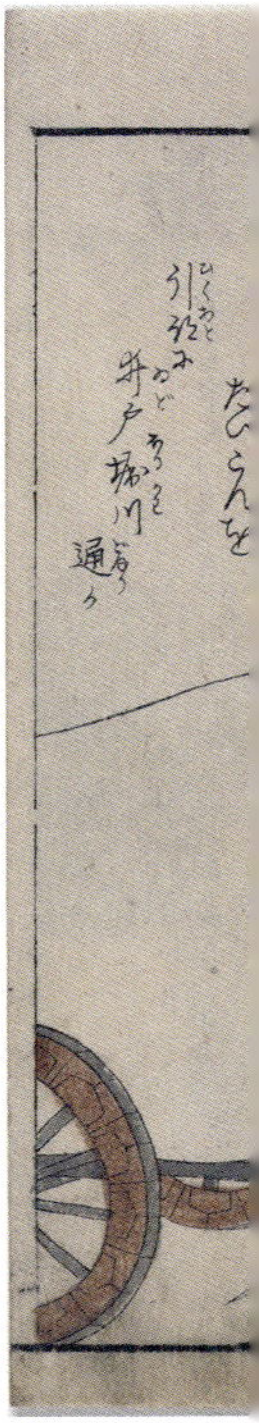

た猿猴庵（武家画家）の絵がある。巨大な大根をネズミが引いているという趣向で、大根は布で作られた（二三十頁）。

出し物の準備に没頭する人宿町三丁目

次にⅢの冊子を基に、この年の年番に当たった人宿町三丁目における踟物の準備の様子を見ていこう。やや煩瑣な記述かもしれないが、祭りを前にした町内のやりとりが手に取るように見える。実に貴重な記録である。

踟のことが話題に挙がったのは、廿日会祭まで二カ月を切った正月五日の初寄合である。そこで各組の組頭たちが踟物について相談し、「石橋《しゃっきょう》之踟もの」、台之物「大獅子の形」とすることに決定した。

「石橋」は、能楽の曲名で、「石橋」の先が文殊菩薩の浄土ではあるが、なかなかに渡り難い。すると獅子（菩薩の霊獣）が現れて勇壮な牡丹の舞を踊るというもので、歌舞伎舞踊でも獅子が長いたてがみをつけた頭を大きく回すという派手な演出で人気がある。これを台之物として仕立てようというのである。

そこで、両替町五丁目の八木屋勝蔵と絵師の梅縁（五郎右衛門）を呼んで相談し、獅子の雛形や子どもの衣裳について調べ始めた。そして十二日、勝蔵と町内の四、五人が集まって雛形を作ってみたが、「これを大きくして大丈夫だろうか」という不安があって、主題そのものを変更することになってしまった。

同日、踟物準備の役割分担を張り出した。内惣掛り（四人）、衣裳方は子供掛りを兼務（九人）、台之物作事掛り（六人）、楽屋掛り（五人）、道具方（五人）、賄方（四人）という六つの係が決められた。

十三日、新たに「甲子祭」が提案された。甲子は十干十二支の組み合わせで六十日ごとに回ってくる最初の縁起の良い日であり、この日には、子の刻（午後十一時から午前一時ころ）まで起きて、大根を供え商売繁盛などを願って大黒天を祭る習慣があった。この雰囲気は、現在も十月のえびす講に見ることができる。多産のうえに米俵に寄ってくるネズミは大黒天の使者である。これを踟に仕立てようというのである。

台之物は中嶋屋政次郎（人宿町三丁目の町人）が宮ケ崎町又四郎の「宝尽し」の絵図、籠屋繁蔵が「大黒之大形チ」（大黒様の大きな作り物）の絵図を持参し、どちらが良いか相談の結果「宝尽し」に決定した。しかし実行面で不安があったので、町内で制作することに決めた。繁蔵が持ち込んだ大黒については、台之物ではなく踟物のうち「前之牽物」

にすることになったが、繁蔵が台之物でなければいやだと断ったので、大黒の造り物は取り止めた。こうして、踟物の題そして台之物の仕様が決まったのが一月十四日である。

ここで注目されるのは出し物の決定に当たり、まずは職人と思しき者たちに雛形を出させていることである。「宝尽し」の提案に関わった又四郎等は請負で台之物等を制作する職人であったらしい。又四郎はいったん遠ざけられたように見えるが、後日には町内では台之物の仕立て方を決めることができず、最終的には又四郎に「頭取」として監修を頼んでいる。これが人宿町だけの例外的なやり方とは思えないから、年番に当たった町内では、やはり他の町の職人の力を借りて出し物を造ったのであろう。これは青森県のねぶた職人とまではいかなくても、踟の出し物の背後には駿府の職人たちが大きな役割を果たしていたことを示している。

十五日には、五、六人で「宝尽し」（台之物）の雛形作りを始めたが、最終デザインがなかなか決まらず、とりあえず安西五丁目の関屋次郎七に大八車二輌を新規に作ってもらうことを依頼した。また、十七日に至って、やはり又四郎に毎日来てもらい、町内の細工人六、七人で台之物を制作することになった。しかし、二十四日になっても又四郎が来なかったので、町内の者だけで町頭の家に集い作業を始めた。制作には専門の職人の知識が必要だった。もっとも又四郎が人宿町三丁目で台之物の監修を直接行ったかについては分からない。

本格的に台之物の制作に取り掛かったのは二十四日からで、その後毎日町内で作業が行われることとなった。ただし、台の土台については、大工に外注されたようで、二十六日に堤添川添町の大工甚蔵が材木町で必要な木材を購入し、牛車で運び入れた。この後、寺町三丁目の大工吉蔵、新通大工町平蔵等が加わり、合計五十六人の大工が作業に携わっている。

そして翌二月十二日に至り飾付が終わり、台之物が完成した。前日の十日、十一日の作業に当たり、飾付と台の仕立て共に町内の者が残らず手伝った。十二日にも飾付は細工人の他、町内総出で台之物の制作に取り組んだとしている。

囃子・踊り等の準備

囃子や踊りの準備はどう進んだのか。踟の題が決定する十四日より前の十一日に既に町内の若者が集まり、太鼓を打ったとある。十五日に芸者の雇用も始まり、鳴物と拍子が決められ、二十七日には芸者も揃って稽古が始まった。同日、道踊りの振付も安倍川町の才次および町内の定吉が担当して決められた。二十七日から翌二月十一日の衣裳揃までの間に芸者が揃っての稽古が合計八回開かれている。この他に子どもの稽古などがあったようで、二月十一日には衣裳も揃ったので、町頭宅で囃子を合わせ、道踊りも四、五回練習した。翌日には踟が始まっているため、この日が囃子や踊りの最後の合わせとなったようである。今回の祭りに際して集められた芸者がどこの町内に住んでいたのか分からないが、踟や踊りのレベルが専門の芸者の指導によって高められ、また参加者も見る者も、それを望んでいたことが分かる。

牽物に乗る大黒装束を着た少年

次は衣裳の準備である。衣裳の詳細は、一月十六日に決められた。幼年の子どもたちは大黒、中年の子どもや若者等は鼠とあり、前述したⅡの絵とも合致する。こちらも絵師梅縁を毎日町に呼び立て、雛形を制作し、十一日には衣裳揃となった。

衣装の具体的な内容を、町頭勝太郎の長男虎吉の大黒の衣裳を参考に見ていこう。なお、同家では長男、次女、三女が大黒に扮したことが分かる。大黒の衣裳は、上着、間着、下着、襦袢、くり袴、装束、石袴、頭巾、沓足袋、持物（槌）が書き上げられている。このうち、上着、間着、下着、襦袢、石帯、頭巾については縮緬、くり袴については綾が使用されている。その様子が牽物の上に座した少年を描いた〈Ⅰ－⑥〉である。

また、持物の槌は張子、装束は袖なしのものではあるが、天鵞絨《ビロード》が使用されている。装束が完了した十一日に子どもの衣裳は、縮緬で作るところ、大黒や鼠子どもの帯には天鵞絨を使用するとある。また、台之物についても、「宝尽し」の包みのきれや織物には金が入る予定のものもあるが、これは金泥を摺込むつもりであり、大袋については金綿天（絹・綿織り交ぜの天鵞絨）を使用するとしている〈Ⅱ－⑳㉑〉。これについては、両替町一丁目の町頭善左衛門に頼み、町奉行同心へ了承してもらうよう動いている。

駿府惣町で廿日会祭にあたり、駿府惣町を取り仕切る年行事によって定例で出されているお触れがある。これには踟物が華美にならないようにという項目がある。町奉行所からのお触れではないが、町方が倹約を意識していたことが分かる。しかし、それでも踟物の衣裳等の制作には、良質なものを使用することが望まれたのである。

廿日会祭の踟の経路

次に弘化五年（一八四八）の人宿町三丁目の踟物の経路を簡単に辿っていく。

二月十二日に踟物の「台之物」の飾付などが完了し、水道方（町奉行同心）の検分を受けた。この日から廿日までほぼ毎日駿府町内を踟り歩いている。このうち、十六日、十八日、廿日は踟を出す町々が踟り歩く場所が決まっていた。十六日には年行事町である横内町、十八日は駿府城の御堀端、廿日は安西川原から駿府浅間社までの道のりをこの年に踟を出した町々が同時に踟り歩いている。それでは、この三日間について詳しく見ていこう。

二月十六日、この日は年行事当番町である横内町を一斉に踟り歩く日である。まず台之物を朝五ツ時に江川町杭鵰橋《りくたか》から曲輪を通り、横内町前までひいた。町内の子どもたちとその他の者は、四ツ時（午前十時前後）に集った。まず御台所町が踟り、その後安西三丁目、新通三・四丁目、人宿町三丁目の踟物や台之物が横内町を踟っている。横内町の東木戸まで踟り歩くと引き返し、曲輪を通って伝馬町で弁当を食べて休んだ。休憩後は、新谷町から伝馬町境、そして江川町、紺屋町を行き来し呉服町六丁目、同町五丁目、同町四丁目へと進み、七間町を通り人宿町へと戻っている。

次に十八日だが、この日は駿府城の堀端を踟り通る予定であったが、天候不良のため翌日に延期となり、踟は行わなかった。

そして翌十九日、延期になった駿府城堀端の踟が行われた。昼九ツ時（昼九時頃）、駿府城堀端を踟り歩くことになっていた町々が御定番物見に集まった。踟り歩く順番は事前に決められていたようで、この年に踟を出していた町々が、御台所町、人宿町三丁目、新通三丁目・四丁目、新通六丁目、安西三丁目の順で踟り歩いている。その後、御城代様物見まで踟り、人宿町三丁目以外は昼食をとっている。人宿町三丁目は二加番物見まで曲輪を回ると、四足町から本通を通り人宿町へと帰っている。この日も夜五ツ時（夕方五時頃）には終了している。

また、この時の休憩所は、朝は四足町の西野屋半兵衛宅であった。また、昼は来迎院（現横内町）で、弁当も出たという。これ以外にも町ごとに休憩所が設置されていたようで、各町ごとに休憩所を管理し、各町の休憩所であることが分かるように、印を作って掲げていた。

この時、駿府城では大手門舛形の石垣修復工事が行われていたようで、大手門の前には竹矢来が巡らされていた。この木戸柱に台之物が当たってしまうということで、修復のために設置された小屋場から古木を借用して、台之物を五、六寸（十八センチくらい）高くしてこの場所を通っている。これに当たっては、修復のために詰めていた駿府町奉行の与力大原平兵衛や、花村源左衛門をはじめとした駿府の大工棟梁たちが立ち会っている。人宿町三丁目の町頭勝太郎の父宮嶋宗蔵もこの場所を任された職人の一人で、事前に願い出ていたこともあり、台之物等が修復作業中の場所で幾度かぶつかってしまったが、詰合の役人などが厚く世話をしてくれたという。

そして二十日、廿日会祭のハイライトともいえるこの日は、まず台之物へ清めの汐花を打ち、暁八ツ時から支度をし、明六ツ時(午前六時ころ)に台之物を引き出し、朝五ツ時(午前八時ころ)前には袴を着る者が年行事に袴を着る旨を届け出て安西五丁目の踟置き場へと詰める。町内の人々と踟子どもは、四ツ半時(十一時ころ)前には安西川原へ揃った。そして、九ツ(正午)前になると、「御児」(稚児舞の稚児)への御一覧(踟物の披露で、順番は駿府城堀端を通った時と同様)が始まり、町々の役踟が済み、それから御台所町、人宿町三丁目、新通三丁目・四丁目、同町六丁目までが踟り、見物が終わると稚児が出発した。人宿町三丁目をはじめとして踟物を披露した町々も稚児に付いて踟り歩いたものと考えられ、人宿町三丁目はその後、村岡内匠、奈吾屋社前、新宮将監、浅間惣社前、惣社大蔵の五カ所で一回りずつ道踊り〈Ⅱ-⑩~⑬〉を披露している。

その後、惣社大蔵前まで踟り、御祭礼方重田殿と年行事に引き取る旨を述べ、草深町、御器屋町、宮ヶ崎町、四足町、本通、梅屋町と通り、夜五ツ半時に町内へ引き取り、町頭宅前で千秋楽として二、三度踊り廻っている。こうしてこの年の人宿町三丁目の踟も終了しているのである。

翌二十一日には、早朝から台之物の片付けをし、廿日会祭の差配をした町奉行の与力・同心たちへの挨拶廻りに出向いている。また、昼八ツ時（午後三時ころ）からは雷電寺において千秋楽の奉納として、拝殿には囃子方が揃い、正面では子どもや若者の道踊りを四、五回披露した。その後、いろいろな芸を披露し、夜五ツ時には各町へと帰り各町での祝いの席が設けられたようである。人宿町三丁目では、町頭の家で宴が催されたようで、芸者等が集い、夜八ツ時まで唄い舞ったという。

ここまで見てきたように、各町は踟に使用する台之物等の仕立てが完成すると、踟をはじめていたようで、踟り歩いた経路を見てみると、駿府の町を隅々まで踟り歩いていることが分かる。そして、この経路は十六日には横内町、十九日には駿府城内、廿日には安西川原および駿府浅間社までと御台所町、人宿町三丁目、新通り三丁目・四丁目、同町六丁目、安西三丁目がまとまり踟り歩いている。また、十七日には、人宿町三丁目の踟物が、本通三丁目において御台所町の踟物に遭遇していることから、踟り歩く場所が日にちごとに定まっていた可能性も考えられる。

神事と町の活性化

町内全員が総がかりで準備を進め、何日間も町中を踟り歩く廿日会祭とは、駿府の町方にとってどのような祭りだったのだろうか。

「踟物記録」を見ていくと、まず、町方が踟を神事であると意識していたことが分かる。そのことが分かる事例を取り上げると、二月十五日、両替町四丁目を台之物が通る際に、本通三丁目の塗師屋米蔵の弟子と本通四丁目浅井鉄蔵の息子久蔵が怪我をしてしまった。大した怪我ではなかったので治療後親元へ引き渡したが、人宿町三丁目の人々は夜中の間に「塩花汲」に出掛け、台之物のお清めをした。また町内一同が雷電寺に参詣してお祓いを受け、町内一同にも塩花を配ってお清めをした。塩花汲みは、おそらく前浜まで行って竹筒に海水を汲んできたと思われる。また、廿日に稚児舞の稚児を安西川原へと出迎えに行く際には、やはり早朝に塩花を打ち、台之物を清めているのである。つまり、踟を行う人々および台之物が穢れのない状態でなければならないという認識をしていたのである。

また、嘉永七年（一八五四）十一月十四日、安政の大地震の後の記述からは、町方が廿日会祭に際して経済効果を期待していたことが分かる。「万留帳」によるとこの地震の後、町方から町奉行所に向けて、被害も大きいため踟を一日だけにしたいという願いが出されたことが記録されている。しかし、惣町で話し合った結果、廿日会祭を開催し踟物を出すことは「潤《うるおい》」（経済効果）にもなるとして、後に通常通り開催させてほしいと改めて願い出ている。このことは、各町が作り上げる台之物や仮装の準備に、町の成員が総出で取り掛かるモチベーションにつながり、また他町からの見物客も多いことから、倹約を心得ながらもその見た目をより豪華に仕立てたいという意識も働いた。

踟物は、町方にとって大切な「神事」であるが、同時に駿府の外からも見物客が集まり「潤い」となる、つまり経済効果をもたらすものであり、災害が起こっても経済的復旧のためにも開催したい祭礼だった。例えば、駿府札の辻（現伊勢丹デパート前）の老舗菓子商「扇子屋」には、稚児舞の稚児や踟物を出し人々への進物として大量の饅頭の注文があった。数が多いので切手（商品券）による引き換え制であったが、安政六年（一八六〇）で二十六万余もあったという。予約者のうち八割が購入したという。まさしく、廿日会祭は駿府町方にとってなくてはならない祭礼であったのである。

廿日会祭における町奉行所と年行事

廿日会祭では、年行事が全ての情報を集約し、踟に当たっての指示や調整にも当たった

【表4】弘化五年の廿日会祭に関わった役人（個人蔵「踟物記録」より作成）

係名	人数	人名
御祭礼方（与力）	3人	大森雅之丞・大野牘郎・大谷木鉄三郎
御祭礼方（同心）	5人	服部宗六・重田理兵衛・大賀春太郎・山本勇之助
助け	2人	上木善次郎・小藤又之丞
御目付方	2人	服部嘉六・松山本次
水道方	2人	磯貝藤右衛門・宮崎所左衛門
定御廻り方	5人	大塚三郎・深津甚次・沖清之助・松井和平治・今井八左衛門
計	19人	

が、町方を管轄する町奉行も廿日会祭には大きく関わっていた。

Ⅲ「踟物記録」を見ると、町奉行の与力・同心が踟の準備や台之物の確認などに各町を訪れている。町奉行付の与力は八騎、同心は六十人いた（『駿国雑志』）。このうち与力は同心支配一人、御破損方二人、同心は組頭、小屋頭、書役、御破損所見分定掛、水道番（水道方ともいう、安倍川から引いた水の管理をする）、河場（安倍川渡し係）、御馳走（大名、執政、諸家通行のときに対応する）、盗賊改、清水御蔵掛、伝馬町掛、供方（町奉行などの外出時に随行する者）があったとされる。このうち、廿日会祭を担当する役人として、「御祭礼方」（与力三人、同心四人）、「助け」がある。与力・同心は城下町内に居住しており、世襲だった。

ただし「御祭礼方」や「定御廻り方」が常置されていたのかは判断がつかない。また、駿府の町では廿日会祭

小梳神社

以外でも少将神社（現小梳神社）の祭礼でも踟物が出ているから、御祭礼方が廿日会祭のためだけの係であると断言はできない。しかし、町奉行付の与力同心合計十九名【表４】によって廿日会祭の統率がされていたのは確かである。

「万留帳」によると、年行事は廿日会祭について事前に町方から町奉行に「番付帳」としてその年に出す踟物を届け出るように定められていた（この史料は残されていない）。もし「番付帳」に間に合わなかった場合には、後日その届出の処理をするなど、二十日の稚児への踟披露まで事務仕事に奔走していた。この他、廿日会祭の日程の通知や調整、注意事項の通達など、町奉行との調整役、惣町の統率役としての役割を果たしている。

【表5】「百人組合火消」南組における天保14年から文久2年までの踘物年番

和暦	西暦	年番町	出典
天保十四年	1843	下石町壱丁目	『踘物記録』
弘化元年	1844	七間町三丁目	『踘物記録』
弘化二年	1845	江尻町	『踘物記録』
弘化三年	1846	人宿町壱丁目弐丁目	『踘物記録』
弘化四年	1847	両替町壱丁目	『踘物記録』
弘化五年	1848	人宿町三丁目	『踘物記録』
嘉永二年	1849	下魚町	『踘物記録』
嘉永三年	1850	寺町四丁目	『踘物記録』
嘉永四年	1851	七間町壱丁目	『踘物記録』
嘉永五年	1852	寺町三丁目	『踘物記録』
嘉永六年	1853	下桶屋町	『踘物記録』
安政元年	1854	寺町壱丁目弐丁目	『踘物記録』
安政二年	1855	七間町弐丁目	『踘物記録』
安政三年	1856	札之辻町	『踘物記録』
安政四年	1857	―	―
安政五年	1858	下石町二丁目	『万留帳』(31)
安政六年	1859	平屋町	『万留帳』(31)
安政七年／万延元年	1860	両替町三丁目	『万留帳』(31)
万延二年／文久元年	1861	下石町三丁目	『万留帳』(31)
文久二年	1862	両替町二丁目	『万留帳』(31)

百人組合火消の組織化と廿日会祭

文政四年（一八二一）、町方の願いによって年行事を補完する組織として「百人組合火消」ができた。以前から駿府には火消組織が存在していたが、文化四年（一八〇七）に三十町を焼失する大火災が起きたことを契機に、これまでの火消組織を補完するために創設されたのである。この組織は、駿府町方全体を東西南北の四組に分け、各組二十五人ずつの計百人の人足を追加するというものである。この「百人組合火消」は消火活動のみならず、町会所の移転、安政地震の被害の大きい町における年行事免除など、寄合や惣町における意思決定にも深く関わっている。

百人組合火消と廿日会祭の踟との関係はすでに青木祐一氏が指摘している。安政五年（一八五八）の「万留帳」には、同年から文久二年（一八六二）までの「百人組合火消」の東西南北の四組における各年の踟物年番の記載があり、Ⅲ『踟物記録』にも、四組のうちの南組（人宿町三丁目が入っている）の天保十四年から安政三年までの年番踟物の順番が書かれている。これを合わせると【表5】のようになる。これを「百人組合火消」の南組の町と照らし合わせると、藤右衛門町、両替町一丁目、両替町四丁目の三町以外が一致している。つまり、火消しの組織と廿日会祭の踟の年番とは連動していた。おそらく百人組合火消の結成が、それまで町内の意向に任されていた駿府の踟が東西南北という枠組に則って行われることになる転換期になったと推定できそうである。現在のお踟と木遣りとの関連なども、こうした視点からあらためて意義付けることができるかもしれない。

踟の衰退、そして明治へ

幕末に活躍した医者で駿府文化人の一人、花野井有年（一七九九―一八六五）によって弘化三年（一八四六）に編纂された『駿河雑志』には、「二月廿日会踟物繰出」として当時の廿日会祭の踟物が描かれている。道幅いっぱいに切れ目なく続く踟の中には牽物なども描かれ、また町屋の中から踟物を見物する人々の様子が見てとれる。元文三年の「万留帳」によると、近国遠方の者は二十日の安西川原から浅間前までの踟に合わせて駿府に見物に来ており、この日安西通りでは出店などが設けられ、経済効果を生むため、日取りは変更しないでほしいと年行事が町奉行に願い出ている。また、同願書では十八日の御堀端の踟について、近年「芸練」が少なく「歩行練《かち》」と一緒（つまり十八日に行われるはずの駿府城堀端の踟が一時中断していた可能性がある）になっていたが、この年については「芸練」が多いので十八日に御堀端を踟り歩きたいと申し出ており、一時衰退しかけたと

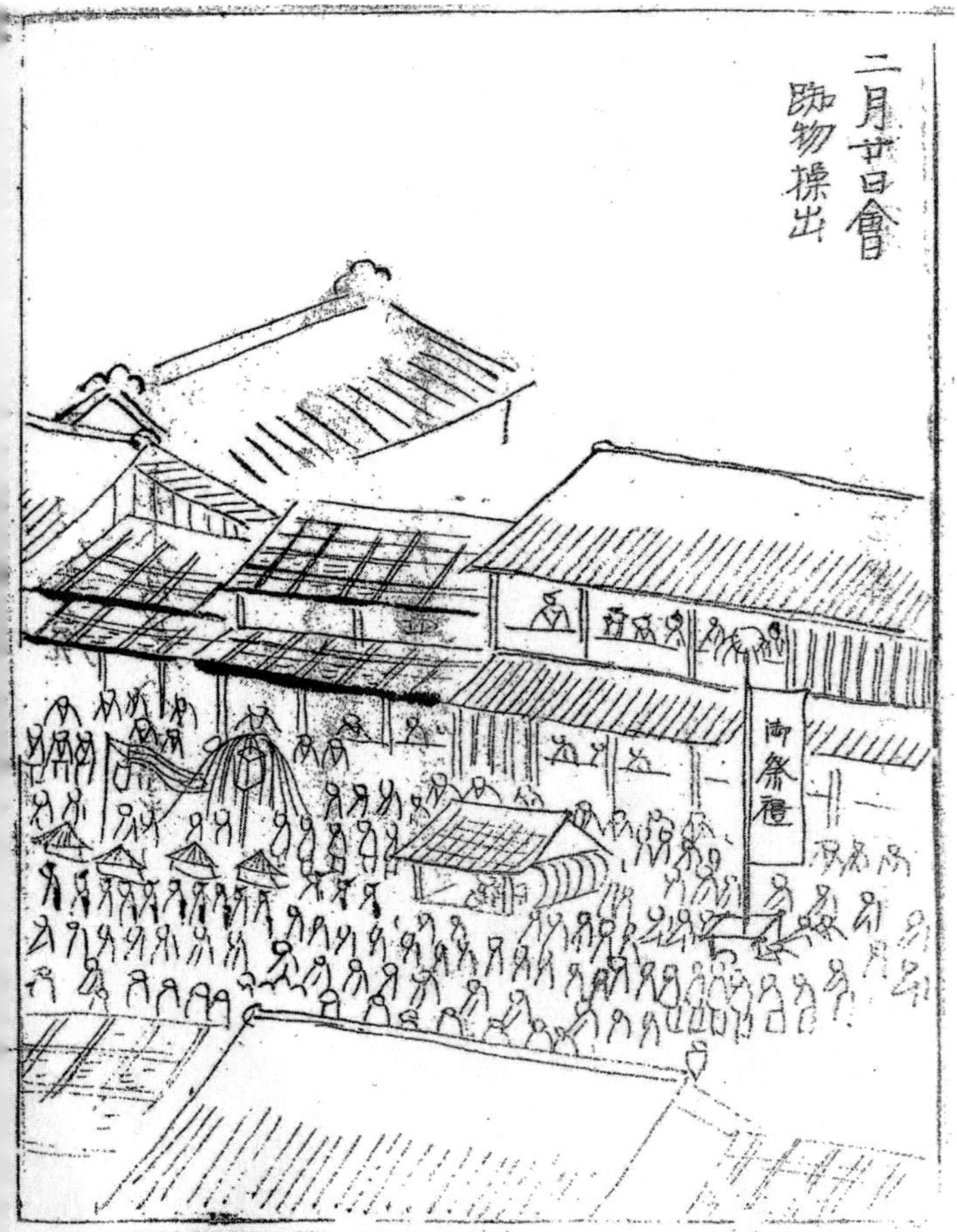

二月廿日会踟物繰出（東北大学附属図書館狩野文庫『駿河雑志』より）

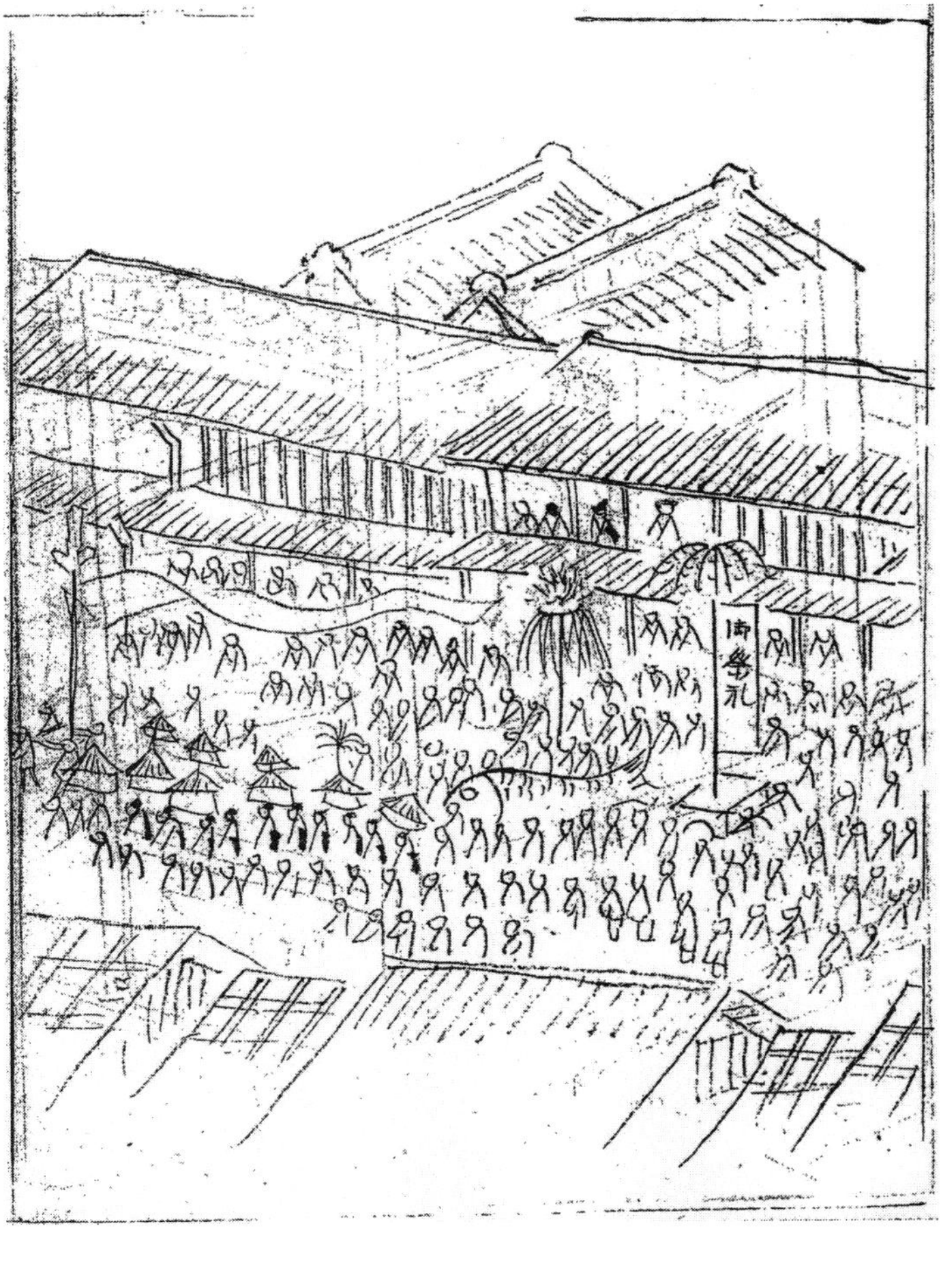
御祭礼

思われる踟が、再び賑やかさを取り戻してきたものと考えられる。

前記のとおり、「万留帳」には「願踟」（「役踟」として規定される以外の町が独自に出す踟のことと考えられる）の届出が数多く記載されている。踟の届出は「役踟」、「願踟」とも事前に「番付帳」というかたちで駿府町奉行および駿府浅間社（惣社神主、新宮神主）、建穂寺役僧に提出されていたようだが、これに間に合わなかったものが個別に願踟として書き留められたのであろう。この届出は宝暦七年（一七五七）からはっきり記されるようになる。その数は当初三、四町ずつであったが、徐々に増え、文化十年には十四町から届出が出されている。題名だけをいくつか挙げてみると、舟踊、神楽獅子、田舎娘地踊、追儺節会押人形、台にかめ置唐子三人、傀儡師、猿回し子ども三人、熊踊、座頭踊などである。題名からおおよその内容は察することができよう。しかし、文化十四年以降、この届出は「万留帳」から見られなくなるのである。先に激辛の批評をされた文化五年（一八〇八）の踟の様子は、まさに衰退しはじめた頃だったのではなかろうか。「万留帳」には文政七年には、恒例の十八日の駿府城御堀端の踟を行う町を年行事が募ったが、十四日の時点で車町以外の申出がなかったとの記載があり（「踟物記録」では、弘化五年の人宿三丁目は、二月四日の時点で既に十八日の御堀端の踟の弁当の準備などをしている）、幕末に向けて踟の賑わいが失われている様子が垣間見られる。

文政および天保年間には飢饉が続き、駿府でも米価が高騰し、ついには打ちこわしが起こった。これに加え異国船の渡来や安政大地震によって情勢不安が増していき、「万留帳」においても米価や御救米の記載が増えていく。

ただし、安政の地震やこうした不安定な情勢の中でも駿府城下町の町方は「潤」になるとして廿日会祭、そして規模こそ縮小したのかもしれないが踟を執り行っている。廿日会祭は駿府町方にとって大切な「神事」であり同時に経済効果が期待できる、欠かすことのできない行事であったということに変わりはないのである。弘化年間の踟の賑わいの様子を見ると、記録に届出の記載がないからといって、廿日会祭の踟の数の減少が即祭りの衰退、と単純に捉えることはできない。幕末から明治初年にかけて廿日会祭は大きな試練の時を迎えるが、明治中期、その復興にかけた人々の中には、この章に見たような、お浅間さんの祭りに寄せる駿府城下町の熱い心が脈々と受け継がれていたといえるだろう。

（増田亜矢乃）

コラム その8

「ええじゃないか」にお鍬が出た

幕末の日本列島に空前の騒動を引き起こした「ええじゃないか」は、慶応三年（一八六七）の七月、愛知県の豊橋市で始まりました。ある日、天気が良いのに妙なものが空から降ってくるのです。よく見ると、お伊勢さんの札ではありませんか。これはめでたい、お札が降った家では皆を招いてご馳走し、集まった人たちが「ええじゃないか、よいじゃないか」と言って踊り出します。そこには、騒然とした世相を反映した庶民の不安や、既成の秩序に対する不満も含まれていました。この波は東海道を東に向かい、静岡県の西の端である白須賀（湖西市）で八月七日、間もなく浜松を経て十四日には磐田市に入り、大井川を越えて駿府城下町に到達したのは九月二十六日です。

降ってくるお札には地域性も反映されています。静岡の場合は、お伊勢さんだけでなく秋葉さんのお札が降りました。面白いのは、降るのがたいてい、金持ちの家なのです。主人は餅をつき、酒を振る舞うことになります。駿府城下町のお菓子の老舗、扇屋では酒肴代だけで二十両も使ったそうです。十月六日には各町内がお鍬を繰り出しました。これを機会に、思いっきり騒ぎたいという心理は、どこも共通でした。すでに熱狂が通り過ぎた磐田の見附では、伝統のはだか祭を再び行い、金谷では島田の大祭りと同じような鹿島踊りと大奴が出たそうです。駿府での時ならぬ廿日会祭は十日にはほぼ終息しましたが、奉行所では女性が男装して踊り狂ったことが許せなかったそうです。その調査結果が残っていて、男装した女性が出た町内は五十三町に及び、髪を切った女性が六十三人、下女も十人ほど加わっていました。また亭主持は八十一人、娘は一四八人に及んだといいますから、駿府の女性たちもなかなかやるものです。

（中村）

第六章
明治維新に揺れた駿府と徳川慶喜

静岡藩の成立

静岡浅間神社の廿日会祭は、江戸時代より駿府町奉行や城代の下で祭りを伝えてきた。しかし、幕府が瓦解すると、その保護はまったく受けられなくなった。一方で神仏分離の嵐の中で、建穂寺は荒廃し、従来神社の行事に従ってきた供僧などは還俗（僧ではなくなること）させられ、祭りを支えてきた基盤が大きく揺らいだ。

一方、存続を認められた徳川家は幼い家達《いえさと》を藩主とする駿府藩として、旧幕臣たちを抱えて旧駿府城を拠点に新たな藩政を展開することになった。また最後の将軍慶喜は静岡で余生を送ることになり、三十年間も静岡に留まっていた。

このあたりのいきさつを年表風に追ってみよう。慶応四年（一八六八）四月十一日、江戸開城後、慶喜は謹慎先の上野寛永寺から水戸の弘道館に移って再び謹慎する。やがて、徳川家の家督を継いだ田安亀之助（後に徳川家達と改名）が駿府城主として入国が決まったことから、慶喜も会津や江戸に近い水戸よりも江戸以西の駿府で謹慎恭順の意を示すことを願い出たという。七月二十一日、慶喜は銚子港から軍艦蟠龍丸に乗り、二十三日に清水港に到着、陸路で駿府宝台院に入った。宝台院は、徳川家康の側室お愛の方（西郷局で二代将軍家忠の生母）が眠る浄土宗寺院で、現在とは比較にならない広大な寺域を誇っていた。

亀之助もわずか六歳ながら、七十万石を有する駿府藩主として八月十五日に駿府入りし、三の丸内にあった元城代屋敷を住まいとした。江戸からは東海道を駕籠に乗って駿府まできたが、駿府に移住することを決めた旧幕臣たちとその家族は、徳川家が借り上げたアメリカの蒸気船で品川沖から清水港にやって来た。二千五、六百人がすし詰めとなった船内の惨状は気の毒の一語であったという。駿府では市内の町人宅や寺院を割り当てられ、わずかな支給金で厳しい暮らしを強いられた。もちろん駿府藩政に携わったり、学問所に出仕した正規の職員には、それなりの給料が支払われたことは言うまでもない。

現在の宝台院

こうして、江戸において日本全体の支配に関わった有能な人材が、一挙に十分一の規模

静岡学問所跡の石碑

に縮小された駿府藩の指導者として藩政に携わることになった。いわば日本を動かしていた幕府の知性がそのまま静岡にやって来た。やがて彼らは明治新政府が次々と打ち出す政策の推進役として東京に戻り、近代日本の基盤造りに重要な役割を果たすことになる。大げさではなく、明治初期の静岡は明治日本を動かしていく多様な人材をプールしていた知の宝庫であったともいえる。

　それはさておき、この年の九月八日に慶応四年は明治元年と改元され、翌二年（一八六九）六月二十日に府中は静岡藩となり、家達が初代藩知事となった。駿府は言うまでもなく駿河の国府の意味であるが、国府は各地にあることから独自の地名に改めた。愛知県の豊橋も、もと吉田といっていたのを同じような理由で豊橋と改称した。もっとも、一般には「府中」は「不忠」に通じるとされて、「静岡」と改称するに至ったといわれている。明治維新後の静岡は、徳川十五代当主慶喜と十六代当主家達という徳川宗家（慶喜は後に別家を興す）を迎えて、由緒ある地名も明治新政府に気を遣ったのである。

明治新政府にあくまでも恭順の意を示した努力が実ったためか、戊辰戦争終結（北海道五稜郭開城）後の明治二年九月二十八日に慶喜は謹慎を解かれ、十月五日に宝台院から紺屋町の元代官屋敷（現浮月楼）に居を移した。この後、慶喜の正室美賀子も東京から紺屋町の慶喜邸に入り同居することとなった。それでも、明治四年十二月には、久能山東照宮つまり神社にあった台徳院《たいとくいん》（徳川二代将軍秀忠）と大猷院《だいゆういん》（三代将軍家光）の霊碑を宝台院へと移すなど、神仏分離の流れはこんなところにも及んでいた。翌五年の浅間社廿日会祭には市中の踟物が出なかった。

明治四年七月十四日、廃藩置県により静岡藩は静岡県となり、家達は藩知事を罷免され、八月二十八日に東京へ帰った。しかし、慶喜はそのまま静岡に留まった。慶喜は自転車を乗り回し、美人に気をとられて民家に突っ込んだなど、真偽はさておき静岡市民からは「ケイキさん」と親しみを込めて呼ばれた。彼の多彩な趣味のひとつに写真があり、明治の静岡の貴重な記録になっているが、次頁に掲載した慶喜撮影の稚児舞の写真もその一枚である。

「徳川慶喜家扶《かふ》日記」という、徳川慶喜家の御用を務めた家扶（執事）が書き残した日

慶喜公撮影の稚児舞（ズジャンコ）

記がある。そこには、明治五年（一八七二）から大正元年（一九一二）まで、静岡時代の慶喜とその家族の暮らしぶりだけではなく、慶喜邸を訪れた多くの人々の意図が見え隠れしていて、たいへん興味深い記録となっている。静岡藩がなくなってからは、慶喜は徳川宗家からの賄費によって生活をしていたが、明治十九年に住まいを西草深に移した。新しい屋敷は長谷通りの南側にあり敷地面積一万坪であった（二六六頁地図参照）。慶喜は明治三十年（一八九七）十一月十六日、東京へと戻るまでのおよそ三十年間を静岡で過ごしたのである。このことについては後に改めて触れることとする。

廿日会祭お踟が中断

幕府崩壊から新政府成立という大混乱の時代、駿府と静岡浅間神社では何が起きていたのだろうか。徳川家ゆかりの地駿河国でも、富士宮浅間大社の大宮司富士重本《しげもと》が駿河の神主や社人を中心に駿州赤心隊を組織し、官軍側について戊辰戦争に参戦した。ところが任務を解かれて戻った静岡には旧幕府の面々が移住してきていたので、新政府成立にそれなりの貢献をしたと自負する神主たちにとっては、予想だにしなかった恐怖の毎日になった（コラムその9）。静岡浅間神社でも、その影響は免れず、廿日会祭はなおさらであった。

慶応四年（明治元）二月三日には東征の詔勅が下り、廿日会祭は延期となったが、翌明治二年の廿日会祭は挙行されている。前年差し止められた久能山の祭礼も正月・四月・五月・九月十七日とし、諸人の参詣も許されることとなる。ところが明治四年（一八七一）、廿日会祭の市中踟物は再び出なくなってしまう。この年の七月には廃藩置県が命じられ、家達は東京へ移った。世の中が落ち着き始めた中で、まだまだ駿府の町は激動の中にあった。

コラム その9

明治維新と浅間神社

慶応四年（一八六八）一月、徳川慶喜が大坂城から江戸に脱出、上野寛永寺で謹慎の日々を送ることになりました。しかし、天皇に反逆した逆賊、慶喜を討つべしと、有栖川宮熾仁《ありすがわのみやたるひと》親王を大総督とする東征軍が江戸を目指します。その先鋒が駿府城を接収したのが三月一日、続いて有栖川宮親王が六日に駿府城に入りました。ちなみに、人馬でごった返す駿府伝馬町で、山岡鉄舟が西郷隆盛に会い、江戸城無血開城や徳川慶喜赦免の事などを話し合った、世にいう勝・西郷会談の下ごしらえをしたのは、この九日のことです。

江戸に向かう東征軍を安倍川原まで出向かえ、警備に当たった人々がいました。富士宮や駿府の浅間神社、さらには三保神社、草薙神社などの神官を中心に結成された赤心隊です。

赤心とは真心という意味です。なぜ、神官たちはこのような政治的行動に出たのでしょうか。その背景にあったのは、江戸時代中ごろ以降、盛んになった国学でした。国学とは、本居宣長や平田篤胤によって代表される学問です。中国から入ってきた儒学、あるいは仏教は、外来の思想だが、日本には「万葉集」「源氏物語」など、もともとこの国が生み出した優れた古典がある、そこから日本人の本質をくみ取ることができると考えました。この流れは、古代から日本を治めてきた天皇を中心とする国のありように戻るべきだという考えにつながり、明治の王政復古という政治の流れに大きな影響を与えました。伝統ある神社の神官たちが、こうした思想に共鳴するのは自然の流れです。おりしも、国学が盛んであった遠州の神官たちからの働き掛けもあって、富士宮浅間大社の大宮司、富士亦八郎重本などが、駿河国においても天皇を支える隊を結成することになったのです。

駿府から江戸に向かって進撃していく大総督の軍勢のさきがけとして、遠州の報国隊、駿州赤心隊の隊員たちが武器を持って参加しました。この時の参加者には、静岡浅間神社の社家の名前がたくさん見えます。神に仕えてきた神官たちが、まるで熱に浮かされたように政治的行動に走りました。

やがて、東京の治安は平安を取り戻し、赤心隊はその役目を解かれて故郷に戻ることになりました。ところが、なんと駿府には徳川宗家を継いだ家達が旧幕臣たちと共に移住し、七十万石の駿府藩が成立していました。旧幕臣たちから見れば、これらの神主は、かたきといってもいいくらいです。直接江戸には行きませんでしたが、赤心隊のメンバーであった三保神社の神官が暗殺されるという悲劇も起こりました。

故郷に戻れなくなった人々の窮状を救おうとしたのが、日本陸軍の父といわれる大村益次郎です。大村はこのたびの戦争で国のために亡くなった人の霊をお祭りする招魂社を設け、彼らにその神官として働いてもらおうと考えました。これが、靖国神社の始まりです。

富士宮の浅間大社境内には、富士亦八郎を中心とする赤心隊の記念碑があり、そこには静岡浅間神社の神官たちの名前も刻まれています。（中村）

赤心隊の石碑（富士山本宮浅間大社境内）

新門辰五郎の活躍

駿河の侠客といえば清水次郎長、江戸の侠客といえば新門辰五郎。新門辰五郎は江戸町火消の頭だったが、徳川慶喜の警護の役を仰せつかって京都に随行し、鳥羽伏見の敗戦の時に大坂城に残り、将軍の馬標《うまじるし》を江戸に持ち帰って名を馳せたという。その後も慶喜の警護を務め、上野寛永寺から水戸弘道館、そして駿府宝台院まで随行したという。庶民は侠客の人情話が大好きだから、歌舞伎や浪曲で脚色された話を史実と思い込みがちだが、幕末の侠客については実際の記録も残っているため新門辰五郎の足跡も比較的はっきりとしている。

実は、新門辰五郎は徳川慶喜のお伴として駿府にやって来たといわれているが、徳川家達のお伴としてきたというのが正しい。駿府藩七十万石の当主には、家老をはじめとする旧幕臣のほか右筆《ゆうひつ》や奥医師、書学師範、和学御用などの学問所の教授なども従っていたが、新門辰五郎は作事火防方として名前が挙がっている。もっとも慶喜と親身の交流をしてきたことは確かで、明治政府が密かに慶喜の動静を探らせていた時の報告書にも、慶喜は「日々楽譜を歌いひ（謡曲に親しみ）、あるいは和歌を詠じるなどして、表向きは謹慎している様子に見える。新門辰五郎という市井の人を可愛がっている」と書かれている。

新門辰五郎は慶喜の謹慎先の宝台院にほど近い常磐町の常光寺に起居し、そこで鳥羽伏見の戦で亡くなった子分たちの供養をしたという。

「火事と喧嘩は江戸の華」と言われるほど、大都市江戸での火災は尋常な回数ではなかった。そこで組織された町火消は次第に認められて活動範囲が広められ、幕末には町人地だけではなく武家地や江戸城内まで消火活動を行っていたという。つまり、新門辰五郎に期待されたのは、火消頭としての防火・治安の能力であった。実際明治以降、駿府でも不穏な時代を反映してか火災が頻発している。

明治元年十月六日、安倍川町出火、同町残らず焼失。同年十二月三日、下桶屋町出火、一六軒焼失。明治二年四月二十四日、服織村建穂寺焼失。明治三年十二月二十日、安西二丁目より出火し、上桶屋町まで二一九軒焼失。同月二十六日、城内二の丸の金蔵一箇所焼失。本通九丁目より出火して同八丁目まで三五軒焼失。明治四年九月二十四日、大谷村大正寺出火全焼。同年十月二十四日、車町より出火し、上魚町一部裏通りまで延焼、十数軒焼失。

これらの火災のうち、早くも新門辰五郎の名前が挙がるのが明治元年十二月三日の火災である。下桶屋町の火災は、慶喜が謹慎していた宝台院や元代官屋敷とさほど離れていない場所であり、辰五郎はそれら屋敷への延焼防止に尽力したという。このことにより、駿府に江戸式町火消の組織ができた。明治四年四月には、町会所が左官組合に町火消を命じ、新門組を含めて二一〇人体制で静岡町火消を発足させた。

駿府、後の静岡の防火と治安は、町方で自衛する方法を新門辰五郎に教えてもらったと言えそうである。そして、この町方の自立こそ、明治二十七年（一八九四）の廿日会祭復興に向けての胎動につながっていく。また、この時期、無禄の幕臣も含め徳川家に仕えてきた武家や町人が多数駿府にやって来て、少なからず江戸風の文化をもたらしたことも静岡の踟に影響を与えた。それについては、明治二十七年の廿日会祭の復興で触れていきたい。

息を吹き返す慶喜と静岡

静岡における慶喜の日常生活を記録した「家扶日記」は明治五年一月一日から始まっている。目に付くのは、前年の廃藩置県による静岡藩消滅により解雇された元用人たちが、明治七年頃まで連日慶喜邸にご機嫌伺いに訪れた記事である。その後、年を追うごとに日常の出入は旧幕臣たちが圧倒的に多くなる。謹慎が解かれ旧代官屋敷に居を移したとはいえ、反政府分子とも目されるような旧幕臣が度々やって来ることには、明治新政府も目を光らせていた。旧幕臣たちは、すでに各地の開墾や新たな赴任地に行き、そこでの功績を挙げつつあった。彼らにとって慶喜公への年始のご挨拶は当たり前だと言えるが、慶喜にとっては困惑していたこともあったに違いない。「家扶日記」によれば、連日のように多くの訪問者があり、接客に忙殺される用人の姿が見えて気の毒なくらいである。もちろん、慶喜が一人一人に会って、その用向きをいちいち聞けるわけではないし、寄付や署名のお願いも少なくなかった。これが年ごとに増えていくのである。

「家扶日記」に登場する名前の中に「三浦弘夫」がある。この人は明治九年(一八九六)正月の年始から現れ、その後慶喜とたいへん親しく付き合うことになる。三浦弘夫は国学者で小梳神社宮司、後に神部浅間大歳御祖神社宮司となり、明治二十七年には廿日祭(浅間祭)復興にも関わった。年始の挨拶はもちろんだが、火事見舞いや慶喜の家族の不幸に際しても必ず顔を出している。

一方、慶喜も家族や親族の来静で久能山や浅間神社を訪れることもしばしばで、浅間神社での案内役は宮司の三浦が務めていた。例えば、一橋慶寿《よしひさ》の妻徳信院(明治十九年七月)や徳川宗家当主家達(明治二十一年十月)、弟の水戸徳川家当主昭武《あきたけ》(明治二十一年四月)などの人々がやって来ると、お付きの用人も含めて大挙して浅間神社を訪れるのである。さらに、三浦は慶喜に呼ばれて古今集の講釈や和歌の講義もしている。

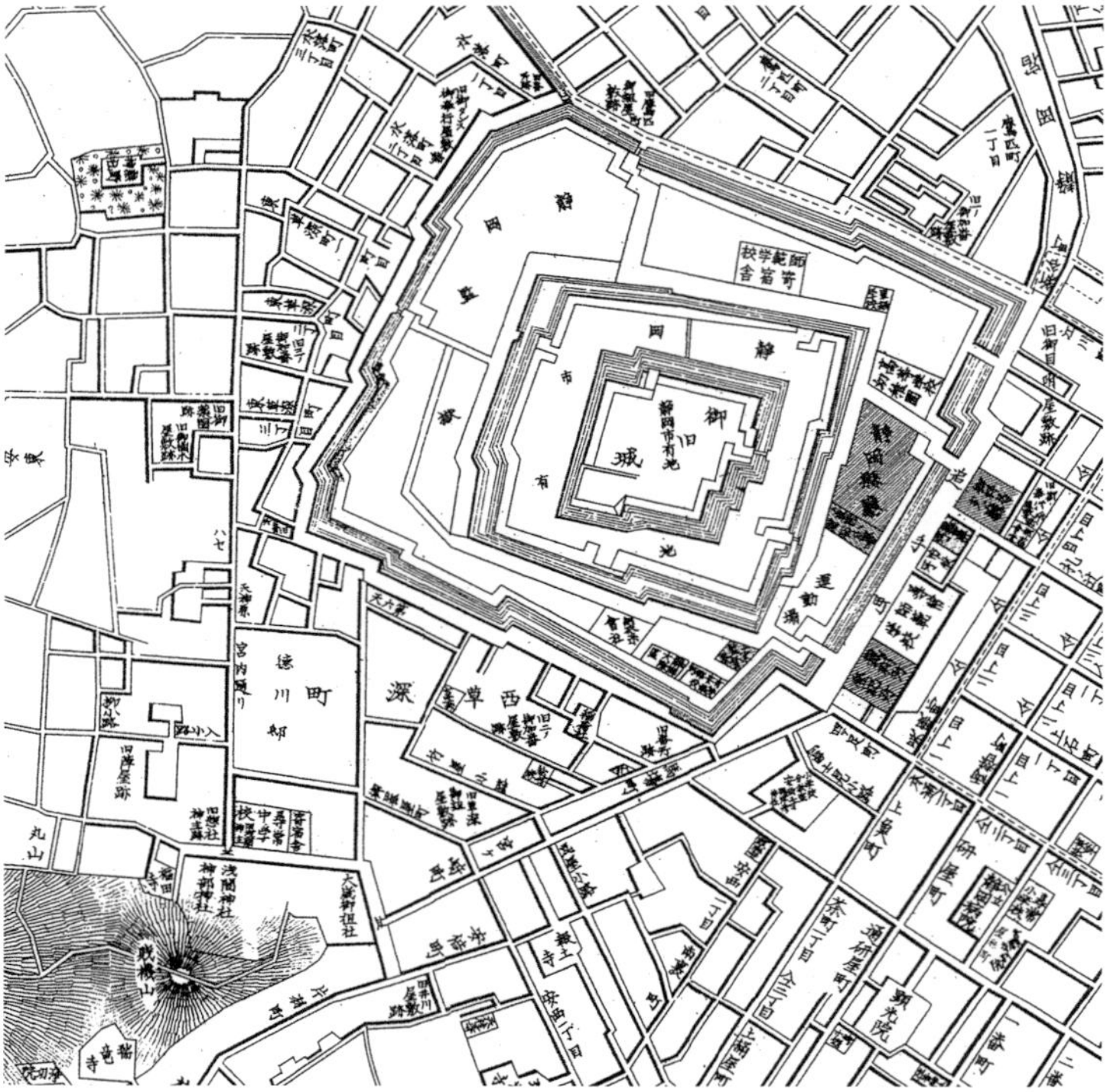

「明治29年改正静岡市全図」より
静岡浅間神社前に尋常中学校（旧静岡中学）と徳川邸が見える。駿府城は内堀埋め立て以前

ちなみに、実母登美宮吉子《とみのみやよしこ》（水戸徳川斉昭《なりあき》正室、有栖川宮織仁《おりひと》親王末娘）は二度静岡にやって来ており、明治十年四月の来静中には二度も浅間神社を訪れている。改めて記すまでもないが、徳川慶喜は水戸藩主斉昭の七男で、一橋家の養子となり、やがて十五代将軍となった人である。

皮肉なことに、朝敵となったとき東征大総督有栖川宮熾仁親王は従兄弟の子どもだった。勤王派の実父と公家の実母を持つ慶喜は、正室も一条美賀子（明治天皇妃である昭憲皇太后は義妹）という、まさに公武合体を地でいく血筋なのであった。

明治維新では徳川幕府から明治政府へと国政が大きく転換したのと同時に、江戸の町も近代都市へと変貌を遂げる。そして、地方都市駿府でも静岡という新しい町作りが進む。静岡市民と共に、そういう時代の空気を共有していたのが、ケイキさんだった。

東海道鉄道（東海道線）敷設に当たって、静岡停車場が上八幡（現栄町）から紺屋町徳川邸辺りまで設けられることになり、慶喜は西草深に新居を構えることになった。鉄道の騒音を嫌ったからだともいわれる。引っ越しは明治二十一年（一八八八）三月六日、翌二十二年二月一日に東海道線の東京―静岡間が開通する。明治二十一年は、このほか慶喜の従一位昇進、家達の来静に伴う久能山臨時祭、浅間社参拝など、あわただしくも慶喜家にとって栄誉を回復した年になった。家達の来訪では、維新後初めて慶喜と家達が多くの元幕臣と慶喜邸で会見した。当時の新聞によれば、浅間神社拝殿に集合した士族は二千人余りで、一組三十人ずつ徳川表門から入って御前で冷酒を頂戴したという。元幕臣たちは、ようやく溜飲を下げることができた。

静岡は、慶喜という徳川家最後の将軍を迎え、また叛旗を翻すかもしれない元幕臣の旗印（慶喜）を抱えながら、明治という新しい時代の中で、ようやく息を吹き返していった。東海道線が開通した明治二十二年（一八八九）は、二月十一日に帝国憲法が発布され、四月一日の市制施行により静岡市が誕生した記念すべき年となった。

明治三十年十一月十六日、慶喜が東京に向けて出発したとき、近くにあった静岡中学校（現静岡高校）の職員と生徒たちが見送った。徳川家からは菓子料として金百円が贈られ、これで同校初代の校旗が作られた。慶喜の旧居は葵ホテルとなり、日露戦に際してはロシア人捕虜の収容所とされた。ちなみにロシア人捕虜は、この他に宝台院と蓮永寺にも収容され、最多時には三二一人に上り、静岡市民との交流もあった。

（松田香代子）

第七章
廿日会祭復興と静岡まつり

中断しなかった神事廿日会祭

駿府の廿日会祭は、浅間神社の神事であり、それに伴って行われてきたのが、駿府の町方による「踟《ねり》」という余興である。これが現在の静岡市民にとっての廿日会祭である。踟という漢字は、本来は「行き悩むさま」「連なる」といった意味であり、それが後に「練る」と同じに使われたと考えられる。江戸時代の踟物（練物）は趣向を凝らした仮装行列を意味していた。そして、お囃子や踊りは「台のもの」と底抜け屋台（車輪がなく人間が担いで移動する）や車輪がついた屋台を曳いて、そこで演じられていた。こういった趣向の実施には莫大な費用が必要だったし、多くの町方の人々の参加がなければ成り立たなかった。明治二十年頃までの静岡は、それだけの経済力も町方のパワーもなかった。

では、静岡浅間神社の祭りがどのように続けられていたのだろう。詳しいことは分からないが、神社では廿日会祭の神事は途絶えることがなかったと伝えている。だが、明治新政府の神仏分離政策に追い打ちをかけるように、稚児舞を維持してきた建穂寺が焼失、廃寺となって稚児舞を出すことができなくなってしまった。そこで、最後の住職である建穂俊雄が神職の資格を取って僧侶から転職し、稚児舞を一、二度行ったという。最後の生き証人だった建穂俊雄は、建穂寺の稚児舞を伝える貴重な師匠になってその存続に情熱を傾けていく。

静岡浅間神社を構成する各神社にはそれぞれ社家という専属の神職家があったが、明治になると代々受け継いできた神職も辞めさせられた。大歳御祖神社の社家の大井菅麻呂は、明治十四年（一八八一）の「二十日会祭稚児人名録」に、二十日の舞は優美な珍しい舞だが、振鉾《えんぶ》だけは舞い続け、そのほかの舞については曲名だけを紙に書いて神前に供え、その音楽を演奏していると記している。

しかし、それも心許ないので、旧幕府の絵師であった狩野寿信に、江戸紅葉山の楽人だった東儀《とうぎ》家の秘蔵の図を基に舞の図を描いてもらい、神庫に納めておいた。まさに建穂寺あっての稚児舞存亡の危機であった。

ではなぜ、振鉾だけは舞

振鉾

い続けられたのだろうか。振鉾という舞は、鉾《ほこ》で天地四方を祓い清めるというもので、稚児舞で最初に舞われる演目である。一般に民俗芸能では、最初に刀や剣で舞う場を清めるという演目がある。廿日会祭で振鉾だけを欠かさず舞っていた理由は、天地四方を祓い清めて不安定な世の中が鎮まるように、そして浅間神社とその氏子、つまり静岡市民が安泰であるように、と祈願することが最大の目的だったためであろう。

廿日会祭の踟復興への道のり

ここで、あらためて確認しておこう。静岡浅間神社の廿日会祭は、神社側では稚児舞を含めた神事を指している。これは大祭とは異なり、「奏楽一社かぎりの小祭」、つまり年間を通じて数十回もあるたくさんの年間行事の一つであり、明治維新以後も例年務めてきたものである。しかし、江戸時代から駿府町人の祭りとして伝えられてきた廿日会祭は、この稚児を主役とする城下町全体の祭礼であった。当日は安倍川原まで町方が踟を出し、そこで稚児たちに踟の余興を見てもらう。その後、行列を組んで神社まで稚児を送る、という一連の稚児行列（現在は古式稚児行列と呼ぶ）も含めたものとして認識されていた。つまり、駿府の町方では、廿日会祭の中断とは、お踟が出ないことを意味し、廿日会祭の復興とはお踟を出すことを意味する。お踟のない廿日会祭は、本来の廿日会祭とは言えないのである。

明治元年は廿日会祭が中止され、翌二年から四年にかけて再び廿日会祭が行われたが、四年には市中踟物は出ていないと記録がある。この間はたぶん踟はなかったと思われる。廿日会祭の踟が復興されたのは、明治二十七年（一八九四）である。では、二十年以上にわたって途絶えていた祭りが、どうして復興できたのだろうか。

明治二十一年から二十二年にかけて、静岡の町を取り巻く情勢は大きく動いた。明治政府による交通網の整備、市制施行など、近代国家体制が整いつつある中、静岡の町も産業の発達により経済も活気を呈してきた。とくに静岡漆器の生産が盛んになり、明治二十年（一八八七）には静岡漆器組合（後に静岡漆器同業組合と改称）が設立された。例の「家扶日記」にも、明治二十六年四月四日に美賀子夫人が浅間社漆器共進会に出席したと記されている。日清戦争後の明治三十年頃から輸出漆器が好況となり、日露戦争後の明治四十年前後には全盛期を迎えたという。もちろん、茶の輸出も静岡の主要産業となったことは言うまでもない。

廿日会祭が復興したのは明治二十七年四月である。それには当時の社会状況が大きく関わっていた。この年、朝鮮半島情勢は緊迫度を深め、日清の開戦は秒読み段階に入っていた。そして八月一日に宣戦布告、県内の各神社や寺などで日清戦争の戦勝祈願が行われた。翌二十八年には、静岡浅間神社が出征兵士の歓迎慰労会の会場にもなった。さらに、日清戦争後の軍備拡張政策の中で、政府は新たにいくつかの連隊を設置することにした。それに静岡市も名乗りをあげ、旧駿府城の跡地を陸軍省に献納することで、誘致に成功した。駿府城趾地は静岡市誕生時に市が公債を発行して国から払い下げられたものの、有効活用ができないままでいたのである。

そして明治三十年に歩兵第三十四聯《れん》（連）隊《たい》が設置された。一つの連隊は二千人近い兵士で構成される。彼らは全て消費人口であるから、地場産品の購入や雇用創出など地元にとっての経済的効果は計り知れない。加えて家族の面会など、人の交流も盛んになる。江戸時代の駿府は、静岡浅間神社の門前町であると同時に、駿府城を核とする城下町でもあったが、新産業の発達、交流人口の増加など時代の趨勢を捉えた施策によって、新たな性格を加えた地方都市として発展することになった。盛大な祭りは、地域の活力の有無と大きな関係がある。いったん途絶えた市民の祭は、静岡市の経済活性化をバネとして復興できたといって良いだろう。

歩兵第三十四聯（連）隊碑（昭和42年建立）

「お踟はどこだ、安西五丁目」

明治二十七年に復興した廿日会祭は、次のように行われた。まず、祭日を新暦の四月一日から五日までと改め、稚児行列と稚児舞は最終日の五日とした。踟は四月一日から五日まで市内を巡行し、一日は町内と隣町、二日は年行事当番町、三日・四日は各組内を練り回る。五日は大祭で、早朝から全ての踟物は安倍川原に集合する。

集合場所の安倍川原は、安西五丁目付近の川原であるため安西川原ともいった。踟物が出揃うと、輿が川原に据えられて稚児が踟物を見物する。これが済むと、稚児の輿を先頭にして踟物が続き、安西通り・宮ヶ崎町を経て浅間神社に至る。この間、踟は各町の会所

安西橋のたもと

前で余興を披露し、「お踟はどこだ、安西五丁目」と言いながら練る。稚児が神社に入ると、各踟はそこから市内巡行に繰り出した。

五日が雨天の場合は、一日だけ延期し、雨天が二日続けば中止となった。踟当番に当たった町へは、その組合の町々から祝儀として金二円が贈られた。明治二十七年の踟当番町は、宮ヶ崎町・横内町・平屋町・安倍川町であったという。稚児行列の順番は次のようだった。

年番総代―楽器長持―装束長持―楽行事―抜身槍・抜身槍―袖搦・刺扠―神職―児乗輿・桜花棒―役踟―児乗輿・桜花棒―役踟―児乗輿・山吹

花棒―役踟―児乗輿・山吹花棒―役踟山台屋台―年番総代

この行列順だけでは、具体的にどのような踟が出されたのかは分からない。明治二十七年復興時の行列にある役踟には「山台」「屋台」が付いていて、現在のような「山車」とは異なる曳き物があった。この山台や屋台は、「台のもの」とも呼ばれ、趣向を凝らした飾り台や、その上で演奏したり踊りを披露したりする踊り屋台を指すようで、昭和四十年代まで曳かれていた。踊り屋台の上では、和服にかんざし姿の女性たちが藤娘などを踊って喝采を博した。

その後、氏子地域を四組に分け、各組から当番町踟を出し、それ以外の町は役踟を出すこととなった。当番町踟とは山台や屋台などの台の物を出す中心的な踟をいい、役踟は台の物を出さずに仮装や踊りを行う踟であったようだ。

それでは、現在のような人形が乗った山車を曳くようになったのはいつからだろう。現在、山車は五台あり、その制作年代は次のようになっている。

神武車　明治十九年　屋形町田形為吉建造（大正十四年当番町）
稲荷車　大正期
木花《このはな》車　大正期

神武車（明治19年）

稲荷車（大正期）

木花車（大正期）

暫車（大正14年）

咲耶車（平成8年）

暫《しばらく》車　大正十四年　旧所有は上石町一・二丁目（大正十四年当番町）
咲耶《さくや》車　平成八年

なお静岡市外に、静岡から譲渡された山車が二台残っている。一台は浜松市西区雄踏町宇布見浅羽に、一台は埼玉県飯能市河原町にある。その箱書などから推測できる制作年代は、飯能市河原町の山車が明治三十年（一八九七）、雄踏町浅羽の山車が明治三十六年（一九〇三）である。つまり、神武車と咲耶車を除いて、廿日会祭で曳かれていた山車は明治三十年代から大正期にかけて制作されていたことが分かる。江戸時代には存在しなかった山車が、なぜこの時期に制作され、曳かれるようになったのだろう。

飯能市河原町の山車

コラム　その10

静岡でも見られた天下祭の附け祭

明治三十年代からは、廿日会祭に江戸型の山車が登場します。元幕臣や職人たちが東京から移住してきたことや、地場産業の静岡漆器・静岡雛《ひな》具などの流通で東京と直結していたことがあって、東京の祭りの影響を強く受けました。現在も多くの人が出る神田祭と山王祭は、江戸時代にはおびただしい人数の祭礼行列が江戸城内に入り、将軍や御台所、大奥女中が見物して楽しんだことから、後には「天下祭」と名付けられました。今でこそ神輿の祭りというイメージが強いですが、かつては人形や飾りを載せた山車や、附け祭という出し物に人気がありました。附け祭とは、江戸時代に流行した能、浄瑠璃、歌舞伎、舞踊、音曲、人気の小説の筋などをさまざまに取り入れた踊台や底抜け屋台、地走踊、曳き物や仮装行列などをいい、各氏子町で競い合って趣向を凝らしたものでした。

「神田明神祭礼絵巻」には、この附け祭の様子がユーモラスに分かりやすく描かれています。十八世紀後半頃のものとされていますが、文化・文政期に盛んになった大江山の鬼の首の張りぼて、みみずくの作り物を背負う鼠、だるまの作り物を背負う兎などが登場します。また、金太郎の母親の山姥の踊台や底抜け屋台も続きます。このような江戸時代の附け祭の様子とよく似た絵が、「浅間御祭番附」（駿府両替町六丁目／板元長門屋惣四郎）という摺り物に出てきます。浅間祭とすれば明治以降のものかもしれませんが、天の岩戸の飾り山や万灯、踊台、うさぎやだるま、みみずく、ひょうたんなどを載せた曳き物などが描かれています。明治三十二年の新聞記事には次のような踟が記されています。

両替町三丁目…五条大橋の弁慶牛若の人形（屋台）・牛若（長唄囃子付き山車）・牛若弁慶の装いで地踊り（子ども一同）

新通四丁目…船屋台・素戔嗚尊《すさのおのみこと》（山車）・汐干狩りの地踊り

安西五丁目…三方に神酒錫《みきすず》と鏡（山車）・鉾一本・

踊り屋台・伊勢山田の備前屋玄関（練物）・伊勢音頭の地踊り（子ども）
呉服町四丁目…六孫王経基（山車）・昔々亭桃太郎一座（地踊り）

これらは当番町の出し物ですが、臨時としてもいろいろな出し物が出たようです。

新通り五丁目…神武天皇（山車・屋台）・地踊り
材木町…鉾一本
新通一丁目・大工町…鉾一本
同六丁目・七丁目…鉾一本

浅間御祭番附（『駿河思出草』）

両替町五丁目…幣束（山車）
宮ヶ崎…猩々《しょうじょう》の緋の幟一本
茶町一丁目…猿と吹き流し
片羽町…鉾一本
二丁目…仁和賀《にわか》踊り

このように、当番踋（本踋）ではない町内が、役踋として「鉾一本」を出しています。これは、鉾の先端に飾り物を付けて担ぐという、山車の原型に当たるものです。こうした江戸型の山車よりも古い形の練物、曳き物を引き継いでいたのが、明治二十七年に復興した浅間祭でした。それは、明治以降に始まったものではなく、第四章で詳しく紹介したような祭りに対する江戸時代からの熱狂が、まだまだ続いていたことを思わせます。

現在、神田祭の附け祭には大鯰と要石《かなめいし》が登場しますが、明治三十五年の廿日会祭でも、本通七丁目が鹿島大神の山車と鯰に要石の屋台を曳き回しています。まるで、江戸の天下祭を映したような祭りだったようです。静岡も負けていませんでした。（松田）

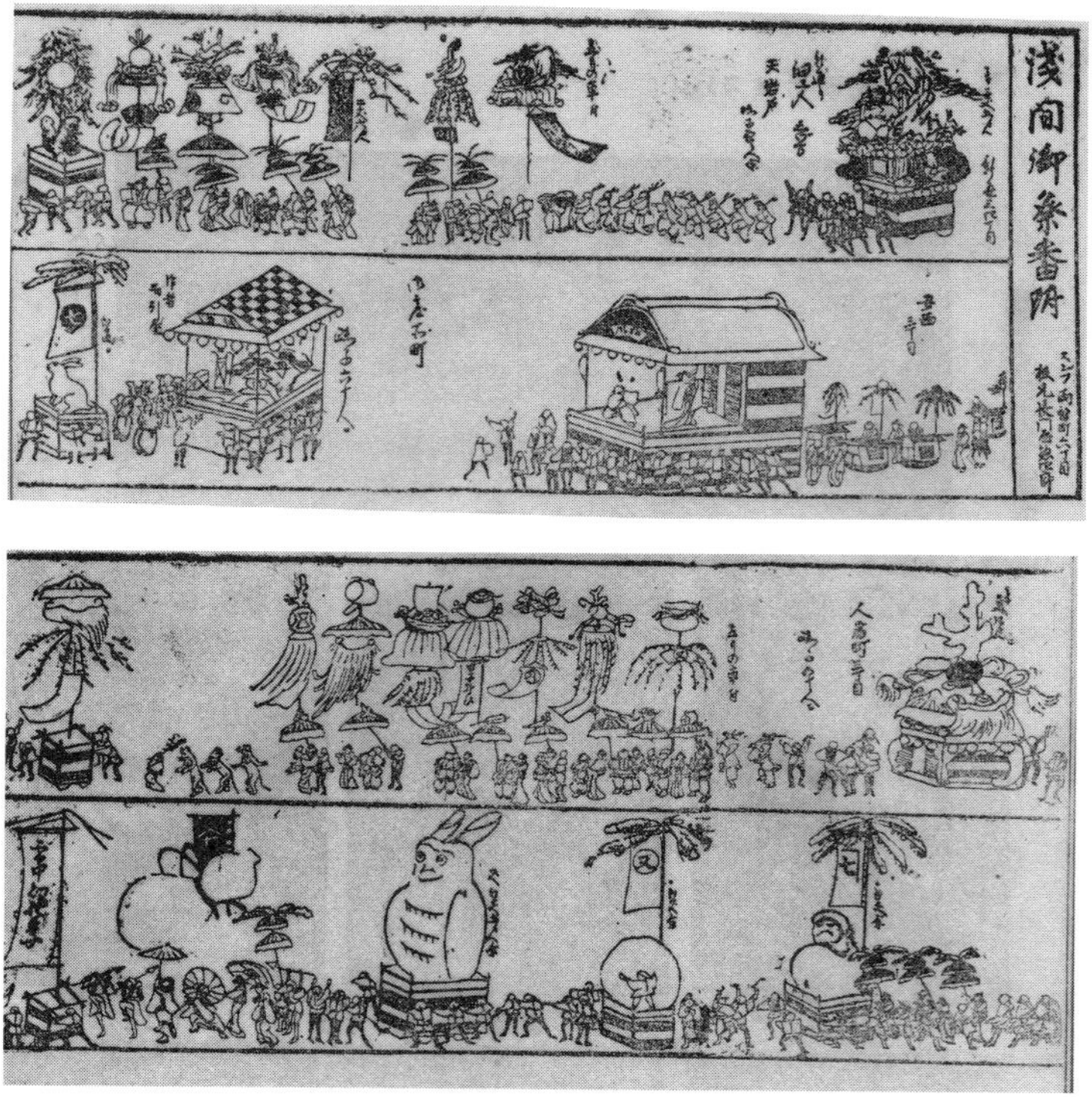

浅間御祭番附（『駿河思出草』）

下段に人宿町三丁目の造り物が見える。先に見た人宿町三丁目の踟の絵と比較すると、実際にどのように造り物が行列を組んでいたかが分かる。4段目に見えるみみずくの造り物は神田明神の場合には1人が背負っていたが、ここでは人の背丈の何倍もの大きさになっている。

静岡漆器の誕生と江戸型山車の登場

明治三十六年（一九〇三）、踟は安倍川原から静岡浅間神社表門へと集合場所を変え、そこで稚児に踟を見せている。明治三十六年といえば日露戦争の前年に当たり、同三十八年には静岡で旅順口陥落祝賀提灯行列が行われた。また、廿日会祭が復興した明治二十七年も日清戦争が起こった年であり、翌二十八年には静岡浅間神社が出征兵士の歓迎慰労会の会場にもなった。飯能市に現存する山車は明治三十年に制作され、祝祭の一翼を担ったのかもしれない。

また、最も古い神武車は屋形町の田形為吉によって制作された。この明治十九年という年は、まだ廿日会祭が復興していない時期である。この当時、静岡では静岡漆器の生産が盛んになり、長手盆や角盆、変塗《かわりぬり》のパネルを海外に輸出していた。また、大正六年（一九一七）にも、皿型の盆類や木瓜型《もっこうがた》箱物が大量に輸出されたという。

こうした漆工関係の職人は、江戸時代から駿府に住んでいた者だけではなかった。徳川家移封に従って静岡にやって来た幕臣や町人の中に、廃刀令で失業した鞘塗師《さやぬし》から転業した職人たちもいたのだ。鞘塗の技法を漆器に応用して編み出されたのが、変塗であった。屋形町は漆工の町であり、明治十九年建造の山車は翌年設立された同業者組合と何らかの関わりがあるかもしれない。ただし、この山車が廿日会祭に曳き回されたという記録はない。この時点では祭りは復興されていなかったし、現行の山車が市中を巡行するようになるのは、祭りが復興してからのことである。従って、明治十九年にこの山車を制作した目的は、現時点では不明である。

第二次大戦後の御殿飾り

その後の山車制作も大正期であり、輸出漆器の全盛期と重なることから、静岡の町が最も潤った時代に各町が競うようにして所有していったのではないだろうか。

この背景をもう少し探ってみよう。静岡では、明治三十年代後半から、静岡漆器の特色を活かした雛《ひな》道具の製造が盛んになっていった。そこに大正十二年（一九二三）九月一日、相模湾を震源とする大地震により関東大震災が発生し、多くの被災者が船などを使って静岡に避難してきた。この中には東京の職人が静岡に定住し、静岡で職を得た者もいた。そのため、静岡雛具は東京方面の職人の技術と創意工夫が加えられるようになった。

中でも屋根付の御殿飾りは、他の追随を許さないほどの活況を呈したという。雛道具や御殿飾り生産には、指物《さしもの》、挽物《ひきもの》、塗物、蒔絵《まきえ》、飾金具《かざりかなぐ》などの諸職の技術が必要で、それらは山車制作にも応用できる技術だった。こうして、人形を乗せた山車付の踟が静岡の町を練り歩くようになるのだが、最も多くの山車が曳き回されたのは大正十三年（一九二四）から昭和十二年（一九三七）までに集中している。

江戸型の山車

静岡に現存する山車は全て江戸型と呼ばれる山車で、そのような情報や技術を持ち込んだのは東京の職人たちだと言えそうである。当時、雛人形の生産拠点の一つは東京であり、山車人形の作者も雛人形の人形師たちであった。雛人形と雛道具の生産地は、明治維新時の徳川家移封と関東大震災による職人の移住によって強く結ばれていたと考えられる。なお、実際の山車の制作は、関東大震災までは東京で、それ以後は静岡で行われたと想像されるが、詳しい記録がないので今のところ不明である。

これまで見てきたように、江戸時代の廿日会祭には山車はなく、明治三十年代になって初めて登場する。その形式は江戸で考案され発展したもので「江戸型山車」と呼ばれる。その特徴は、滑車の操作で外枠の中に内枠が入り、その内枠の中に人形が入るという方式で、重層式江戸山車という。これが、現在廿日会祭に曳かれている山車である。

明治三十一年（一八九八）の「静岡民友新聞（四月一日付）」には、現在の山車よりも趣向を凝らしたさまざまな山車・屋台・余興が出たことが書かれている。例えば、年番は菅原道真の山車（呉服町）と御所車の練台《ねりだい》（一丁目の文明堂による筆墨文具の組立て）、年番以外では猿の山車（茶町一丁目）、壮士踊り（本通六丁目）、武者踊り（安倍川町）、昨年の山車（呉服町三丁目）、稲荷の山車（馬場町）、端唄の手踊り（新通六・七丁目）、太平楽の奏楽（上大工町と大鋸町の合同）。翌四月二日付の記事には、三月三十一日の晩に呉服町一丁目の役踟を曳き出し試運転した様子が記され、「上店の狭き通りをねる時と電灯線の下を潜る時はなかなかの騒ぎで有った。しかし伸縮自在なる山車なればモウ少し技手が慣れたら何でもなかろう」とある。この様子から電線に引っ掛からないように高さを伸縮自在にした、つまり人形が枠の中に収まるように下げることができたこと、そして操作がまだ慣れていなかったことが分かる。また、この山車はお囃子が本式に打込み、化粧した牛に曳かれていた。

大正期の絵はがき。山車と屋台は牛が曳いていた（七間町町内会提供）

飯能市河原町の山車人形箱蓋裏

山車人形を上げ下げできる山車は江戸を中心に関東圏に普及したが、近代に入って電灯が普及したことによって全国に広がった。山車の鉾台や屋台の屋根の上に屋根係が乗っていて、棒などで電線を持ち上げて屋根に引っ掛からないようにする様子はお馴染みだろう。ちなみに、静岡電灯株式会社が静岡市内の営業を開始したのは、明治三十年三月三日のことである。

前にも述べたように、これらの山車が全て静岡で作られたわけではない。さきの呉服町による菅原道真の山車は、東京で作られたという。また静岡から買い取られて、埼玉県飯能市河原町で曳かれている素戔嗚尊《すさのおのみこと》を飾る山車も東京浅草で制作されている。衣裳箱蓋裏には「明治参拾年四月／静岡市祭ニ付／新調

□□□□丁目」とあり（□は墨書を消したため判読不能）、さらに「作人／東京浅草区茅町浪花屋七郎兵衛」と墨で書かれている。

人形師は浅草茅町の浪花屋七郎兵衛で、今も須佐之男命が乗っている。なお、明治三十二年四月二日付の新聞記事には、新通四丁目が「すさのをの尊の花車」を出したことが記されているから、静岡市中を曳かれた後に売却されたとみられる。この山車は、現在、飯能市の有形民俗文化財に指定されている。

また、雄踏町宇布見浅羽にある山車も、東京で新調したものだったらしい。明治三十六年の新聞記事には、彦火火出見命《ひこほほでみのみこと》の人形が乗った立派なもので一二〇〇円もしたとある。この山車の扁額には、「七間町壱丁目・下石町三ヶ町・両替町四丁目・両替町二丁目・札ノ辻町・下桶屋町・江尻町」の七か町の町名が記されているという。

山車を売り払った理由

町内でせっかくあつらえた山車が、なぜよそに流出したのでろうか。それにはお金が絡んでいたらしい。この当時、当番町踟（本踟）に当たると、多額の借金をしてでも立派な山車を制作したようだ。大正期から昭和初期の祭りを回顧した読み物には、次のように記されている。

昔は衣装もだんだん派手になり、当番町ともなれば、近所隣りに負けまいと競い、中にはあとで夜逃げをした等の話もあった。

ある人の落首に

だしだしと費《つか》ったあとでピーヒャラヤ　夫婦喧嘩で家でドンチャン

何だか「ちびまるこちゃん」の歌に似ている。町の競い合いで、山車や趣向に多額の費用を掛け、祭りの後にはその借金が人々を苦しめたらしい。しかも、当番町は二十数年に一度しか巡ってこないので、いったん曳いた後は、しばらくは出番がない。そこで、借金を返済するために市外へと売ってしまうことになったらしい。さきの飯能市河原町の山車は、明治三十七年（一九〇四）に河原町の住人が伊勢参りの帰りに見つけ、一〇〇円で購入し、人馬で曳いて飯能まで持ってきた、と伝えられている。この年は日露戦争中で祭典を中止していたので、山車庫で眠っていた山車を見せてもらったのだろう。雄踏町宇布見浅羽の山車も昭和三年には現地で所有されているから、その時期までには売却されていたと考えられる。

多彩な踟の芸能

派手になったのは山車だけではない。大正末期から昭和初期には、踟の余興も派手で華やかなものになっていった。特に花街の芸妓連や長唄の師匠たちを五日間雇って、踟当番の催事を競い合った。特に踟が最も華やかであったのは大正十五年頃までで、同十三年、十四年の内容は【表6】のとおりである。

この大正十四年の踟を見学した作家田中貢太郎は、次のように記している。

（花鉾の曳子は）重ね井筒に瀧縞の奴姿、花笠は同じやうに後ろに放げてゐた。台の上の人形はこれも引込めてあつた。次はまた屋形船で、牛ばか（り）が曳いてゐるが、それは綱を一つにして花鉾にもやつてあつた。（中略）踟は当番町が作るので、二十五年目に廻つてくると云ふことであつた。その年は梅屋町、上石町の一二丁目、宮崎町、屋形町の四ケ所出すことになつてゐた。（中略）そして、梅屋町では津島様の山車に踊屋台を出し、その屋台では東京から馬鹿噺《ママ》を招いて馬鹿踊を踊り、上石町では暫の山車を出し、宮ヶ崎町では神武天皇の山車に仁和加獅子の地踊、屋形町では石橋の山車を出すと云ふことは、同地の新聞に出てゐたのであつた。

【表6】大正13年・14年の踟

年	据置き・曳回し	踟の主催者	踟の内容
大正13（1924）	神社内据置き	鷹匠町壱丁目・追手町	屋台・手踊
		七間町二丁目	屋台・東京神田囃
		江尻町	屋台・手踊（屋台、底抜ヲ造リ附近引廻し）
	踟物曳回し	鷹匠町二丁目	山車、大獅々
		本通リ六丁目	山車、底抜地踊
		新通リ六丁目	屋台地踊、山車
		馬場町	山車、屋台、底抜地踊
		安西四丁目	山車、屋台、地踊
		紺屋町	山車、屋台、底抜地踊（羽衣）
大正14（1925）	神社境内据置き	新通三丁目	屋台・茶番狂言
		井ノ宮町・水道町	山車、屋台曲芸
	踟物曳回し	宮ヶ崎町	山車（神武天皇）、屋台、地踊
		屋形町	山車（石橋）、小屋台、地踊
		上石町一丁目・二丁目	山車（暫）、屋台
		梅屋町	山車（島津様）、屋台、小屋台

この翌十五年は、新聞記事によると当番町七組合の連合で山車二台と、踊りや茶番狂言の屋台三台を出した。さらに、呉服町三丁目は自町名古屋銀行静岡支店前の空地に屋台を据付け、東京から神楽師を雇って里神楽を催した。平屋町は自町茂木醤油店前に屋台を据付け、音羽屋芸妓連の踊りを披露し、横内町は沓谷上土方面に流れる川を利用して丸橋忠弥という犬の飾り物をしたという。踟物を曳き回したのは花街の安倍川

町で、胡蝶の舞人形の山車、屋台（囃子連）、地踊（胡蝶の姿）、芸妓連の獅子などであった。このほか、加茂明神（逢来楼）、素戔嗚命（小松楼）、乙姫（巴楼）、神功皇后（喜報楼）、木花咲耶姫（若松楼）、静の舞（初音楼）、弁財天（清水楼）などの山車を各遊郭が出している。

大正十四年の東京の馬鹿囃子と馬鹿踊りは、現在の踟でも演じられている。平成二十八年現在、踟の余興は、山車の上で演じられるお囃子と面踊りおよび踟を先導する木遣、山車の前で披露される地踊りが主流である。伝馬踟振興会では、踟の演芸は木遣・お囃子・子供お囃子・子供連の地踊り・婦人連の地踊り・手古舞などを披露する。なお、山車での面踊り（手踊り）はお囃子とセットである。また、手古舞は男髷を結い、金棒を持って山車を先導する男装の女の子たちである。地踊りは、地元の長唄の師匠や日舞の師匠に振付けを依頼し、年が明けると練習を始める。伝馬踟は毎年参加しているため、年ごとの木札を作り参加者に配っている。その木札が多いほど、踟に多く参加している証しになり、祭り好きにはたまらなく名誉なことなのである。

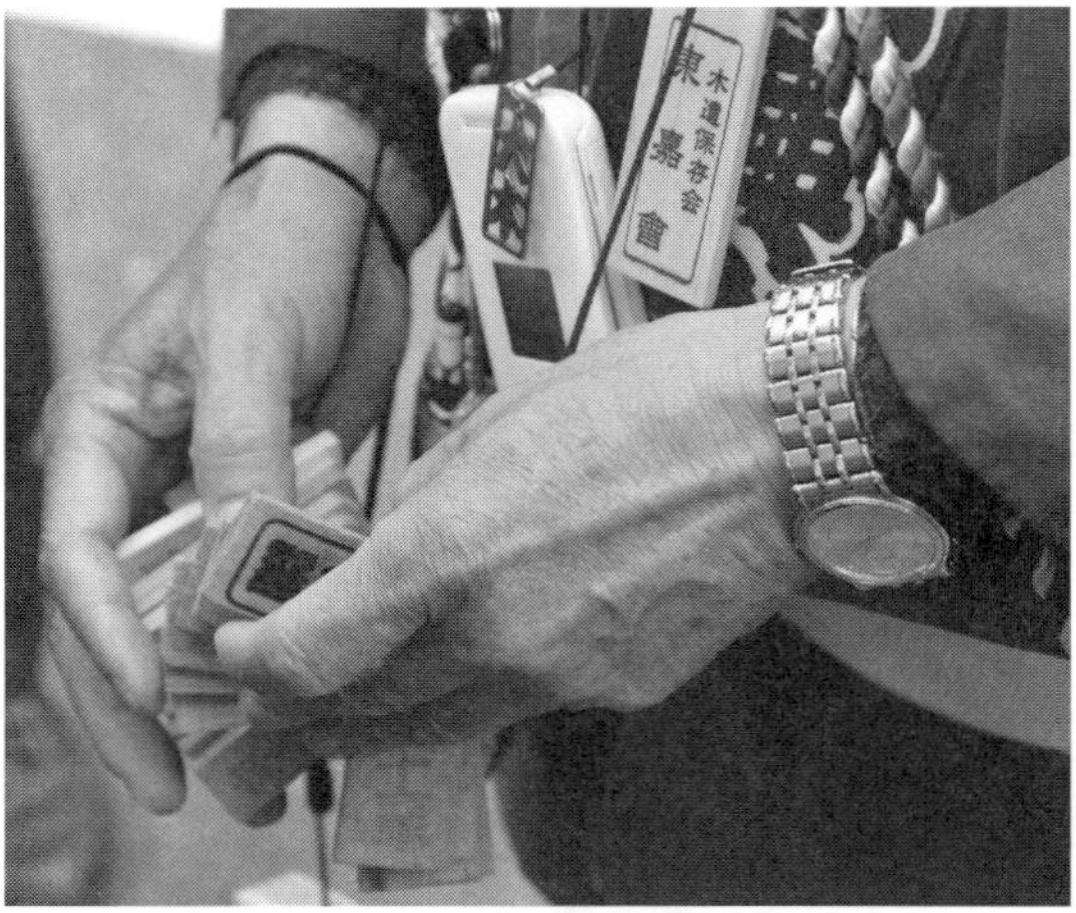

参加一回ごとに木札が増える

木遣と祭礼囃子

山車の曳き回しでは、木遣が山車を先導する。現在の廿日会祭では、静岡浅間木遣保存会、静岡木遣保存会東嘉《とうか》会、伝馬踋振興会伝馬木遣り会、田四《たよん》会、新門《しんもん》木遣保存会　北辰《ほくしん》会、府中青葉木遣会の六団体が参加し、廿日会祭のほかにも催事などに呼ばれて美声を披露する。静岡浅間木遣保存会では木遣りの由来を次のように説明している。

静岡木遣の歴史は古く、駿府城、久能山東照宮、浅間神社、臨済寺など数多くの大建築物があり、それに伴い全国にも稀な立派な木遣が遺されています。木遣音頭は建築に関係した者が建前が無事治まった事を神に感謝し、家宅長久安全無災害、家門の昌栄を祈念する行事であります（中略）心身を清明にして、堅めの木遣から安護の木遣まで順次目出度づくめに歌い納め

静岡浅間木遣保存会の会員たち

るのが木遣の本来の意義であります。

静岡に古くから伝えられた木遣は、一口に伝って、さんよ、引綱、よいこ、しみづの四つを主とし、建て方の木遣、火伏せの木遣、このはな、上総くづし等日きを活かし、新しきを加味して近代的地方芸能として日毎に忘れられ様としている活きた歴史をいつまでも親しまれ伝えられるよう、保存継承して行きたいと念願するものであります。

(保存会資料による)

静岡浅間木遣保存会は、第二次大戦後の昭和二十六年（一九五一）、廿日会祭踟復活再興のため、前年の二十五年に組織されたものである。

初代会長は野村秋鳳で、現会長は柳田芳

宏氏、会員は四十三名いる。練習は毎週月曜日、静岡浅間神社斎館にて行っている。山車を先導し曳く役であるため、廿日会祭では山車の巡行に合わせて三日間参加する。木遣唄は大きく「建方」「廿日会祭山車木遣」「御祝儀木遣・奉納木遣」の三つに分けられており、廿日会祭では山車曳行の木遣がうたわれる。その曲目は、真鶴・手古頭、手古、棒車（えんや）、浅間木遣音頭（上総くづし・七之助）、駿府を偲んで（浅間木遣音頭）、このは な、廿日会祭りとなっている。真鶴と手古頭は山車を曳く前にまずうたうもので、これを聞くと山車の旗頭が旗を振って合図し曳き始める。

また、静岡木遣保存会東嘉会も木遣保存会として組織され、廿日会祭の踟木遣・浅草の新門一門が伝えた鳶木遣・駿府城築城の頃の建前木遣の三種を継承している。東嘉会は、慶喜に従った新門辰五郎が居を構えた常磐町の常光寺で、春秋の彼岸に新門一門の供養祭を行っている。

一方、浅間神社祭礼囃子は、山車の上で大太鼓（オオドー）一・締太鼓（ツケ）二・笛一・鉦（カネまたはヨスケ）一によって奏される。曲目は、屋台・昇殿・神田丸・鎌倉・四丁目のいわゆる浅間五囃子である。静岡浅間神社祭礼囃子には、静岡勇会、静岡若駒会、伝馬踟振興会お囃子会の三団体が組織されている。静岡勇会ではお囃子の由緒を次のように記している。

廿日会祭のお囃子は、文化、文政（一八〇四〜三〇）の時代から伝わったもので、江戸の囃子を原点としています。いずれも祭礼様式の移り変わりに伴いお囃子も独自の思いを重ねて発展してきました。（後略）

文化・文政期の伝播についての根拠は分からないが、例えば現在、東京都の無形民俗文化財に指定されている江戸の祭囃子（神田囃子・葛西囃子）は、江戸時代に成立し、それが近郊に広まったとされる。静岡は江戸近郊とは言いがたいが、大正末期には神田囃子を招いて披露したといわれる。静岡勇会は、初代会長松下善一郎が、明治三十年代後半に囃子の師匠中川議助と出会い、江戸囃子を習ったことから始まる。中川議助は、徳川慶喜と共に来静した幕臣や職人のうちの一人で、桐細工指物の御用職人であったという。江戸神田生まれで、静岡では西草深に住み、笛の名手として知られていた。祭り囃子の伝承に励み、大勢の弟子を育てたといい、その中に桜連があり、やがて勇会浅間囃子につながっていった。昭和三年（一九二八）に勇会を結成し、現在八代目会長は漆畑史郎氏である。

静岡勇会では、毎月第二水曜日に末広体育館で練習を行っている。静岡浅間木遣保存会と同様、廿日会祭以外にも活動している。年間行事として、元旦零時の浅間神社奉納、同日一時の伊河麻神社奉納、二月三日小梳神社節分祭、浅間神社廿日会祭、廿日会祭の子どもたちのお囃子指導、静岡神輿まつりなどがある。また、さまざまなイベントや慰問に呼ばれ、寿獅子舞を行っている。さらに、毎月一回、浅間塾で一般市民へのお囃子を指導している。廿日会祭では神田丸と鎌倉は演奏せず、屋台囃子で曳行し、停止すると昇殿で面踊り（山車上で狐やおかめ・ひょっとこ面などを着けて踊る）を行う。四丁目はテンポが早くなる曲で、面踊りに移るときに奏する。また特に曲目はないが、山車が帰る道すがら演奏するのはズットンと呼んでいる。このほか、廿日会祭以外のイベントなどで行う寿獅子舞は創作したもので、かつて安倍川町二丁目（花街）でやっていた座敷芸である。

苦難の廿日会祭稚児行列

当番町踟が山車を曳くようになると、それに伴うさまざまな趣向も加えられていった。大正期から昭和十四年（一九三九）までの余興の数々を挙げると、囃子・手踊り・芸妓手踊り・神楽・長唄・茶番曲芸・子供地踊りなどのほか、底抜け屋台での囃子もあった。このように、当番町踟同士の競い合いの中で、その趣向は次第に華美になっていった。そして、その財源は氏子や商店街からの寄付が主流であった。前にもふれたが、山車を購入しても維持管理が難しいため、当番町踟を終えるとほかへ売り払って借金の返済に充てていた。また、当番踟でも山車や屋台の曳き手が少なければ、神社境内に山車や屋台を曳かず

昭和24年、戦後初の廿日会祭（七間町町内会提供）

に据え置いて、その上で踊りや演技を披露した。据置き屋台は明治三十九年（一九〇六）から見られるが、曳き回さずに据置きのみという年も大正八年（一九一九）から出現している。その後、大正天皇崩御に当たり昭和二年（一九二七）は踊物、稚児行列を自粛している。

昭和十五年（一九四〇）一月十五日の静岡市街地の大火により、神事（舞楽）は行われたが、その年の稚児行列と踊物が中止された。さらに、大火からの復興が進む中、同二十年（一九四五）六月十九日、B29の爆撃による静岡大空襲で全市ほとんどが焼土と化し、舞楽は続けられたが廿日会

昭和37年、七間町独自で参加した最後の踟の勢ぞろい（七間町町内会提供）

祭と稚児行列は中断を余儀なくされた。そして、踟の中心である山車も二度の大火によって多くが焼失したため、後に浅間神社境内に山車庫を建て、全ての山車を神社所有とした。

しかし、早くも第二次大戦後の昭和二十一年、社務所前に奉賛会の踊り屋台を設け、稚児に余興を見せたという。その翌年には、遠州一宮小國神社の舞楽を招待し舞殿で奉納してもらい、社務所前広場では踊台を設けて芸能大会を催した。同二十三年には曳行こそなかったが、市内各所に山車や屋台を据え置いて芸能大会を催し、これを「浅間さくら祭」と名付けて商店会の大売出しを行った。そして、いよいよ稚児行列が復活したのが翌二十四年だった。

　行列には踟（山車）は付かなかったが、この年が静岡市制六十周年に当たり、三月二十七日から四月五日までの十日間「静岡祭」を執行したという。四月二日、三日には徳川家正・慶光等の参加で「大御所行列」が行われた。

　昭和二十五年（一九五〇）四月二日から四日までの三日間、静岡商工会議所主催で大御所行列を行い、「静岡まつり」と宣伝した。稚児行列は三日、小梳《おぐし》神社から出発し、行列の後尾に御幸町の山車が続いた。

二十七年には、商工会議所主催の桜祭・静岡祭を静岡浅間神社協賛会主催の「静岡浅間祭」とし、三日の一般稚児行列は公会堂（現静岡市役所）を出発し、市内巡行して静岡浅間神社に到着した。五日の廿日会祭の稚児行列は小梳神社を出発し、行列後尾に四組の当番町踟の山車、屋台が付く。稚児は

駿府踟振興会による駿府本部踟

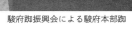

手古舞の少女たち

児童遊園地にて踟の余興を見たという。

現在の「静岡まつり」の直接の始まりではないが、大御所行列は廿日会祭のお踟のひとつであり、「静岡まつり」の原型は早くもこの頃に作られていった。また、当時の「静岡まつり」は静岡浅間神社廿日会祭の延長上にあり、神社の祭りと一体のものだった。

大御所花見行列始まる

そして、いよいよ昭和三十二年（一九五七）、静岡商店会主催の「静岡まつり」で「大御所花見行列」が執行され、この年を「第一回静岡まつり」とした。三十四年（一九五九）には、皇太子御成婚の慶祝を兼ねて、商店会は二日に仮装行列と手古舞《てこまい》道中、三日・四日に大御所花見行列を行った。五日間の祭典期間中、かつては四日まで山車や踟が市内を巡行していたものを、踟は廿日会祭稚児行列のみで行うようになり、四日までは「静岡まつり」として大御所花見行列が組み込まれるようになった。静岡商店会主催の静岡まつりと静岡浅間神社廿日会祭の稚児行列は、このようにすみ分けをしていくこととなる。

さらに、昭和三十九年には踟を主導していた青年が減少し、南・東・西組の当番踟が返上され、この年は北組のみの参加となった。四十年には踟当番を学区単位制にし、東・西・北組から当番踟が参加した。しかし、これも長続きせず、四十三年には東・北組のみの参加となり、四十四年には南・北組の参加、四十五年には西組のみとなり、四十六年には西組も当番踟を出せなくなった。

一方、静岡商店会主催の「静岡まつり」では大御所役が静岡市長であったのを、有名俳優を招き、御台所をミス静岡として選考し、観光主体のものに変わっていった。第四十回からは市民参加型のまつりへと変り、現在は城下総踊りの「夜桜乱舞」や駿府城を目指す「駿府登城行列」などが繰り広げられている。

なお、昭和四十六年以来出なくなった踟は、五十五年（一九八〇）青葉学区連合町内会によって復活した。その後も一番町学区一番町、安西学区連合町内会、城内学区宮ヶ崎町

【表7】静岡まつり大御所花見行列タレント招聘一覧

第40回	1996年(H8)	4月5日	4月6日	4月7日
	大御所役		加藤　剛	静岡市長
第41回	1997年(H9)	4月4日	4月5日	4月6日
	大御所役	榎本　孝明	榎本　孝明	黒澤　年男
第42回	1998年(H10)	4月3日	4月4日	4月5日
	大御所役	伊吹　吾郎	伊吹　吾郎	若林　豪
第43回	1999年(H11)	4月2日	4月3日	4月4日
	大御所役	藤岡　弘	藤岡　弘	羽賀　研二
第44回	2000年(H12)	3月31日	4月1日	4月2日
	大御所役	勝野　弘	勝野　弘	渡辺　裕之
第45回	2001年(H13)	4月6日	4月7日	4月8日
	大御所役	野村　将希	野村　将希	あおい　輝彦
第46回	2002年(H14)	4月5日	4月6日	4月7日
	大御所役	梅沢　富美男	梅沢　富美男	角田　信明
第47回	2003年(H15)	4月4日	4月5日	4月6日
	大御所役	照英	照英	舞の海　秀平
第48回	2004年(H16)	4月2日	4月3日	4月4日
	大御所役	加勢　大周	加勢　大周	石原　良純
第49回	2005年(H17)	4月1日	4月2日	4月3日
	大御所役	金子　貴俊	金子　貴俊	加藤　茶
第50回	2006年(H18)	3月31日	4月1日	4月2日
	大御所役	太川　陽介	太川　陽介	大和田　伸也
	御台所役	小田　茜	小田　茜	
第51回	2007年(H19)	3月30日	3月31日	4月1日
	大御所役	宇梶　剛士	宇梶　剛士	渡辺　徹
第52回	2008年(H20)	4月4日	4月5日	4月6日
	大御所役	沢村　一樹	沢村　一樹	萩原　流行
第53回	2009年(H21)	4月3日	4月4日	4月5日
	大御所役	杉浦　太陽	杉浦　太陽	松方　弘樹
第54回	2010年(H22)	4月2日	4月3日	4月4日
	大御所役	筧　利夫	筧　利夫	錦野　旦
第55回	2011年(H23)	4月1日	4月2日	4月3日
	大御所役	中尾　明慶(中止)	中尾　明慶(中止)	中尾　彬(中止)
第56回	2012年(H24)	4月6日	4月7日	4月8日
	大御所役	中尾　明慶	中尾　明慶	中尾　彬
第57回	2013年(H25)	4月5日	4月6日	4月7日
	大御所役	金子　昇	金子　昇	江守　徹
第58回	2014年(H26)	4月4日	4月5日	4月6日
	大御所役	大沼　啓延	大沼　啓延	風間　トオル
第59回	2015年(H27)	4月3日	4月4日	4月5日
	大御所役		松田　悟志	西郷　輝彦
第60回	2016年(H28)	4月1日	4月2日	4月3日
	大御所役		山下　真司	杉本　彩
第61回	2017年(H29)	3月31日	4月1日	4月2日
	大御所役		田村　亮	国広　富之

※開催は金・土・日曜の3日間

内会など、学区単位の町内会や連合町内会が当番踟を出すようになった。それも五十七年までは当番踟だけで、山車を一台（先台）もしくは二台（先台・本台）曳くのみだった。しかし、五十八年からは中央商店街連合会が振興を願って「中商連踟」を出すようになり、山車を市内中心部に限って曳き回した。平成三年（一九九一）には、当番町選定に苦慮したため、一般参加を募り「駿府本部踟」として廿日会祭協賛会本部直属の踟を組織した。平成二十八年現在、踟は当番町の安西踟（咲耶車・稲荷車）のほか、駿府本部踟（神武車・木花車）、伝馬踟（暫車）と、神社が所有する全ての山車を曳行した。

現在、静岡まつりは四月第一日曜日を中心とした三日間に日程を設定して、県内外から多くの客が集まる観光祭りとして広く知られている。その一方で、廿日会祭は曜日に関わりなく四月一日から五日までの日程を変更しないで続けている。静岡まつりが廿日会祭をきっかけに始まったことを知る市民が少なくなったのは、まことに寂しい限りである。

（松田香代子）

年表

西暦	和暦	月日	事項
10世紀			富士宮の浅間神社を勧請、新宮という。この頃、惣社の制
926	延長4		鐘銘に主村（村主）勝朝の名が見える（浅間神社旧蔵鐘銘）
1146	久安2		大般若経奥書に「願主惣社宮司散位村主資能」（旧久能寺大般若経）
1224	貞応3	2月20日	丑刻、惣社と富士新宮など焼失（『吾妻鏡』）
1338	延元3	5月17日	今川範国、駿河守護になるにあたり信仰の誓書を納める（『静岡市史』第四巻）
1352	正平7	1月8日	今川範氏、天下泰平の祈祷（『静岡県史』資料編6）
1557	弘治3	2月18日	山科言継、建穂寺の本堂で稚児の舞楽を見学する（『言継卿記』）
		2月22日	山科言継、駿府浅間神社で20日・21日と天候不順で延期していた稚児の舞楽を見学する（『言継卿記』）
1560	永禄3		今川義元、菩薩舞の装束を寄進（『静岡県史』資料編7）
1568	永禄11	12月13日	武田信玄、駿府を焼き払い略奪
1570	永禄13		武田信玄掟書に「以後は御神領宮ヶ崎に市を立てること」など（『静岡県史』資料編8）
1579	天正7	10月	武田勝頼神領配当目録、合計3404俵余（『駿河志料』）
		12月	武田勝頼が本社造営を命令（『静岡県史』資料編8）
1583	天正11	11月晦日	徳川家康惣社安堵状（武田時代を追認）（『静岡県史』資料編8）
1586	天正14	12月	徳川家康、駿府城に入る、浅間社造営を命じる（『静岡市史』第四巻）
1590	天正18	1月16日	建穂寺、本堂観音堂を再興する。同年1月16日に本尊入仏を行い、2月10日まで御開帳が行われた。建穂寺稚児、この本尊入仏において舞楽を奉仕する（『建穂寺編年』）

1590	天正18	8月	徳川家康、江戸入り（駿府は中村一氏支配）
1600	慶長5	9月	関ヶ原合戦
1602	慶長7	12月8日	徳川家康（関ヶ原勝利後）関連社領・寺領を安堵、以後踏襲される
1603	慶長8	8月5日	建穂寺、徳川家康より舞装束・楽器を賜る。稚児通行の道を整備（『建穂寺編年』）
1608	慶長13		建穂寺、幕府より金銅の鉾を賜り、舞の道具が揃う（『建穂寺編年』）
1612	慶長17	2月20日	浅間大祭が行われる。（『建穂寺編年』）
1613	慶長18	2月20日	洪水により建穂寺との往還が不通のため、2月20日の浅間大祭が延引となる（『建穂寺編年』）
1614	慶長19	2月20日	浅間大祭が行われる（『建穂寺編年』）
	慶長年中		徳川家康が浅間神社社殿を造営（伝承）
1616	元和2	4月	徳川家康死去、久能山に埋葬
1619	元和5	7月	徳川頼宣が紀伊・伊勢55万5千石で転封（駿府は一時幕府の直轄となる）（『徳川実紀』）
1624	寛永1	8月	徳川忠長（2代将軍秀忠次男）が駿河・遠江55万石で入封する（『徳川実紀』）
1632	寛永9		徳川忠長改易（以降駿府は幕府直轄領となる）（『徳川実紀』）
1634	寛永11	7月	徳川家光、上洛に際して社殿修造（『静岡市史』第四巻）
1635	寛永12	11月29日	駿府城天守が焼失（以降再建されず）（『大日本史料』）
1640	寛永17		建穂寺、幕府より舞装束・楽器等を賜る（『建穂寺編年』）
1641	寛永18	12月27日	浅間神社社殿上棟（浅間神社蔵棟札）
1702	元禄15	1月24日	建穂寺で1月24日に浅間大祭の装束を収蔵する府庫の火災があり、慶長・寛永年間の拝領品を焼失。同年4月に舞装束を補修、同年8月に幕府より新しい舞装束・鼓・笛・楽器を賜った（『建穂寺編年』）
1727	享保12	2月20日	浅間大祭の行列を駿府城代酒井下総守忠隆が城門の外で見学する（『建穂寺編年』）

1734	享保19		飢饉で困窮するも廿日会祭は前々の通り実施と御番所に届出（『万留帳』）
1738	元文4	2月5日	数年来芸練が多いため十八日に御堀端での踟を申し出、翌年から認められる（『万留帳』）
1773	安永2	1月12日	材木町からの出火により大歳御祖神社以外は焼失（『静岡市史』第四巻）
1788	天明8	11月5日	片羽町からの出火により大歳御祖神社も焼失（『静岡市史』第四巻）
1804	文化元	2月	現社殿起工（『静岡市史』第四巻）
1805	慶応元		起工以来60年を経て完成（『名遠理楚之記』に詳細）
1821	文政4	4月23日	「百人組合火消」が創設される（『静岡市史』近世史料三）
1824	文政7	2月14日	十八日に御堀端を踟る町を募るも名乗り出たのは車町一町のみ（『万留帳』）
1848	弘化5		人宿町三丁目宮嶋氏により『廿日会御祭礼甲子福祭踟物』が作成される
1854	嘉永7	11月4日	安政大地震
1855	安政2	2月1日	駿府町方被災するも、例年どおりの廿日会祭執行を願い出る（『万留帳』）
1868	明治1	4月7日	神仏分離に関する町触（『静岡市史編纂資料』第四巻）
		7月23日	徳川慶喜、宝台院に入り謹慎（『静岡市史編纂資料』第四巻）
	明治初		神仏分離に際して護摩堂・鐘楼は排除、清水寺と臨済寺に
1868	明治2	3月24日	服織の建穂寺、この年焼失し廃寺となる（同3年という説もあり）（『静岡市史編纂資料』第四巻）
1869	明治2	10月5日	徳川慶喜謹慎が解かれ、宝台院から元代官屋敷へ移る（『静岡市史編纂資料』第四巻）
1886	明治19		神武車、屋形町の田形為吉制作（山車に陰刻）
1888	明治21	3月6日	徳川慶喜、紺屋町から西草深に移転（「徳川慶喜家扶日記」）
1889	明治22	2月1日	東海道線、東京―静岡間が開通（『静岡市史編纂資料』第四巻）
		4月1日	静岡市制施行（『静岡市史編纂資料』第四巻）

1894	明治27	4月1日	静岡浅間神社廿日会祭を復活。稚児舞師範は建穂俊雄（「浅間祭復興日誌」）
1896	明治2	4月5日	徳川慶喜、野崎家にて踟物上覧、浅間神社にて稚児舞撮影（「廿日会祭記録　資料　前編」）
1897	明治30	3月3日	呉服町一丁目に市内で初めて電灯がつく（『写真集　静岡いまむかし』）
		4月	現飯能市河原町所蔵の山車制作。人形は須佐之男命（山車人形箱に墨書）
		11月16日	徳川慶喜、西草深から東京に移る（「徳川慶喜家扶日記」）
1898	明治31	12月	静岡歩兵第三十四聯隊が誕生（『静岡市史』近代）
1899	明治32		稚児舞師範は野崎鐐一（〜昭和45年）。この年から萬歳楽・延喜楽は舞わず（「建穂寺浅間神社　二十日御祭礼記録　沿革之部」）
1903	明治36		現浜松市西区雄踏町宇布見浅羽の山車制作。人形は彦火火出見命（元七間町一丁目ほか六か町所有）（山車扁額に墨書）
		4月5日	この年から稚児は安倍川原に行かず、浅間神社表門にて踟物供覧（「廿日会祭記録　資料　前編」）
1905	明治38	1月2日	旅順口陥落祝賀提灯行列行われる（『静岡中心街近代史年表』）
1916	大正5		浅間神社の当番町の改編。全市を4部に分け各部から2組の当番町が本踟を出す。当番町以外は役踟（「廿日会祭記録　資料　前編」）
1925	大正14		暫車制作。稲荷車、木花車も大正年間に制作（「廿日会祭パンフレット」）
1928	昭和3		昭和天皇御大典奉祝にあたり、静岡勇会（後の静岡浅間神社祭礼囃子保存会「静岡勇会」）を結成（「静岡勇会」資料）
1940	昭和15	1月15日	静岡大火。85か町、焼失家屋五〇四七戸、被害者二万八一五六人（『静岡中心街近代史年表』）
1940	昭和15	4月5日	事変下、1月15日の大火災のため稚児行列・踟物中止、舞楽奉奏（〜昭和26年）（「廿

			日会祭記録　資料　後編」）
1945	昭和20	6月19日	静岡大空襲で全市ほとんど焼土となる。羅災者十一万四〇〇〇名、死者一六七〇名。大歳御祖神社楼門・拝殿延焼（『静岡中心街近代史年表』）
1949	昭和24	4月1日	静岡市制60周年記念式典。3月27日～4月5日「静岡祭」執行、2日～3日には「大御所花見行列」（「廿日会祭記録　資料　後編」）
1950	昭和25	4月2日	静岡商工会議所主催の大御所花見行列あり、「静岡まつり」と宣伝（「廿日会祭記録　資料　後編」）
			静岡浅間木遣保存会結成（「静岡浅間木遣保存会」資料）
1952	昭和27	4月3日	浅間神社廿日会祭復興。5日に廿日会祭稚児・当番町踟・山車・屋台の行列（「廿日会祭記録　資料　後編」）
1956	昭和31		木遣保存会東嘉会創立（「東嘉会創立五十周年記念祝賀会」資料）
1957	昭和32	4月1日	静岡商店会主催の第1回「静岡まつり」開催。3日～4日は大御所花見行列を執行（「廿日会祭記録　資料　後編」）
1964	昭和3	4月	踟は北部のみ。南・東・西部は踟返上（「廿日会祭記録　資料　後編」）
1965	昭和40	4月	踟当番は学区制度を採用（「廿日会祭記録　資料　後編」）
1971	昭和46	4月	すべての組の踟ができなくなる（～昭和54年）（『静岡浅間神社界隈の民俗』）
1980	昭和55	4月	静岡連合町内会が踟を復興（聞き取り調査）
1981	昭和56	3月16日	静岡浅間神社廿日会祭の稚児舞、静岡県無形民俗文化財に指定される
1993	平成5		駿府踟振興会が結成される（「駿府踟振興会」資料）
1996	平成8		咲耶車制作（「廿日会祭パンフレット」）

主要参考文献

■静岡浅間神社関係
『静岡浅間神社廿日会祭の稚児舞』静岡市教育委員会、二〇一七年（大高康正・大貫紀子・川口円子・城所惠子・鬼頭秀明・竹ノ内雅人・中村羊一郎・外立ますみ・増田亜矢乃・松田香代子）
『明治廿七年二月　浅間祭復興日誌』静岡浅間神社社務所所蔵
野崎鐐一『廿日会祭記録資料　前編　第一号』明治二十七年〜昭和十一年、静岡浅間神社所蔵
『国幣小社　神部・浅間・大歳御祖神社誌』神部・浅間・大歳御祖神社社務所、一九三七年
静岡浅間神社社務所『浅間文書纂』名著刊行会、一九七二年
『静岡浅間神社界隈の民俗―静岡市―』静岡県教育委員会、一九九三年
ふるさと民俗芸能ビデオガイドNo.12　静岡県指定無形民俗文化財『静岡浅間神社廿日会祭の稚児舞』静岡県教育委員会、一九九四年
『宝鑑　静岡浅間神社の文化財・財宝目録』宝鑑出版委員会、二〇〇一年

■建穂寺関係
『幻の寺　建穂寺』建穂寺の歴史と文化を知る会、一九九一年
石山幸喜『建穂寺編年　現代文訳』建穂寺の歴史と文化を知る会、一九九九年
『建穂寺の仏像』フェルケール博物館、二〇一〇年

■駿府・静岡市関係
「松木新左衛門始末聞書」『静岡市史』近世史料三、一九七六年
『久能山誌』静岡市、二〇一六年
田中貢太郎『静岡遊行記』青山書院、一九二五年
『駿河叢書』第九篇　駿河思出草第一輯、志豆波多会、一九三三年
白鳥金次郎「落首考　駿府から静岡へ」『〃ふるさとを語る〃』ふるさとを語る会、一九五五年
『静岡木漆産業史』静岡木漆共同職業訓練所、一九六〇年
安本博編『静岡中心街誌』静岡中心街誌編集委員会、一九七四年
安本博編『一番町学区誌』一番町学区誌編集委員会、一九七六年
安本博編『三番町学区誌』三番町小学校学区誌編集委員会、一九八〇年
漆畑彌一『目で見る静岡市の歴史』緑星社出版部、一九八一年
若尾俊平『江戸時代の駿府　新考』静岡谷島屋、一九八三年

若尾俊平他『駿府の城下町』静岡新聞社、一九八三年
山内政三『写真集　静岡市いまむかし』静岡郷土出版社、一九八八年
柴雅房「近世都市における惣町結合について―駿府町会所「万留帳」の分析から―」『史鏡』第三十七号、一九九八年
前田匡一郎編著『慶喜邸を訪れた人々―「徳川慶喜家扶日記」より』羽衣出版、二〇〇三年
青木祐一「駿府における「百人組合火消」の機能―近世都市における火消の一側面について―」『記録史料に関する総合的研究記録史料と日本近世社会Ⅲ』千葉大学大学院社会文化科学研究科、二〇〇四年
岡村龍男「駿府・静岡の菓子商「扇子屋」と町方社会」『和菓子』第二十二号、二〇一五年

■地誌・県史・市史
新庄道雄『駿河国新風土記』国書刊行会版
『静岡市史編纂資料』第四巻、静岡市役所、一九二七年
『静岡市史編纂資料』第六巻、静岡市役所、一九二九年
『静岡市史餘録』柘植清、一九三二年
『静岡市史』近代、静岡市、一九六九年
『静岡県史』通史編一　原始・古代、静岡県、一九九四年
『静岡県史』通史編三　近世一、静岡県、一九九六年
『森町史』資料編五　舞楽・民俗芸能・民俗資料、森町、一九九六年

■その他
『春日大社舞楽装束類調査報告』財団法人春日顕彰会、一九七五年
小島美子『日本音楽の古層』春秋社、一九八二年
『千代田区文化財調査報告書第十一　続・江戸型山車のゆくえ～天下祭及び祭礼文化　伝播に関する調査・研究報告書～』千代田区教育委員会、一九九九年
土谷恵『中世寺院社会と芸能』吉川弘文館、二〇〇一年
嶋　竹秋『雄踏の祭り』私家版、二〇〇五年
小山誉城『徳川御三家付家老の研究』清文堂、二〇〇六年
富士宮市教育委員会『富士宮市指定無形民俗文化財　富士山本宮浅間大社流鏑馬調査報告書』、二〇〇七年
木下直之・福原敏男編『鬼がゆく　江戸の華神田祭』平凡社、二〇〇九年
『平安の雅を伝える　春日舞楽の名宝』春日大社宝物殿、二〇一〇年
湯之上隆『日本中世の地域社会と仏教』思文閣出版、二〇一四年
サイト『文化デジタルライブラリー』独立行政法人日本芸術文化振興会＝(http://www2.ntj.jac.go.jp/dglib/contents/learn/edc22/naritachi/bugaku/index.html)

編著者・執筆者紹介

中村　羊一郎（なかむら　よういちろう）

1943年静岡市生まれ。東京教育大学卒。博士（歴史民俗資料学）。

静岡産業大学教授などを経て、現在静岡産業大学総合研究所客員研究員。

著書に『番茶と庶民喫茶史』、『イルカと日本人』、『いま、いちばん知りたい国ミャンマー』、『家康公、静岡しっかりせよと仰せられき』等。

外立　ますみ（はしだて　ますみ）

トーリ工房代表。静岡産業大学非常勤講師。日本民具学会理事・静岡県民俗学会理事。専門は民具学（物質文化）。武蔵野美術大学造形学部工芸工業デザイン科卒。論文に「民俗文化財整備の中の民具実測―問われてきた技術―」（『民具研究』）等。環境と生産・生業用具のあり方を中心に調査研究を進めている。

大高　康正（おおたか　やすまさ）

1973年生まれ。熱海市出身。静岡県富士山世界遺産センター准教授。博士（学術、帝塚山大学）。静岡市文化財保護審議会委員、専門は日本中世史・社会史。国史学会、戦国史研究会、日本山岳修験学会所属。著書に『多賀曼荼羅の世界』、『参詣曼荼羅の研究』、『富士山信仰と修験道』等。

松田　香代子（まつだ　かよこ）

愛知大学非常勤講師。愛知大学綜合郷土研究所研究員。静岡市文化財保護審議会委員長。専門は日本民俗学。武蔵大学卒。日本民俗学会所属。静岡県民俗学会理事。著書に『千年に一度の大地震・大津波に備える』（共著）、論文に「『ひな祭り』のモノ資料からみる近代化」（『国立歴史民俗博物館研究報告』205集）等。

川口　円子（かわぐち　みつこ）

焼津市出身。静岡産業大学非常勤講師。焼津市文化財保護審議会委員。静岡大学卒。専門は社会関係論。日本民俗学会会員・静岡県民俗学会理事。著書に『駿河湾　桜えび物語』（共著）、『しずおかトンネル物語』（共著）等、論文に「本船方・夏船方にみる焼津カツオ漁船の労働力編成」（『中日本民俗論』）等。

増田　亜矢乃（ますだ　あやの）

静岡県地域史研究会会員。静岡市出身。修士（日本史）。専門は日本近世史。茨城大学人文学部卒業後、静岡大学大学院人文社会科学研究科修了。論文に「近世初期駿府城下町の構造―犬山城白帝文庫所蔵の『駿府絵図』の分析から―」等。近世における「駿府」を中心に調査研究を進めている。

廿日会祭をもっと盛り上げるために

静岡浅間神社の稚児舞は、駿府城下町の町人たちにとって、とても大きな意味をもっていました。本来、稚児舞は仏教的な儀式を意味する廿日会《はつかえ》という行事でしたが、後に「祭」という語が付加され、廿日会祭として駿府城下町全体の祭りとなりました。安倍川の向こう岸から駿府にやって来る稚児は、城下町の人々を祝福する神様とみなされ、浅間神社までの道中では、われらの守護神を喜ばせようと、住民たちは工夫を凝らした出し物で行列を盛り上げました。

「静岡の祭りは元気がない、ただ見てるだけじゃないか。」

こんな皮肉めいた感想を聞くことがあります。いえ、そんなことはありません。本来の廿日会祭は、駿府各町内あげての賑やかな祭りでした。各町内では毎年テーマを決めて大きな作り物を仕立て、子どもや女性も揃いの衣装で町なかを練り歩きました。その様子は本文で詳しく見たとおりです。これは全国各地にある伝統的な祭りに共通しており、京都の祇園祭も、かつては毎年違った趣向の出し物を企画して競い合っていました。静岡市民は、これを踟《ねり》と呼び、そこでエネルギーを爆発させていたのです。この本の副題を「駿府城下町の魂、ここにあり!」とした理由です。

ところで、いま四月初めに静岡市あげて行われる静岡まつりは、大御所花見行列が中心になっていて、同じ時期に行われる稚児舞への関心が低いのは、たいへん残念なことです。大御所花見行列といえども、これは仮装行列の一種ですから、江戸時代に当てはめれば、駿府城下町の人々の出し物の一つ、ということになりませんか。

浅間神社の廿日会祭と静岡まつりとは、今こそ一体となって本来の姿を取り戻すべきです。祭りは外国人観光客をひきつける、最も魅力あるコンテンツです。それは地域の歴史と伝統文化を具体的に示す「本物」だからです。静岡まつりは、その起源が稚児を迎えての盛大な市民の祭り、お踟にあったことを前面に打ち出し、「歴史文化のまち」静岡を、誇りをもって世界にアピールしましょう。舞台は揃っています。お浅間さんの華麗な建築、満開の桜、駿府城の堀に映る櫓と石垣などなど。そして数百年の歴史を今に伝える絢爛たる稚児舞を、あらためて静岡まつりの中心に位置付け、全市民あげて盛り上げていくことを提言します。

執筆者一同

静岡浅間神社の稚児舞と廿日会祭
駿府城下町の魂、ここにあり！

2017年9月20日　初版発行

編著者　中村羊一郎
執筆者　外立ますみ
川口円子
大高康正
増田亜矢乃
松田香代子（執筆順）

発行者　大石剛

発行所　静岡新聞社
〒422-8033　静岡県静岡市駿河区登呂3-1-1
TEL 054-284-1666

ブックデザイン　塚田雄太

印刷・製本　三松堂株式会社

ISBN978-4-7838-1087-2　C0021

＊定価はカバーに表示してあります。
＊乱丁本・落丁本はお取り替えいたします。